加强判解研究
推进司法改革

肖扬
二〇〇六年七月一日

2018 年第 2 辑
总第 84 辑

判解研究

中国人民大学民商事法律科学研究中心　主办
王利明 · 主编

人民法院出版社

图书在版编目(CIP)数据

判解研究.2018年.第2辑:总第84辑/王利明主编.—北京:人民法院出版社,2018.8
ISBN 978-7-5109-2221-3

Ⅰ.①判… Ⅱ.①王… Ⅲ.①判例-研究-中国-丛刊②法律解释-研究-中国-丛刊 Ⅳ.①D920.5-55

中国版本图书馆CIP数据核字(2018)第185167号

判解研究
总第84辑(2018年第2辑)
中国人民大学民商事法律科学研究中心　主办
王利明　主编

责任编辑　兰丽专　**执行编辑**　杨佳瑞
出版发行　人民法院出版社
地　　址　北京市东城区东交民巷27号　邮编　100745
电　　话　(010)67550626(责任编辑)　67550558(发行部查询)
65223667(读者服务部)
客服QQ　2092078039
网　　址　http://www.courtbook.com.cn
E-mail　courtpress@sohu.com
印　　刷　三河市国英印务有限公司
经　　销　新华书店
开　　本　787×1092毫米　1/16
字　　数　223千字
印　　张　14
版　　次　2018年8月第1版　　2018年8月第1次印刷
书　　号　ISBN 978-7-5109-2221-3
定　　价　50.00元

目录 CONTENTS

我国台湾地区道路交通事故赔偿制度评析*

陈荣隆** 黄诗婷***

一、概论

在我国台湾地区，道路交通事故责任的过失认定，被推定为汽车驾驶人所有。道路交通事故被害人所能寻求救济的方法包含我国台湾地区“民法”的损害赔偿、强制汽车责任保险、商用汽车保险和国家支持的全民医疗保险计划。

由于汽车驾驶人在事故发生时对汽车进行控制，因此我国台湾地区“民法”认定驾驶人是交通事故中须负责的一方。根据台湾地区“民法”，驾驶人需要证明他已采取合理的注意义务防止道路交通事故发生，以推翻其推定的过失责任。如果驾驶人不能证明他已采取相当的注意，他需要对道路交通事故负责。

---

* The authors would like to thank Mr. Chun - Ming Hsu who provided invaluable research assistance to the writing of this report. 有任何相关这篇报告的问题，可以联络：003256@ mail. fju. edu. tw.

** 台湾地区天主教辅仁大学行政副校长、教授。

*** 台湾地区天主教辅仁大学助理教授。

对于道路交通事故的被害者所获得的各种损害赔偿与保险给付，旨于希望为被害者获取最大的补偿。正如本篇报告在后文所详细解释的，强制汽车责任保险和全民健康医疗保险，两者虽名为保险制度，然而，从理赔的设计看来，此两种保险应被视为社会保障制度，而非传统的保险契约。由于上述保险制度具有社会政策的目的，因此，强制汽车责任险通常会首先给付道路交通事故被害者的医疗支出或死亡与伤害给付。为了确保被害人收到的赔偿不超过他的全部损失，政府及保险公司虽有先给付被害人之义务，但是法规中提供政府和汽车保险公司代位求偿权。若被害者有民事诉讼判决给付的损害赔偿金额，必须先扣除被害者已经由强制汽车责任保险所取得的赔偿金，剩余的才是真正实得的损害赔偿金额。

欲了解我国台湾地区道路交通事故的责任基础，必须从我国台湾地区“民法”的损害赔偿讨论起。根据我国台湾地区“民法”规定，道路交通事故被害人有两条可以作为他们侵权行为请求权的条文。第一条是我国台湾地区“民法”第184条，基于一般过失侵权行为的请求权。第二条是我国台湾地区“民法”第191条之2，专门针对汽车事故推定过失的请求权。虽然这两条具有不同过失责任且为两个独立请求权基础，但台湾地区的法律学者认为增订我国台湾地区“民法”第191条之2并未改变我国台湾地区“民法”第184条的实质法律原则。在实务运用上，法院认为这两个请求权基础相互补充，且时常在道路交通事故案件中一并讨论这两个请求权。

除我国台湾地区“民法”外，我国台湾地区还有“强制汽车责任保险法”。台湾地区“强制汽车责任保险法”为道路交通事故中遭受死亡或受伤的当事人提供保障。值得注意的是，纵然法条的文义解释似乎可以认为所有交通事故中的被害者都可以经由强制汽车责任保险获得保障，然而，学术界和汽车保险公司一致认为受伤的汽车驾驶人不符合强制汽车责任保险的受益人。这是因为汽车驾驶人被认为是车祸中的侵权行为人，因此，其并非是社会保障制度想要保护的被害者。如果汽车驾驶人希望受到保险的保障，他们必须去投保商业汽车保险。

因此，除了台湾地区“民法”和台湾地区“强制性汽车责任保险法”赔偿外，汽车车主亦可为人身伤害和财产损害购买商业保险。这些保险的给付随着保费的高低而有所变化。

台湾地区还有一个政府机构赞助的医疗保险计划，称为全民健康保险。全民健康保险是台湾所有医疗保健的骨干，为居住在台湾的人提供医疗保险。只要道路交通事故造成的伤害属于全民健康保险所涵盖的医疗范围，无论伤者是否有过失，全民健康保险将支付保险受益人的费用。对于道路事故的被害人，全民健康保险是他们受伤的第一道防护线。

在接下来的章节中，将详细分析我国台湾地区对道路交通事故被害者赔偿的各个面向。

二、道路交通事故系统设置的原因与目的

在我国台湾地区，道路交通事故侵权损害赔偿的法律制度，主要目的是为保护在交通事故中无辜受伤的一方，让导致事故的另一方对此伤害负责。这就是为什么在我国台湾地区“民法”中，汽车驾驶人被认为是侵权行为人，需为交通事故负责。受伤的被害人，可向侵权行为人要求赔偿他所遭受的损害。我国台湾地区“民法”对于交通事故损害赔偿的架构，影响我国台湾地区法律体系中的其他对于交通事故的损害赔偿制度，使交通事故的损害赔偿机制更着重在保护交通事故中受伤的被害人。

我国台湾地区道路交通事故的责任制度主要规定在我国台湾地区“民法”中。关于交通事故损害赔偿，被害人既有过失责任的损害赔偿请求权，亦有推定过失责任的损害赔偿请求权。在台湾地区“民法”第 184 条列出了关于过失责任的标准，而于台湾地区“民法”第 191 条之 2 规定了关于交通事故的推定过失责任标准。台湾地区“民法”第 191 条之 2 是在 1999 年台湾地区“民法”修正时所增加的条文，而其立法理由是将车祸被害者的举证责任转置给具有推定过失责任的汽车驾驶人，以便被害人更容易寻求赔偿。

台湾地区“民法”第 191 条之 2 具有四个道路交通事故损害赔偿的特殊要件。第一，台湾地区“民法”第 191 条之 2 是推定过失责任，与一般基于过失的架构不同。第二，受害人所主张的损害赔偿请求权必须是针对车辆的驾驶人，而不是车主。第三，造成损害赔偿的交通工具是特定的，必须是汽车、摩托车或其他不需要在轨道上行驶的动力车辆。第四，可补偿的损害仅限于身体伤害或财产损害赔偿，不包括纯粹经济上损失。

除了台湾地区“民法”，我国台湾地区的保险制度也让被害者更容易

获得补偿。我国台湾地区的“强制汽车责任保险法”和“全民健康保险法”透过直接补偿或给付医疗费等方法用来协助交通事故被害者。除上述两种保险，尚有商业汽车保险的保险机制，而无肇事记录的汽车被保险人，将可减少其商业汽车保险的保费。然而，这种保费的增减是由保险业者决定，而非经由法规决定。

三、损害赔偿体系

（一）侵权行为之损害赔偿

1. 过失责任

我国台湾地区的道路交通事故责任规定于台湾地区“民法”，汽车事故中的特殊侵权责任集中于汽车驾驶人。道路交通事故被害者有两项请求权。第一个是台湾地区“民法”第184条中关于一般侵权行为责任的损害赔偿。第二个是台湾地区“民法”第191条之2中汽车驾驶人的推定过失责任。我国台湾地区法院在判断道路交通事故的侵权行为诉讼时，同时适用这两项请求权。

关于过失责任的一般规定在台湾地区“民法”第184条，该条规定：“因故意或过失，不法侵害他人之权利者，负损害赔偿责任。故意以背于善良风俗之方法，加损害于他人者亦同。（第1项）违反保护他人之法律，致生损害于他人者，负赔偿责任。但能证明其行为无过失者，不在此限。（第2项）”

台湾地区“民法”第184条为所有基于过失的侵权行为损害赔偿提供了基础。在损害赔偿方面，台湾地区“民法”第184条具有两个独立的请求权基础。

第一个损害赔偿请求权与对个人权利直接造成侵害有关。第184条第1项前段规定：“因故意或过失，不法侵害他人之权利者，负损害赔偿责任。”我国台湾地区学者和实务皆认定这是基本侵权行为的请求权基础。因此，侵权行为人之故意或过失行为导致他人身体权或财产权受侵害，应给予权利受害者赔偿。若与身体权或财产权无关的权利，则不在本项保护的范围之内。这项请求权最常用于与人身伤害和财产损害有关的侵权行为诉讼，也常用于道路交通事故。

第二个赔偿请求权是针对被害人因经济损失而造成的损害，但是非基于被害人的权利所生。这种情形的应用很狭窄。台湾地区“民法”第 184 条第 1 项后段及第 2 项规定：“故意以背于善良风俗之方法，加损害于他人者亦同。（第 1 项）违反保护他人之法律，致生损害于他人者，负赔偿责任。但能证明其行为无过失者，不在此限。（第 2 项）”因为若主张台湾地区“民法”第 184 条第 1 项后段需具备故意，而道路交通事故一般不是故意造成的，因此，在道路交通事故中不讨论这种形式的赔偿。台湾地区“民法”第 184 条第 2 项通常作为分析台湾地区“民法”第 191 条之 2 规定的推定过失责任的应用方法，故与台湾地区“民法”第 191 条之 2 一并讨论。

在增订台湾地区“民法”第 191 条之 2 之前，台湾地区“民法”第 184 条为所有侵权行为提供了一般过失责任的基础，当时也是道路交通事故被害人过失责任的请求权基础。然而，过失责任的举证责任在于被害者，而被害者需要证明对方有故意或过失造成伤害。在 1999 年，台湾立法主管机构修改了台湾地区“民法”，增订第 191 条之 2，以改变道路交通事故的损害赔偿责任和举证责任。增加这一条的立法理由是近代交通发达，而因动力车辆肇事致损害人之身体或财产者，日见增多，爰参考他国立法例并斟酌现实情况增订本条，规定汽车、机车或其他非依轨道行驶之动力车辆，在使用中加损害于他人者，驾驶人应赔偿因此所生之损害。惟如驾驶人于防止损害之发生，已尽相当之注意，不在此限，以期缓和驾驶人之责任。这个条文是为了将道路交通事故的责任从被害者转移到汽车驾驶人。

应注意的是，在最初提出的修正案中，台湾地区“民法”第 191 条之 2 有第 2 项规定，规定汽车所有权人在交通事故中，应与汽车驾驶人负连带责任。所谓汽车所有权人的定义涵盖范围甚广，包含所有在民法下可取得永久或暂时所有权的不同类型。但是在修正草案审查委员会对第 191 条之 2 第 2 项草案进行审查时，指出虽然这种连带责任可能给予被害者更多的保护，但期望汽车所有权人对汽车驾驶人进行监督或为其所有行为负责是不切实际的，且会对社会结构和社会关系产生负面影响，因此，决定不将第 2 项纳入最后提出的条文。

台湾地区“民法”第 191－2 条规定：“汽车、机车或其他非依轨道行驶之动力车辆，在使用中加损害于他人者，驾驶人应赔偿因此所生之损害。但于防止损害之发生，已尽相当之注意者，不在此限。”在传统的过失责任下，道路交通事故被害人负有举证责任，需证明侵权行为人有故意或过失行为，导致造成被害人在交通事故中受到身体伤害与财产损失。台湾地区“民法”第 191 条之 2 设定为推定过失责任，将道路交通事故被害者的举证责任转移到车辆驾驶人，要求动力车驾驶人证明他们已经采取合理的谨慎措施防止事故发生。

台湾地区“民法”第 191－2 条有 4 个特殊的要件。第一，如上一段所述，台湾地区“民法”第 191 条之 2 规定的责任为推定过失责任。民法的基本侵权行为理论为过失责任，因此，在台湾地区“民法”下增订交通事故请求权，其请求权基础需与民法过失责任的结构一致。因此，台湾地区“民法”第 191 条之 2 的交通事故请求权为推定过失责任，而非严格责任。虽然汽车在道路交通上的危险性促使立法机构修正“民法”，但是道路交通事故的损害赔偿责任，仍以过失责任的概念为主。台湾地区“民法”第 191 条之 2 与“民法”第 184 条之间的差异，重点在于举证责任的转移。

第二，台湾地区“民法”第 191 条之 2 的责任的归属为汽车驾驶人而非汽车所有权人或其他第三人。民法的损害赔偿原则是以直接造成他人损害的侵权行为人应负责损害赔偿。驾驶人是控制车轮和动力车的人。除非驾驶人能证明他已采取合理的谨慎措施避免意外发生，否则他是直接加害于被害者的侵权行为人。除了交通事故被害者以外的第三方也可能提出交通事故的诉讼，但这些第三方不能够寻求台湾地区“民法”第 191 条之 2 的救济，而是需要依赖其他过失责任的请求权作为损害赔偿的基础。

第三，被害人依台湾地区“民法”第 191 条之 2 交通事故请求权的交通工具适用范围，仅限于汽车，摩托车或其他不需要在轨道上行驶的动力车辆。其他运输工具，例如，铁路与其他大众运输交通工具，受其他特别法的管制，因此，由其他运输工具所造成的损害，其赔偿制度应基于其他特别法的规范。

第四，一般认为，第 191 条之 2 仅补偿与个人权利有关之损害，而纯粹经济上之损失，非本条赔偿范围。

尽管台湾地区“民法”第 191 条之 2 与民法第 184 条有不同的要件，

但是因为民法191条之2的具体侵权适用范围狭窄，因此，台湾地区“民法”第184条经常用来补充侵权行为损害赔偿中的法律原则。我国台湾地区的法律学者虽认为第191条之2和第184条之间有差异，但除了举证责任的重新分配之外，学者们不认为台湾地区“民法”第191条之2有创设任何新颖的法律原则。更有学者有认为，在大多数交通事故情况下，警察可以引用汽车驾驶人违反道路交通法规，依台湾地区“民法”第184条第2项达到类似推定过失责任的结果。因此，增订台湾地区“民法”第191条之2，并未导致道路交通事件的侵权原则产生重大变化。

实务上，我国台湾地区法院在讨论道路交通事故案件的法律责任时，一般都并用台湾地区“民法”第191条之2与第184条的规定。我国台湾地区法院有两种并用这两条文的方式。第一种方法是将台湾地区“民法”第191条之2视为补充第184条的特别规定。在此解释中，台湾地区“民法”第184条为侵权行为的请求权基础，而台湾地区“民法”第191条之2将举证责任从被害人转移到汽车驾驶人，是用来澄清交通事故案件中责任认定的附加标准。

第二种方法是将“民法”第191条之2作为交通事故的基本侵权行为请求权，并将第184条第2项前段作为补充标准，以分析第191条之2中驾驶人是否有尽“相当的注意”标准。法院援引“民法”第184条第2项，认定驾驶人在违反交通法规的状态下——例如，违反“道路交通管理处罚条例”或道路交通安全规则——即推翻驾驶人在驾驶汽车时已尽相当之注意，因此，应依据“民法”第191条之2应负担损害赔偿的责任。

民法损害赔偿的类别分别于台湾地区“民法”第192～196条，第213～216条。台湾地区“民法”中没有特别为道路交通事故订定有别于上述民法条文的损害赔偿，也没有设定损害赔偿金的最高额度。因此，道路交通被害者的损害赔偿，以台湾地区“民法”中所订定金钱与非金钱的损害赔偿为准。应指出的是，当其他法规提及损害赔偿但是对损害赔偿的具体赔偿内容与分类无多赘述时，民法框架下的损害赔偿类别通常会被作为补充其他法规有关损害赔偿规定。本报告在后面论述的国家赔偿法和消费者保护法皆有此特性。

针对金钱上损失，台湾地区“民法”第192、193和196条提供损害赔偿的规定。台湾地区“民法”第192条说明不法侵害他人致死者，侵权行为人必须负赔偿损害的责任。此种损害赔偿包括医疗费用、所增加生活上需要之费用或殡葬费。如果被害人对第三方（例如年轻的子孙或年长的父母）有法定抚养义务，侵权行为人必须赔偿这些被抚养人。台湾地区"民法"第193条则说明侵权行为人不法侵害他人身体或健康者，应付的赔偿损害。这种损害赔偿包括劳动能力减少或丧失所导致的工资损失以及生活上需要之费用之增加。依台湾地区"民法"第196条规定，侵权行为人必须赔偿其物因毁损所减少之价额。

针对非金钱上损失，台湾地区"民法"第194和195条提及一方有请求权的情况。台湾地区"民法"第194条规定："不法侵害他人致死者，被害人之父、母、子、女及配偶，虽非财产上之损害，亦得请求赔偿相当之金额。"台湾地区"民法"第195条第1项规定："不法侵害他人之身体、健康、名誉、自由、信用、隐私、贞操，或不法侵害其他人格法益而情节重大者，被害人虽非财产上之损害，亦得请求赔偿相当之金额。其名誉被侵害者，并得请求回复名誉之适当处分。"

虽然台湾地区"民法"第194条和第195条中有提到"非财产上之损害"，然而法条中并无详细解释规定原告可以请求非财产上损害的类型。依照一般的解释，条文针对非财产上之损害的具体内容为被害人所受的精神上损害。实务上，法院给的精神上损害赔偿额会因为被害者的收入、社会地位、经济状况和精神痛苦程度而有所不同。

在可能恢复原状的情况下，被害者在金钱补偿之前可先请求要求恢复原状。台湾地区"民法"第213条规定："负损害赔偿责任者，除法律另有规定或契约另有订定外，应回复他方损害发生前之原状。（第1项）因回复原状而应给付金钱者，自损害发生时起，加给利息。（第2项）第一项情形，债权人得请求支付回复原状所必要之费用，以代回复原状。（第3项）"根据民法，这意味着恢复原状作为补偿的为先，再辅以金钱补偿的方法。

在讨论被害人与有过失的状况时，被害人必须先被认定有过失，才能在计算赔偿时讨论第217条第1项的适用。台湾地区"民法"中第217条对于与有过失的规定为："损害之发生或扩大，被害人与有过失者，法院得减轻赔偿金额，或免除之。（第一项）重大之损害原因，为债务人所不及知，而被害人不预促其注意或怠于避免或减少损害者，为与有过失。

(第二项)”在被害者未系安全带或未戴安全帽的状况下，我国台湾地区法院的实务见解认为被害人因未采取必要的安全预防措施，对所受之伤与有过失。然而在认定被害人与有过失的情况下，如何评估因与有过失所应扣除的损害赔偿金额，则是一项挑战。

与有过失损害赔偿扣除额的衡量方法，在台湾地区“民法”并无明确规定，因此，扣除额的认定取决于审判该案件的法官的裁量。虽然道路交通事故当事人可以向我国台湾地区交通主管部门公路总局申请道路交通鉴定，但是鉴定报告内容论述当事人双方于交通事故中所当负之责任。鉴定报告内容会认定双方对于交通事故之发生是否皆有责任或是其中一方当事人比另一方当事人需负更大的责任，但是鉴定报告不会声明双方当事人之间责任的比例。在此情况下，因道路交通鉴定报告无明确过失比例，在道路交通事故与有过失损害赔偿金之扣除额认定，主要仍由法官进行裁量。

在极少数的情况之下，被害人或侵权行为人的特性会导致特殊的法律效果。其中一个会导致有特殊法律效果情况，是侵权行为当事人为无法律行为能力或是限制行为能力人。这种类型的侵权行为人通常是20岁以下的未婚人或受监护宣告之人，由于他们无行为能力或有限制行为能力，除非能够证明监护人已加以相当之监督，他们的法定代理人对他们的损害赔偿负有共同侵权责任。台湾地区“民法”第187条规定：“无行为能力人或限制行为能力人，不法侵害他人之权利者，以行为时有识别能力为限，与其法定代理人连带负损害赔偿责任。行为时无识别能力者，由其法定代理人负损害赔偿责任。（第一项）前项情形，法定代理人如其监督并未疏懈，或纵加以相当之监督，而仍不免发生损害者，不负赔偿责任。(第二项)”

除了侵权行为人的年龄之外，我国台湾地区有讨论被害者的个人健康状况或其他个人特殊体质是否有台湾地区“民法”第217条与有过失之适用。目前，我国台湾地区法律学术界与实务界对于被害人原有体质加重损害之发生是否能够以与有过失论的议题上并无共识。这个法律议题的争论点，以被害者是否应当被认定有告知义务的责任为争执的核心。主张与有过失的论点，假定被害者有告知义务的责任存在，因此，侵权行为人在没有被告知且缺乏正确认知的状况下，无法得知他的行为会产生如此严重的后果，故对于损害之加重结果，被害者与有过失。反对主张与有过失的论点，以保护被害者权利之完整性为出发点，认为在侵权行为发生时，要求被害者进行告知义务近乎不可能，因此，在权衡两者法益之下，当以被害者权利之保护为重。除了上述两个特性之外，在交通事故中，被害人或侵权行为人没有其他会导致特殊的法律效果的议题。

2. 非过失责任：严格责任与其他责任体系

民法所讨论的责任基础皆建立于过失责任的架构，因此，在民法范围内所讨论的道路交通事故都是基于过失责任。我国台湾地区没有针对交通事故设立特殊的侵权行为专法，而在台湾地区“民法”下的道路交通事故的侵权责任为推定过失责任，非严格责任。除台湾地区“民法”之外，其他大众运输之法规（例如我国台湾地区“铁路法”和“公路法”）所讨论的侵权行为责任亦为推定过失责任。因此，我国台湾地区大部分的道路交通事故的责任为推定过失责任。

从一般法律原则论之，我国台湾地区的汽车所有权人非道路交通意外须负责的当事人。但是，如果车主同意并准许未取得驾照之人驾驶汽车，因此，对被害人造成伤害，我国台湾地区法院认定车主负有共同侵权行为责任。在这种情况下，汽车所有权人因为违反了台湾地区“道路交通管理处罚条例”第21条，需要根据台湾地区“民法”第184条第2项承担过失责任。汽车所有权人与汽车驾驶人双方皆有过失，须对被害者负共同侵权行为责任。

3. 第三方责任

除了发生道路交通事故的当事人，有可能第三方（例如政府机构或汽车制造商）依照台湾地区“消费者保护法”或台湾地区“国家赔偿法”的规定须为道路交通事故负责。

被害者可以根据台湾地区“消费者保护法”向汽车制造商或汽车维修服务部门寻求赔偿，台湾地区“消费者保护法”为此设立了严格责任。台湾地区“消费者保护法”第7条规定：“从事设计、生产、制造商品或提供服务之企业经营者，于提供商品流通进入市场，或提供服务时，应确保该商品或服务，符合当时科技或专业水平可合理期待之安全性。（第一项）商品或服务具有危害消费者生命、身体、健康、财产之可能者，应于明显处为警告标示及紧急处理危险之方法。（第二项）企业经营者违反前二项规定，致生损害于消费者或第三人时，应负连带赔偿责任。但企业经营者能证明其无过失者，法院得减轻其赔偿责任。（第三项）”

在道路交通事故适用台湾地区“消费者保护法”的状况下，有两个需要注意的重点：第一，消费者保护法并未区分制造商和服务提供商的责任，因为两者皆为需向消费者全权负责的“企业经营者”。他们所提供的商品或服务的标准，必须符合货物进入市场或执行服务当时的科技和专业水平。因此，汽车制造商和汽车服务提供商的注意义务是相同的。第二，台湾地区“消费者保护法”适用的范围不仅限于购买商品或使用服务的客户，还包括企业经营者对于第三方需要负的责任。在道路交通事故的情况下，有可能有非消费者的第三方，因为企业经营者缺陷的产品或服务造成他们的损害，导致被害者仍能对汽车制造商或汽车维修服务提出侵权损害赔偿的请求。

台湾地区“消费者保护法”没有列出被害者可获得的损害赔偿类型，但法院认定台湾地区“民法”的损害赔偿类型亦适用于台湾地区“消费者保护法”。这是因为台湾地区“消费者保护法”第50条第3项规定消费者可以让与他们的请求权，其中包括“民法”第194条和第195条第1项非财产上之损害请求权。因此，即使台湾地区“消费者保护法”未列举其他民法损害赔偿请求权之类型，法院认为，如果非财产上之损害赔偿请求权亦被包括于让与范围中，那么可以推定民法中所列举的其他金钱上之损害亦为台湾地区“消费者保护法”之损害赔偿范围。

另一类型的交通事故第三方责任，是由交通道路状况所产生。所谓交通道路状况包括与道路交通控制、道路设计或道路维护有关的状态。这些道路交通的问题属于台湾地区各级政府所管辖，其中包括台湾地区交通主管部门与各个地区政府的交通部门。由于我国台湾地区各级机关部门需对所管辖的交通道路负责，因此，因道路状况而造成的交通事故，被害者将适用台湾地区“国家赔偿法”（以下简称“国家赔偿法”）。“国家赔偿法”第3条规定：“公有公共设施因设置或管理有欠缺，致人民生命、身体或财产受损害者，国家应负损害赔偿责任。（第一项）前项情形，就损害原因有应负责任之人时，赔偿义务机关对之有求偿权。（第二项）”因此，被害者如果因道路的设置或管理上有欠缺而受伤，可以向政府要求赔偿。

“国家赔偿法”并没有确切地列出损害赔偿的类别，但“国家赔偿法”第5条规定：“国家损害赔偿，除依本法规定外，适用民法规定。”因此，国家赔偿法的损害赔偿请求权，由台湾地区“民法”作补充性的规定。

正如报告的先前部分已经指出，即使是依据其他成文法的第三方责任，仍然需要适用民法中有关损害赔偿的规定。

4. 损害赔偿之其他议题

在我国台湾地区，被害者因道路交通事故所衍生的特殊伤害（例如颈椎因车祸撞击所受的损伤），并无特殊补偿规定。除此之外，我国台湾地区相关规定不予赔偿纯粹的经济上损失，例如，道路交通事故所造成的交通堵塞，不在赔偿范围之内。

5. 第三方责任保险与相对应体系

在我国台湾地区，强制性汽车保险的规则规定在“强制汽车责任保险法”中。强制汽车责任保险的主管机关为我国台湾地区行政主管机构金融监督管理委员会，金融监督管理委员会通过“强制汽车责任保险残废给付标准表”，为每项项目规定了具体的给付标准。

强制性汽车保险的重点在于保护人身伤害，而非因交通事故所引起的财产损失。即使被害者不知道加害者是谁，被害者仍然受到保险的保护，此与强制汽车责任保险为我国台湾地区民众的社会保障的概念一致。

强制汽车责任保险的三种保险给付反应本法着重于生命身体伤害之补偿，其三种保险给付为：伤害医疗费用给付，残疾给付与死亡给付。伤害医疗费用给付上限为每事故 20 万台币（约 6450 美元）。残疾给付依照“强制汽车责任保险残废给付标准表”所订定之 15 个级别作为残疾给付准则，依残疾严重的程度有相对应的固定的补偿额度，最重大残疾的给付额度是第一等级的新台币 200 万元（约 64500 美元）。死亡给付为新台币 200 万元（约合 64500 美元）。在同一件交通事故所能够请求的给付上限最多加总为每人 220 万新台币（约合 71000 美元）。

在“强制汽车责任保险法”中，有两种类型的请求权人可以提出保险给付的请求。第一种请求权人是因车祸而受伤的请求权人。第二种请求权人是因汽车交通事故而遭受生命损失被害人之遗属。这两种类型的请求权人皆得直接向保险公司请求赔偿。须特别指出的是，在强制汽车责任保险的设计下，就算汽车驾驶人在交通事故中受伤，也不能成为强制汽车责任保险的请求权人。这与台湾地区“民法”第 191 条之 2 的请求权逻辑不谋而合，认定汽车驾驶人为道路交通事故中的侵权行为人，因此不是可要求赔偿的范围内之人。

在我国台湾地区，保险人一般不具有向侵权行为人行使求偿权，但在台湾地区“强制汽车责任保险法”中，有五种情况让保险人可以代位被保险人向侵权行为人提出损害赔偿。台湾地区“强制汽车责任保险法”第29条第1项规定：“被保险人有下列情事之一，致被保险汽车发生汽车交通事故者，保险人仍应依本法规定负保险给付之责。但得在给付金额范围内，代位行使请求权人对被保险人之请求权：一、饮用酒类或其他类似物后驾驶汽车，其吐气或血液中所含酒精浓度超过道路交通管理法规规定之标准。二、驾驶汽车，经测试检定有吸食毒品、迷幻药、麻醉药品或其他相类似管制药品。三、故意行为所致。四、从事犯罪行为或逃避合法拘捕。五、违反‘道路交通管理处罚条例’第二十一条或第二十一条之一规定而驾车。”

第5款之规定，异于前4款，不是提出驾驶人身体与心理如何导致道路交通事故的原因，而是强调汽车所有权人不当让没有合格驾照之人成为汽车驾驶人。台湾地区“道路交通管理处罚条例”第21条与第21条之1涉及驾驶人由于不适当或缺乏驾驶执照而被禁止驾驶的情况。汽车所有权人允许不合格的驾驶人使用他的车上路时，应对此不合格驾驶人所产生的交通事故负损害赔偿责任。在这些情况下，保险人可以依已经给付的保险给付金，代位被保险人，向侵权行为人提出损害赔偿请求权。

遵守强制汽车责任保险的投保率相当高。2015年，台湾交通主管部门登记的汽车为7803308辆，同年投保汽车责任保险的车辆为7800952辆。由于强制汽车责任保险只涵盖死亡伤残给付，若欲增加保险给付，许多车主会购买商业保险以弥补当事人在道路交通事故中可能遭受的财产损失。这些商业保险的细节将在本报告的后面进行讨论。

在“强制汽车责任保险法”中，设立了汽车交通事故特别补偿基金。若被害人在特殊情况下无法借由传统方法请求保险给付（例如事故汽车无法查究、事故汽车为未保险汽车、事故汽车系未经被保险人同意使用或管理之被保险汽车或事故汽车全部或部分为无须订立本保险契约之汽车），“强制汽车责任保险法”第38条规定：“为使汽车交通事故之被害人均能依本法规定获得基本保障及健全本保险制度，应设置特别补偿基金，并依汽车、机车分别列账，作为计算费率之依据。（第一项）前项特别补偿基金为财团法人；其捐助章程及基金管理办法，由主管机关会同中央交通主管机关定之。(第二项)”

汽车交通事故特别补偿基金的资金有5个来源:(1)强制汽车责任保险之保险费所含特别补偿基金分担额。(2)保险人代位求偿之所得。(3)基金之孳息。(4)受害人死后因无丧葬礼仪之余额所得。(5)其他收入。

汽车交通事故特别补偿基金之使用方法,依台湾地区“强制汽车责任保险法”第40条第1项规定:“汽车交通事故发生时,请求权人因下列情事之一,未能依本法规定向保险人请求保险给付者,得于本法规定之保险金额范围内,向特别补偿基金请求补偿:一、事故汽车无法查究。二、事故汽车为未保险汽车。三、事故汽车系未经被保险人同意使用或管理之被保险汽车。四、事故汽车全部或部分为无须订立本保险契约之汽车。”

由于汽车交通事故特别补偿基金被列入强制汽车责任保险法中,因此被害者可以向汽车交通事故特别补偿基金所提出的保险给付类型与对其他保险人所提出的保险给付类型相同。

涉及无投保汽车的事故,“强制汽车责任保险法”第41条规定:“未保险汽车或无须订立本保险契约之汽车发生交通事故时,准用第三十四条(即有保险汽车)规定。”强制汽车责任保险中包括未保险之驾驶人。

(二)其他补偿系统

1. 商业保险

在我国台湾地区,商业汽车保险是补充强制汽车责任保险所涵盖之内容,因为强制汽车责任保险只涵盖死亡伤残损害之保险给付。商业汽车保险让汽车所有权人为汽车可能涉及的财产或人身体损害投保额外的保险。依据保险性质,商业汽车保险给付范围包括个人伤害、汽车损坏、汽车失窃和其他财产损失。

商业汽车保险依我国台湾地区“保险法”,属于责任保险类别,保险人没有办法代位被保险人向侵权行为人请求损害赔偿。保险业之组织,以股份有限公司或合作社为限,是唯一允许进行保险业务的组织。保险公司也是唯一被允许向要保人收取被保费的组织,而商业保险给付金的主要来源来自保险公司所收取的保费。

我国台湾地区商业汽车保险的保费额度差异相当大,主要取决于保险契约中不同投保类别和保险给付金额的多寡。然而,就商业汽车保险中的个人伤害或财产损失的第三方责任险，因为平均保费相对低廉，基本上在要保人负担范围内。依 2015 年统计，有约 240 万辆自用小型客车投保汽车第三人责任伤害险，每辆车的平均保费为新台币 1475 元（约 47.6 美元）。同年统计数据，有约 370 万辆轿车投保第三人责任财损险，每辆汽车的平均保费为新台币 1348 元（约合 43.5 美元）。这两种类型的商业汽车保险是汽车保险类型中最多人投保的保险，但相较于 2015 年在台湾交通主管部门登记的 630 万辆自用小型客车，投保商业汽车责任险的车辆比例不能算高。

2. 特定补偿制度

除了强制汽车责任保险法下所提到的汽车事故特别补偿基金之外，我国台湾地区没有其他特殊针对道路交通事故的特别赔偿制度。

3. 社会保障制度

在我国台湾地区，全民健康保险是提供在台湾地区工作或在台湾地区居住超过 6 个月的台湾居民、大陆民众和外国人健康服务的保险。虽然全民健康保险被称为是保险制度，然而，其实际上是台湾地区社会保障的一个部分，目的在于给付提供医疗服务的医疗机构。大多数与健康有关的医疗程序都在台湾地区民众健康保险涵盖范围中。

在发生道路交通事故的情况下，全民健康保险适用于所有在交通事故中受伤的当事人。由于全民健康保险并未区分受益人需要使用保险的原因，因此，在台湾地区“民法”下被认定为过失侵权行为人或是与以过失的被害人皆为全民健康保险的保险对象。

在保险给付方面，全民健康保险的给付额并不是提供给被保险人，而是直接提供给医疗机构。医疗机构从卫福部收到的保险给付或医疗费用支付必须根据卫生福利主管机构的规定，依每个医疗程序获得对相对应的给付额。

根据台湾地区“全民健康保险法”，保险对象若对第三人有损害赔偿请求权之保险事故，全民健康保险之保险人在提供保险给付后，得代位行使损害赔偿请求权。须特别指出的是，此代位请求权的对象并非道路交通事故的侵权行为人，而是强制汽车责任保险的保险人。这个制度结构再次强调全民健康保险制度和强制汽车责任保险制度为社会保障的特性。

四、过失责任与其他补偿制度之间的关联

全民健康保险是一个重要的社会保障制度，在相当程度上给付了道路交通事故受伤当事人的医疗程序的费用。由于全民健康保险的给付不是直接支付给受益人或受伤之人，而是直接支付给医疗机构，因此，全民健康保险间接的影响交通事故被害者医疗费用计算方法。道路交通事故中的损害赔偿请求权，主要受到民法损害赔偿与保险给付两者之间的影响。

民法损害赔偿请求权独立于保险给付，因此，被害人可以依台湾地区“民法”与台湾地区“保险法”分别进行请求。然而，因为强制汽车责任保险由台湾地区相关机构监管，并且针对各种伤害或死亡情况提供保险人明确的赔偿准则，又无需要确定当事人之间的过失责任，因此，在交通事故发生之后，被害者通常第一个收到的为强制汽车责任保险给付。如前所述，由于强制汽车责任保险给付具有社会保障的特征，即使交通事故侵权行为人失踪或经济能力上无法补偿被害者，被害者仍可以从保险公司获得伤害医疗费用给付或死亡给付。商业汽车保险是强制汽车责任保险的补充性保险，其保险给付取决于汽车所有权人在保单上所订之保险费。

强制汽车责任保险仅涵盖被害者伤残医疗费用给付或死亡给付，因此，其他财产上损失或其他金钱损失，必须透过商业汽车保险或民法侵权行为损害赔偿进行请求。应特别指出的是，虽在强制汽车责任保险中有伤残医疗费用给付或死亡给付，但此保险给付并不会阻止被害人以民法另行提出损害赔偿之请求，只是法院最终会将强制汽车责任保险所收到的保险给付额从损害赔偿的金额中扣除。

台湾地区的各种给付与补偿制度有它需要扮演的社会功能。强制汽车责任保险在设定保险给付上限的状况下，在交通事故中提供被害者社会保障的机制。商业汽车保险作为强制汽车责任保险的额外附加保险，主要目的在于转移汽车所有权人损害赔偿的风险。台湾地区“民法”涉及道路交通事故当事人在民法下之救济，且其损害赔偿范围，包括非金钱上损害赔偿。这些不同的制度提供被害人不同的补偿途径。

因为台湾地区规范体系的架构，台湾地区并没有过度赔偿之问题。除了台湾地区“强制汽车责任保险法”第32条，同一法规第31条第1项对保险人提供同样的保护：“被保险汽车发生汽车交通事故，被保险人已为

一部之赔偿者，保险人仅于本法规定之保险金额扣除该赔偿金额之余额范围内，负给付责任。但请求权人与被保险人约定不得扣除者，从其约定。”在规范下，基本上将损害赔偿视为完整金额，并防止各当事人受到过度补偿。

五、时效

道路交通事故请求权损害赔偿的时效与其他侵权行为请求权并无区别，侵权行为请求权的时效定为两年。在两年过后，请求权时效完成。

依台湾地区“民法”第184条和第191条之1的侵权行为请求权，时效为两年。台湾地区“民法”第197条第1项规定：“因侵权行为所生之损害赔偿请求权，自请求权人知有损害及赔偿义务人时起，二年间不行使而消灭，自有侵权行为时起，逾十年者亦同。”

对于制造商责任的请求权，台湾地区“消费者保护法”（以下简称“消费者保护法”）并无规定具体的时效。然而，法院判决一直使用“民法”下的侵权行为时效作为消费者保护诉讼的时效，因为“消费者保护法”第50条第3项在讨论消费者保护请求权时，提及民法侵权行为请求类别，因此，以台湾地区“民法”补充“消费者保护法”之规定。

至于强制汽车责任保险的保险理赔给付请求权，其时效为两年。台湾地区“强制性汽车责任保险法”第14条第1规定：“请求权人对于保险人之保险给付请求权，自知有损害发生及保险人时起，二年间不行使而消灭。自汽车交通事故发生时起，逾十年者，亦同。”

对于商业汽车保险金之给付，时效为两年。台湾地区“保险法”第65条规定：“由保险契约所生之权利，自得为请求之日起，经过二年不行使而消灭。有左列各款情形之一者，其期限之起算，依各该款之规定：一、要保人或被保险人对于危险之说明，有隐匿、遗漏或不实者，自保险人知情之日起算。二、危险发生后，利害关系人能证明其非因疏忽而不知情者，自其知情之日起算。三、要保人或被保险人对于保险人之请求，系由于第三人之请求而生者，自要保人或被保险人受请求之日起算。”

因为在台湾地区“民法”“消费者保护法”“强制性汽车保险法”和商业汽车保险制度下当事人享有的请求权基础不尽相同，因此，难有请求权竞合的状况。此外，由于请求权时效在各种法规下是相同的，且请求权基本上由同一事件产生，因此不会有道路交通事故当事人因为时效因素而企图以不同请求权影响时效的结果。

六、诉讼程序

道路交通事故损害赔偿不同于其他事故之损害赔偿，因为当事人需要在法院提起诉讼之前接受法院提供的调解。台湾地区“民事诉讼法”（以下简称“民事诉讼法”）第403条第1项第7款规定：“下列事件，于起诉前，应经法院调解：七、因道路交通事故或医疗纠纷发生争执者。”

法院调解是台湾地区诉讼程序的非常重要的一部分，因为通过调解，许多道路交通事故纠纷不需要进入正式的诉讼程序。调解机制成功的原因是因为调解系由简易程序法官或法院法官主持，法官们可以坦率地告知双方当事人进入诉讼后，被害人会得到的赔偿金额。当双方当事人可以衡量诉讼花费与损害赔偿金额时，比较能够调解成功。遗憾的是，在台湾司法主管机构收集的数据中，没有足够的细节可以确定道路交通事故调解的成功率。

七、道路交通事故数据

1999年台湾地区“民法”第191条之2的修正案反映了台湾立法主管机构对台湾地区道路交通事故的重视。在2015年，共有305413起道路交通事故，涉及2140万辆汽车。道路交通意外造成1696人死亡及410073人受伤。2015年汽车保险业务总保费收入为新台币99亿元（约合3.2亿美元），保险给付额为新台币64亿元（约合2.08亿美元）。商业汽车保险中的自用轿车第三方责任财损险的保费总额为51亿新台币（约1.64亿美元），且其保险给付额为新台币42亿（约1.35亿美元）。商业汽车保险中的自用轿车第三方责任伤害险的总保费总额为36亿新台币（1.16亿美元），保险给付为35亿美元（1.12亿美元）。法院调解案件的统计数据并不清楚，因为它们被认为是整体侵权诉讼案件的一部分，因此，他们没有独立的司法统计数据。

台湾地区“民事诉讼法”第403条规定道路交通案件必须先进行司法调解，惟经由司法调解解决的案件在司法统计数据中无独立计算之数据，因此，无法透过统计数据分析调解程序之成功率。调解的诉讼行政费用取决于诉讼目标之金额，不同的诉讼目标将导致不同的调解费。

依 2015 年台湾地区警务机构所提供的统计数据，归纳道路交通事故发生的主要原因，以汽车驾驶人的过失为首。在 2015 年的 305413 起道路交通事故中，299003 起案件被认为是汽车驾驶人的过失。同年，道路交通事故报告中交通事故发生的其他原因分为机械故障（946）、行人之过失（3895）和交通管制瑕疵（305）。遗憾的是，在统计数据说并未明确列出导致驾驶人过失之原因，因此，很难分辨驾驶人过失的种类。

以下是一些可用于了解台湾道路交通事故的其他数据：

在台湾地区，无道路标示的路段一般速度限制为时速 50 公里，但对于单线道路或多车道道路的慢车道，限速为时速 40 公里。

在 2015 年，台湾汽车车辆登记数量分别为：轿车 6573749 辆，重型卡车 165695 辆，轻型卡车 903739 辆，摩托车 13661719 辆。这些数字包括商业和自用车辆。

在 2012 年，台湾地区立法主管机构修改了"道路交通管理处罚条例"第 31 条之 1，增加驾驶人使用手机之处罚。第 31 条之 1 规定："汽车驾驶人于行驶道路时，以手持方式使用移动电话、计算机或其他相类功能装置进行拨接、通话、数据通讯或其他有碍驾驶安全之行为者，处新台币三千元罚款。（第一项）机车驾驶人行驶于道路时，以手持方式使用移动电话、计算机或其他相类功能装置进行拨接、通话、数据通讯或其他有碍驾驶安全之行为者，处新台币一千元罚款。（第二项）汽机车驾驶人行驶于道路，手持香烟、吸食、点燃香烟致有影响他人行车安全之行为者，处新台币六百元罚款。（第三项）警备车、消防车及救护车之驾驶人，依法执行任务所必要或其他法令许可者，得不受第一项及第二项之限制。（第四项）第一项及第二项实施及倡导办法，由台湾地区交通主管部门定之。（第五项）"

截至 2015 年年中，据估计，台湾地区总人口中约 73.3% 有使用手机。

年满 18 岁的人可领取驾驶执照，而 2015 年发出的新汽车驾照的数量为 253536。

在台湾地区 2300 万人中，约有 1800 万人生活在都市地区，使台湾地区的城市化率达到 77% 左右。

八、自动驾驶汽车

因台湾地区“民法”以汽车驾驶人为道路交通事故中的侵权行为人，在思考自动驾驶汽车的侵权行为责任时，主要需思考的是驾驶人是否在驾驶过程中对车辆享有完全的控制，或放置在车内的警告标语是否能够将自动驾驶车辆可能存在的潜在的风险转移给汽车驾驶人。

台湾交通主管部门运输研究所目前正在对各种形式的自动驾驶汽车进行评估，并要讨论要如何将自动驾驶汽车引进台湾地区。截至本报告撰写之时，台湾交通主管部门运输研究所尚未正式提出建议。运输研究所会在研究各国自动驾驶汽车后，再对台湾地区相关政府机关提出对应的政策建议。

由于台湾地区目前尚无定论要如何将自动驾驶汽车置入台湾地区的交通系统，因此，在讨论自动驾驶汽车责任归属时，当考虑以台湾地区“民法”上汽车驾驶人的推定过失责任或台湾地区“消费者保护法”中汽车制造商的严格责任来思考此议题。如果自动驾驶汽车的自动驾驶机制仅为提供驾驶人辅助协助但非进行全盘控制，那么驾驶人仍被推定为侵权行为人，而现行台湾地区“民法”第191条之2的推定过失责任仍有适用。然而，如果汽车是完全自动化，并且可以将制造商设计的计算机视为汽车的“驾驶人”，则可以合理地推定有“消费者保护法”第7条适用的情况，即汽车制造商和计算机服务提供商须对被害者负严格责任。

如果汽车完全自动化并被认为是自动驾驶，则可能会产生“消费者保护法”如何适用的疑虑。由于“消费者保护法”保护所有可能因产品缺陷或服务而受损的消费者和第三者，因此道路交通事故的责任将主要由制造商和服务提供商承担。

自动驾驶汽车的驾驶人，若因缺乏注意而未看见车上的警告标示导致损害之结果，不管自动驾驶是否为辅助性工具或是全盘自动化装置，在这两种情况下，汽车驾驶人皆可能会被认为需要负责。如果自驾车被认为是一个辅助性工具，在驾驶人仍主控的情况而未尽相当注意之时，则根据“民法”第191条之2，驾驶人将在道路交通事故中承担推定过失责任。如果自驾车被认为是完全自动化，而车上的警告标示足以对驾驶人提供警告，则可能会符合“消费者保护法”第7条第2项提供警告标示及紧急处理危险之方法的要件。在此情况下，如果制造商已提供必要的安全警告，并且事故的发生可归咎于驾驶人欠缺注意，则很难认定制造商依消费者保护法应当负责。在这种情况下，驾驶人应承担责任。

自动驾驶汽车还尚未引进台湾地区，因此，从法规层面而言，要如何处理自动驾驶汽车在道路交通事故发生的议题，仍有许多讨论的空间。由于自动驾驶汽车是未来发展的趋势，民法针对道路交通事故设立的推定过失责任可能会受到这种新技术发展的挑战。根据自动化程度，汽车制造商的严格责任可能适用于自驾车的情况。

九、目前体系之评析与未来改革方向

一般来说，台湾道路交通事故被害者获得的总赔偿金额并不高。在法院判决中，死亡的损害赔偿金额约为 1 ~ 150 万新台币（约 32000 美元），而身体伤害的损害赔偿金额远低于死亡损害赔偿金。由于被害者所需要的医疗程序大部分都已由全民健康保险支付，且强制汽车责任保险也对于死亡伤残有所支付，在此情况下，损害赔偿金额是否应当被提高并不是一个被热烈讨论的议题。

法院和保险公司执行的损害赔偿请求或是保险给付的能力是不被质疑的。由于道路交通案件须先经过司法调解，在法院判决损害赔偿金额不高且当事人需要负担额外的诉讼费用之下，双方当事人透过调解解决纠纷的意愿会提升，以致案件会在起诉前调解成功。这会降低道路交通纠纷进入诉讼程序的情况，并提高法院整体的办案效率。

目前有关道路交通安全的讨论，主要在于如何降低酒驾上路的数量，而立法机关也已经有提出修订台湾地区“道路交通管理处罚条例”的建议，以提高罚款金额作为吓阻酒驾的机制。此修订对于降低未来酒驾交通事故的发生可能有所贡献，但是台湾地区“道路交通管理处罚条例”的修订，并不会影响到台湾地区“民法”侵权行为损害赔偿原本的架构，因此，对于台湾地区“民法”道路交通事故侵权行为损害赔偿金额不会有太大的影响。

日本法上的道路交通事故赔偿制度及评价

[日] 长野史宽*著 徐铁英** 译

一、建立道路交通事故特殊责任制度的理由与目标

作为过错责任一般规则的《日本民法典》第709条为其侵权法的核心，自然也适用于道路交通事故的赔偿请求。然而，适用该条的结果并不总是令人满意的，因为受害者往往无法证明此等责任的全部要件（尤其是过错和因果关系），侵权人也不一定有赔偿能力。这一问题在第二次世界大战后机动车事故快速增长的情况下愈发显著。于是，日本于1955年出台了《机动车损害赔偿保障法》（Automobile Liability Security Act，下文简称ALSA），它将机动车造成的人身伤害责任（近乎严格责任）与第三方责任强制保险捆绑。此后大多数道路交通事故均依据该法处理。它还为无法根据ALSA取得赔偿金的受害人（如不知侵权人为谁的受害者）提供了名为政府安全保障（GSS）的社会安全系统。

---

* 日本京都大学法学部副教授。

** 四川大学法学院副研究员、四川大学法学院罗马法与意大利法研究所研究人员。

ALSA 可看作道路交通事故规定特殊责任的法律，目的是确保损害赔偿的可靠与迅捷。该责任的构成要件较少，且易于证明（特别是受害者无须证明侵权人的过错），它还得到强制责任险的加持以及 GSS（它并不属于狭义的“责任体系”）制度的补充。

总体上，侵权责任并未与任何保险关联起来，只是在大规模人身伤害的场合存在例外：立法者为此规定了强制责任保险，并将其与严格（至少是比较严格）责任制度关联，使得损害可广泛地在社会中分散，受害者能够迅速获得赔偿，ALSA 制度即为其代表。归根结底，道路交通事故的责任与保险制度聚焦于损害的赔偿。

二、各种偿付制度

（一）侵权法上的赔偿

1. 过错责任

《日本民法典》第 709 条规定：“故意或过失地侵犯他人权利或者受法律保护之利益者，应当对就此产生的一切损害承担责任。”责任构成要件如下：(1) 侵犯一项权利或者受法律保护的利益；(2) 有故意或者过失；(3) 在故意/过失与侵犯行为之间存在因果关系；(4) 发生了可赔偿的损害。但责任可因为欠缺责任能力而被排除：如未成年人（第 712 条）和精神障碍者（第 713 条）。在 ALSA 颁行之后，《日本民法典》第 709 条仍然在若干案件中得以适用：如受害者向不符合 ALSA 要件的人主张赔偿或就财产损失提起赔偿的情况，而 ALSA 仅就人身伤害规定了责任。

道路交通事故为抽象的《日本民法典》第 709 条具体化之后的案型之一。在这类案型中，注意义务的标准（违背它即为过失）大大高于其他案型①。违反交通规则通常被认定为过失，无论由此导致的事故是否可以预见。这是向严格责任的靠拢，反映的是 ALSA 确保赔偿的理念。另外，自愿责任保险已十分普遍，责任对于侵权人难谓过重。与过错不同，道路交通事故中的因果关系并无特殊之处。

《日本民法典》将金钱赔偿规定为一般规则（第 722 条第 1 款与第 417

---

① 参见［日］潮见佳男：《不法行為法 I》，信山社 2009 年第 2 版，第 325 页。

条），赔偿额的计算并无特别重要的规则，法官的裁量发挥主要作用。在司法实践中，一旦要件得到满足，只要处在相当因果关系的范围内，一切实际发生的损害原则上均可获得金钱赔偿①：必要的医疗费用；收入损失（基于事故发生时的实际收入计算）；如果受害者并没有实际收入（例如家庭主妇或儿童），则以国民平均收入作为标准②。难点为受害者因后遗症导致的收入损失：法院将受害者的年平均收入乘以丧失的收益能力的百分比，得出受害者丧失的收益能力。实践中适用的是一个通过政府法令为ALSA发布的表格，各种后遗症按照其严重程度被区分为14个“后遗症等级”。然后，在另一个“收益能力丧失比率表”里面，收益能力丧失的百分比与每个级别关联在一起。在14个级别中，最低的丧失比率是5%，从最高的第1级到第3级则是100%。该表属于无约束力的指导意见，法官时常基于个案的具体情况在适用中有所偏离。

在实践中，是否授予称作“慰抚金”的非财产损害赔偿及其金额的计算，均留给法官的裁量权。一般不对财产权利的侵害给予非财产损害赔偿。慰抚金的额度在实践中很大程度上已经标准化。关于慰抚金的额度有几个标准表格，其中之一由日本律师协会联盟（JFBA）下属的交通事故资讯中心提出/修订的，它也是一个大致的指导意见，经常被援用，并被称为“红皮书”③。它有三个关于慰抚金的表：死亡、后遗症与伤害（治疗与住院）。就死亡而言，慰抚金由继承人继承，依受害者的不同社会地位而存在差异：若受害者是其家庭的供养者，标准慰抚金为2800万日元；如果受害者有配偶或有子女，为2400万日元；在其他情形，标准金额从220

① 大判1926年5月22日，民集5，第386页。See K Yamamoto, Basic Questions of Tort Law from a Japanese Perspective, in: H Koziol (ed), Basic Questions of Tort Law from a Comparative Perspective, Jan Sramek Verlag (2015) no 7/682 ff with Further References.

② 最判1964年6月24日，民集18-5，第874页。参照哪一群体的平均收入（例如，男人、女人，还是兼采两性？日本人还是外国人）素有争议。参见交通事故紛争処理センター编：《交通事故紛争処理の法理》2014年版，第三章。

③ 它是为东京地区设计的标准。此外，还有另一个适用于全国的标准，由交通事故资讯中心的另一个小组制定/修正，也因其封面颜色而被称为“蓝皮书”。由于东京的交通事故数量远高于其他地区，实践中援引最多的是“红皮书”。

万到2000万日元。后遗症的慰抚金，依据前述的级别而定，从第14级的110万日元到第1级的2800万日元。伤害（治疗与住院）的标准金额的计算则取决于治疗或者住院的时间长度。

《日本民法典》第722条第2款规定："受害者有过失时，法院可以斟酌其情事，确定损害赔偿的数额。"可见，即使所有要件都已具备，也并非所有损害总能全部获得赔偿。该条内容旨在实现损害的公平分担，但其要求受害者具有的"过失"不同于对侵权人要求的过失，在某些方面欠缺注意便足以构成后者。相应地，此处并不要求对于过错责任而言必不可少的责任能力，只要有较低的能力（认知自己情况的能力）即可。① 因此，未使用安全带或者头盔的情形，符合这个意义上的受害者过失要件。

由于该条中的"可以"一词，在受害者过失行为的情形中，是否应减少以及减少多少赔偿额留待法官裁量，通常要考虑过失的程度以及对结果的助成度②。这在道路交通事故中很大程度上已经标准化：处理交通事故最多的东京地方法院交通事故庭出版并定时修正了一个不具有法律约束力的标准③，已经在审判实践中流行开来。④ 该标准将事故区分为若干类型，为每一类别设定了基准的减少比率，在考虑修正量（如违反交通规则、过错的程度、年龄等）后得出最终的减少比率。

日本的司法实践已经将公平分散损害的基本理念扩张至受害者并未过失行事的案件中，只要其特殊情况有助于损害的发生或者扩大即可：最高裁判所宣布《日本民法典》第722条第2款关于助成过失的规定，可类推适用于令侵权人承担全部损失并不公平的情况。⑤ 司法实践也限制了该条款的适用范围：人的特殊情况被区分为疾病或障碍以及单纯的身体特征，只有前者可以使赔偿减少。⑥ 例如，受害者的脖子较常人更长，这被判定

---

① 最判1964年6月24日，民集18-5，第854页。

② 参见［日］潮见佳男：《不法行為法I》，信山社2009年第2版，第626页。

③ 東京地裁民事交通訴訟研究会（编），民事交通訴訟における過失相殺率の認定基準，2014年第5版。

④ 在前述"红皮书"与"蓝皮书"中也有类似标准。

⑤ 最判1988年4月21日，民集42-4，第243页。

⑥ 最判1992年6月25日，民集46-4，第400页；
最判1996年10月29日，民集50-9，第2474页。

为单纯的身体特征，不能令赔偿减少，即使它确实导致损害的加重。[①] 此外，完全不可能根据受害者的年龄而减少赔偿额。

在一般的过错责任之外，《日本民法典》第715条规定了雇主责任："因某事业雇佣他人者，对受雇人因执行其职业而加于第三人的损害，负赔偿责任。"如果雇主让他的受雇人驾驶一辆汽车，而有人因这一驾驶而受伤，雇主对损害承担责任，只要雇员行为本身已经满足了责任的要件即可。

2. 无过错责任：严格责任及其他

日本民法并无关于严格责任的一般规范。前述ALSA就道路交通事故创设了一套事实上的严格责任制度，其核心为第3条："如果一个人为他或她自己的利益而使用机动车[②]的操作，通过其操作造成他人死亡或者身体伤害，他或她对引发的一切损害承担责任。"可见，受害者无须证明侵权人的过错，这也是ALSA第3条与《日本民法典》第709条或第715条的重大差异，其核心要件是某人"使用"了一辆机动车的"操作"，并由此导致"他人"的死亡或人身伤害，以下分述之：

ALSA将"操作"界定为"与其构成部分一致地利用一辆机动车，无论是载人还是载货"。根据判例，"其构成部分"不仅包含引擎，还包括一切机动车上的设备，如起重车上的吊车。"操作"因而并不限于驾驶行为。

谁是"为他或她自己的利益而使用机动车的操作的人"（下文称操作使用人）是ALSA责任领域中最具争议性的问题。主流观点将此解释为控制并从机动车的操作中受益的人，其基本理念是：危险活动或者物件的控制者应当为他造成的损害承担责任，从危险活动或者物件获益之人应当为其造成的损害承担责任。对这些要素的判断是控制操作并获益[③]，尤其是前者——愈发呈现出规范性特征：重要的不是该人控制机动车这一事实，

---

① 最判1996年10月29日，民集50-9，第2474页。

② 包括摩托车（ALSA第2条第1款）。

③ 并不清楚这两项要素何以相关，然而判例似乎认为两者均须具备。学界的相反观点也很强大，认为二者具备其一即可。参见［日］潮见佳男：運行供用者概念——責任の正当化原理に依拠した概念構築に向けて，ジュリスト1403号，第26页。

而是从规范角度言之，他能够且应当如此。[①] 例如，机动车所有人原则上是操作使用人，在车被借给某人的场合亦然，因为所有人依据合同有权利在到期日前将车取回，在这个意义上他控制了车辆，同时，他以租赁费用的方式从其操作中获益。[②] 与此同时，将车租来并驾驶它的人也满足了这些要件，因此，他们二人同为操作使用人，承担连带责任。

例外的是机动车被盗的情况：所有人此刻通常丧失对操作的控制且并不从中受益。但在特殊情形中（如所有人与窃贼为近亲属，或者所有人保管钥匙具有过失），基于规范性考虑，所有人不能从责任中解脱，依旧被认定为操作使用人。在乘客同时也是机动车的所有人的情形中，只要操作是为了他自己的利益，且他向驾驶人给出操作指令或命令，他通常也被认定为操作人。[③]

只有“他人”才可以请求赔偿，“操作使用人”基本上被排除在外。因此，如果一名乘客被认作操作使用人，他通常就不是“他人”。但这样做并不总是恰当，因为几名操作使用人的控制程度可能相当不同（在极端情形下，窃贼与所有人都是操作使用人）。于是判例承认一项例外：如果一名操作使用人的控制是间接的、潜在的、抽象的，而另一名操作使用人的控制却更加直接、显著、具体，前者对于后者而言仍然是“他人”。[④]

由于存在免责的可能，ASLA 或许算不上狭义的严格责任。根据 ASLA 第 3 条第 2 款还存在操作使用人的免责空间，其规定“尽管如此，操作使用人不应当承担责任，只要他或她证明他或她或者驾驶人[⑤]在驾驶机动车的操作中并未失职，受害人或者第三人具有过失，且机动车没有结构缺陷或功能障碍”。操作使用人需证明上述三项要件才能免责。机动车具有缺陷的风险就这样被分配给了操作使用人，由此可见，ASLS 责任近乎于严格责任。

---

① 最判 1970 年 7 月 16 日，判例时报 600，第 89 页；最判 1975 年 11 月 28 日，民集 29－10，第 1818 页。

② 但它在判例中并非总是不可或缺的。最判 1971 年 1 月 26 日，民集 25－1，第 102 页。

③ 最判 1982 年 11 月 26 日，民集 36－11，第 2318 页。

④ 最判 1975 年 11 月 4 日，民集 29－10，第 1501 页。

⑤ 这里指 ALSA 的意义上的“驾驶人”。

最后，唯有“死亡或身体伤害”导致的损害（金钱损害/非金钱损害）才可获得赔偿，这是对 ALSA 责任的重大限制。其他损害须转向其他责任制度。除此之外，之前就《日本民法典》第709条所作的一切阐释均适用于 ALSA 责任。

3. 第三方责任

在道路交通事故中，操作使用人以外的人也有可能承担责任：第一，机动车的制造者基于《日本产品质量法》（PLA）第3条承担赔偿责任，只要机动车在交付时具有缺陷。它确立了产品生产者、加工者与进口者的严格责任，但不适用于产品维修者（合同责任）。主流观点认为产生《日本产品质量法》第3条的产品责任的“缺陷”大体上等同 ALSA 第3条第2句中的“缺陷”。这意味着，受害者必须证明产品存在缺陷方可成立产品责任。而在 ALSA 责任的案件中，操作使用人须证明不存在缺陷（以及其他的两项要件）方可免于承担责任。这也是为什么受害者往往只是依据 ALSA 第3条针对操作使用人的强制保险人起诉的缘由。保险人在偿付后有权向生产者追索，然而这在实践中十分少见。就这样，产品责任被转移给了操作使用人，而这无益于实现对生产者的威慑。第二，国家或公共机构（例如县政府）可能基于《日本国家赔偿法》（SCA）对道路或者其他公共设施的缺陷所导致的损害承担责任。是否具有过错并不重要，于是该责任常被认定为严格责任。

至于赔偿的范围，产品责任包括一切损害，产品自身的损害除外（合同责任）。国家或者公共机构对道路或者其他公共设施缺陷的责任则无此限制。除此之外，它们与一般的过错责任无异。

4. 有关可赔偿损害的特殊问题

何种损害可得赔偿以及赔偿多少常存在疑问，然而，对此法律并无专门的规则。审判实践中使用的是若干不具备法律约束力的标准，法官在个案审理中往往偏离之而裁判。

所乘汽车被撞引起的颈部扭伤是个难题，难以客观证明。“红皮书”考虑到这一情况，制定有一个特别表格处理相关伤害（治疗与住院）的慰抚金，其标准金额为慰抚金通常金额的2/3，此外即无特殊规则。纯粹经济损失在 ALSA 责任下不可能获赔，在其他责任制度下有探讨余地，但因为损害须处在规范的保护目的之内，该类损失通常无法获赔。

5. 第三方责任险及其等效系统

ALSA 将其准严格责任与强制责任险捆绑在一起，以确保实际赔偿。每辆机动车都必须缔结强制责任保险合同。保险公司非有正当理由，不得拒绝缔结合同（ALSA 第 24 条第 1 款）①，合同条款也由法律规定（ALSA 第 13 条及以下）。这样便确保了 ALSA 责任制度可实际发挥功能。

通常由机动车所有人去缔结保险合同。被保险人有两类：第一类为保管人，即“一辆机动车的所有人或者其他有权利使用它的人，该人为他或她自己的利益使用机动车的操作”（ALSA 第 2 条第 3 款），即操作使用人；第二类为驾驶人，即“一个为他人的利益驾驶或者协助驾驶机动车的人”（ALSA 第 2 条第 4 款）。驾驶人并不包括所有进行驾驶的人：为自己的利益而进行驾驶的人为操作使用人。这意味着，强制责任保险不适用于一名并非保管人的操作使用人（例如窃贼）。在一名保管人依据 ALSA 第 3 条承担责任的情形中（且仅仅在此情形中），驾驶人的责任也获得了保险的保障。若驾驶人按照前面的界定并非操作使用人，对他则只能依据其他规范（如《日本民法典》第 709 条等）追责。

强制责任保险并不总是能够令损害获得完全赔偿：首先，它与 ALSA 责任关联，因此保险的偿付与 ALSA 责任要求相同的要件，只有死亡或人身伤害导致的损害才是可赔偿的。其次，保险的偿付以特定额度为限。依据关于 ALSA 的政府法令第 3 条及所附表 1、表 2，最高偿付金额为造成死亡的 3000 万日元、造成伤害的 120 万日元。后遗症造成的损害，具体的症状被划分为 14 类（见前文），其限额从 75 万日元到 3000 万日元不等（如受害者需要护理，为 4000 万日元）。最后，如果合同当事人或者被保险人蓄意造成事故，保险公司不承担偿付义务。

如果管理人依据 ALSA 第 3 条应承担责任，ALSA 第 16 条第 1 款规定受害者在前述最高额限度内针对保险人享有直接诉权。如果保险人满足了受害者的诉求，被保险人被认为已经赔偿了其在责任保险合同之中的损害，除非，损害是由合同当事人或被保险人故意造成的。相反，被保险人只有在他已经赔偿了受害者的损害且在此限度内，方可取得保险偿付

① 关于 ALSA 的政府法令第 11 条规定了“正当理由”，如要约人就保险车辆作不实陈述，或者未支付保费。

(ALSA第15条)。总之，受害者肯定能获得赔偿。但应注意避免过度赔偿：如果保险人已经赔偿了受害者在其直接诉权中主张的损害，那么受害者针对操作使用人的诉权便在此范围内消灭；反之，如果操作使用人已经履行其赔偿义务，那么受害者针对保险公司的直接诉权便在此范围内消灭。

在保险公司已经向受害者赔偿了损害的情形中，保险公司对操作使用人通常没有追索权，因为偿付应归于（强制）保险合同，而操作使用人已经支付了保费。但事故是由合同当事人或者被保险人蓄意造成的为其例外：对于被保险人，保险公司不负损害赔偿义务，但保险公司仍对受害人的直接诉权负责；随后，保险公司便获得对被保险人的追索权。这对于保险公司而言可能负担过重，因为被保险人往往无力清偿。此时，保险公司可向GSS（政府保障事业）请求补偿。

尽管ALSA的强制责任保险在形式上是私主体之间的合同，然而因其强制性而近乎社会保障。为了稳定维持该体系，ALSA第25条规定责任保险的保险费率应当尽可能低，保险公司既不应获利亦不应亏损。日本综合保险费率组织（GIROJ）每年计算适当的费率，批准后自动适用于各家保险公司。

可见，强制责任保险下作出的赔偿受到若干限制，这意味着机动车使用人依然暴露在责任风险之下。在这之外，他们需要就自己在道路交通事故中承受的损害再行保险。于是，在日本流行订立自愿的机动车保险合同，既包括第三方责任险，也包括就自己的人身伤害与机动车损害的第一方保险。此等保险通常称为“机动车总保险”。

日本采用的是关于责任保险的两阶系统：强制责任保险保障最低限度的救济，自愿的机动车保险带来进一步的赔偿。二者是两项分离的合同，包含自愿的机动车保险在内的责任保险往往不仅覆盖ALSA责任，还包括操作机动车导致的民事责任。受害者依法对保险人不享有直接诉权：他仅就被保险人针对保险人的诉请享有法定留置权［《日本保险法》（IA），第22条］。不过大多数保险合同均授予受害者直接诉权：在多数情况下，在确定最终赔偿数额的判决作出后，可提出此项诉求。关于强制保险直接诉权的规则也适用于此。

至于无法从ALSA责任及其强制责任保险中获得赔偿的受害者，得求诸下文中的其他偿付制度。

（二）其他偿付制度

1. 第一方保险

自然，并非总有人会对损害负责。因此，缔结一个第一方保险合同颇为普遍，该保险一般包含在机动车总保险中，其保险事故限于涉及机动车的事故。此外，还有人身伤害保险。IA 规定了两类人身伤害保险：一类使被保险人的实际损害获得赔偿；另一类则不管实际损失为多少，仅赔偿一个定额。包含在机动车总保险中的第一方保险多为前者。至于其他，定额伤害保险通常涉及医疗费用，收入保险一般为对损失的保险。① 为了防止双重赔偿，一旦责任人赔偿了损害，保险人便不再偿付保险金。相反，如果保险人已经偿付，受害者的赔偿请求权便在所作偿付的限度内移转给保险人，后者可向侵权人行使追索权。但这不适用于定额保险，因为其目标不是赔偿实际的损害，故并无双重赔偿可言。

2. 特殊的偿付制度

ALSA 建立了 GSS 作为道路交通事故的特殊偿付制度，目标是在无法对操作使用人追责时（如操作使用人身份不明或者机动车没有上保险），向受害者偿付损失。它的主要资金来源是机动车所有人为强制责任保险支付的费用。GSS 制度具有补充 ALSA 责任及其强制责任保险的性质，同样仅赔偿死亡或人身伤害导致的损失，最高额也与强制责任保险相同（关于 ALSA 的政府法令第 20 条）。它是最后的安全网，向那些无法从他处获得赔偿的人提供最低限度的救济。GSS 的偿付，在损害超过其他社会保障体系所能提供的偿付时，仅覆盖该超出部分。同时，在 GSS 与第一方保险之间并无优先关系。只要 GSS 已经对受害者作了偿付，即在其限度内取得受害者针对应担责的操作使用人的请求权；反之，如果操作使用人已经赔偿了损害，GSS 不必在其赔偿的限度内偿付，因为应当承担责任的操作使用人对 GSS 并无权利。

除此之外，GSS 还为保险公司提供两项支持：其一，如果保险公司在合同当事人或者被保险人蓄意制造事故的情形下已经满足了受害者的直接

① 最判 1989 年 1 月 19 日，判例时报 1302，第 144 页。

诉权，便取得对GSS的追索权；其二，如果保险公司已经作了临时偿付，后来发现受害者对此并无权利，由GSS赔偿保险公司已作出的偿付。

3. 社会保障体系

有若干社会保障体系①也适用于道路交通事故案件，值得一提者有三：退休金保险、医疗保险、劳工赔偿保险。退休金保险除了（与本文主题无关）老年人退休金保险，还包括照料退休金以及遗属退休金；医疗保险提供医疗服务与收入保障；劳工赔偿保险明确了一个综合的劳工系统，也包含前两项系统提供的救济。非金钱损害在以上系统中均无法获得赔偿，这也是社会保障体系与侵权责任以及强制保险体系的最大差异。这三大类保险为纯粹的社会保障系统，目标是保障人民的生存权利。因此，有关责任的原则如助成过失原则并不适用于此。尽管如此，该保障体系并非无任何限制：在被保险人蓄意造成保险事故发生时，排除偿付；在保险事故因为故意的犯罪行为或加重的过失行为或者被保险人无正当理由不遵守医嘱造成时，减少偿付。

三、各偿付/责任制度之间的关系

可见，在日本，道路交通事故的受害者有多条途径获得损害赔偿：一般的过错责任，基于ALSA的操作使用人责任，基于ALSA的针对强制责任保险人的直接诉权，针对自愿保险公司的直接诉权，基于ALSA的GSS偿付，此外还有社会保障体系。原则上由受害者决定采用哪一种程序及其顺序。兜底的GSS为其例外，它只为那些无法通过其他渠道获得赔偿的人提供最低限度的救济。

哪条路径对于受害者最为有利取决于个案具体情况。追究侵害人的责任往往很难，因为受害者必须对该人起诉并证明责任的构成要件。在其他选项中，对强制责任保险人与自愿责任保险人直接行使诉权大体上对于受害者最为有利：其一，非金钱损害在责任保险下亦可获得赔偿（在社会保障体系下则不能）；其二，相关偿付程序已经确立并且迅捷（见下文）。然而，在受害者有重大过失、赔偿额因助成过失而大为减少的情形中，情况

① 有关日本社会保障体系的概况，参见［日］菊池馨实：《社会保障法》，有斐阁2014年版。

则有所不同，此时社会保障体系或许对他更为有利，第一方责任险或许也比较有利，这取决于合同的内容，尤其是保险偿付的额度。

现将这些制度分为三组：第一组为责任系统（一般过错责任与 ALSA 责任），第二组是责任保险（包括强制责任保险与自愿责任保险），第三组由其他体系构成（即第一方保险、社会保障系统和 GSS）。基本宗旨是：第一组中应当承担责任的人应该最终负担损害；第二组中的责任人应承担侵权人不能清偿的风险。这不仅关系到受害者，也与第三组相关。总之，第一组与损害最近，第三组最远。

原则上，如果第三组中的责任主体已经作了偿付，它便对第一组或第二组责任主体享有追索权；相反，如果第一组或第二组责任主体已经赔偿了损害，那么第三组责任主体原则上免担赔偿义务。① 类似的，如果第一组责任主体已经履行其赔偿义务，那么第二组责任主体无需再赔偿；但第二组责任主体一般不取得针对第一组责任主体的追偿权，即使其已经作了赔偿。原因是责任保险人本来就有义务依据与第一组责任主体缔结的保险合同进行赔偿，并从中取得报酬。在第三组内部，GSS 是对社会保障系统的补充。相反，第一方保险与 GSS 对于对方并无优先性。

如果第三组责任主体已经赔偿了损害，它通常取得受害者针对第二组的直接诉权，前提是保险人有义务对被保险人进行赔偿。在被保险人蓄意使事故发生的场合，这一要件未获满足。然而，对于强制责任保险的保险人却并非如此：此时，其依然对直接诉权负责，第三组责任主体在赔偿之后即取得该项诉权。此时，强制责任保险的保险人例外地享有针对第一组责任主体（“保管人”与“驾驶人”）以及对 GSS 的追索权。此时，GSS（第三组）例外地比责任保险人（第二组）更加靠近损害。

在第二组中，强制责任保险的偿付金额由法律规定，自愿责任保险仅仅赔偿其未覆盖的部分。在它们之间并无优先关系，也没有追索权一说。如果就同一时段缔结了两项或者多项强制责任保险合同，偿付的依据是缔结时间在先的那个，因为令受害者在强制责任保险上受到差别待遇并不合适。相反，如果有两项或者多项自愿责任保险合同，几个保险人连带地对被保险人（即侵权人）承担责任（IA 第 20 条）。如果第一组内有多人担

① 固定额度的第一方保险为其例外，见下文。

责，他们承担连带责任。如果其中一人已经作了偿付，其对其他人就其各自的责任比率享有追索权。对于此等比率的确定，过错程度与对伤害的助成度扮演重要角色。

通过追索权和免于赔偿义务的上述机制，通常可以避免双重赔偿。未采用前述机制的定额第一方保险为其例外：主流观点认为，这类偿付不是用来赔偿实际的损害，也就没有双重赔偿可言。尽管如此，此等差别对待的合理性仍然可得质疑。①

四、消灭时效

ALSA 赔偿请求权与一般过错责任受制于相同的消灭时效。依据日本现行法，在短期时效中，赔偿请求权从受害者知道损害以及侵权人身份开始的 3 年后因不行使而消灭；在长期时效中，自伤害发生之日起的 20 年后因不行使而消灭。《日本民法典》已进入修订程序，由于 ALSA 责任仅仅赔偿死亡或者人身伤害导致的损害，草案的一条新规值得一提：死亡或者人身伤害的赔偿请求权的短期时效改为 5 年，侵犯财产导致的损害则继续适用现行规则。

针对强制责任保险的直接诉权的消灭时效期间为 3 年（ALSA 第 19 条），未规定起算时点，一般认为与《日本民法典》短期时效的规则相同。针对自愿责任保险的直接诉权自该诉权可以被行使起的 3 年后消灭（IA 第 95 条第 1 款）。这同样适用于第一方保险。至于社会保障系统下的各项制度，其消灭时效各异。最后，对 GSS 的请求权在 3 年后消灭（ALSA 第 75 条），自诉权可自行使之日起开始计算。

五、对现行系统的评价

现行体制特征如下：(1) 人身伤害适用事实上的严格责任；(2) 损害的计算大多已标准化；(3) 强制责任保险与自愿责任保险泾渭分明；(4) 形成稳定的庭外纠纷解决制度。尽管存在问题，总体上以 ALSA 责任及其责任保险制度为核心的现行体制运作良好。

至于改革的必要性，一是 ALSA 责任与其强制责任保险的关系，二是

---

① ［日］山下友信：《保险法》，有斐阁 2005 年版，第 545 页。

产品责任。在更高的层面，还可以讨论引进新西兰式的囊括一切类型的人身伤害的综合无过错赔偿系统的必要性。约在20年前便有类似提议，因为当时发现了一个问题：（包括社会保障在内的）几套救济制度的要件，有时毫无道理地相互偏离，而且制度间的追索权的成本很高。该项提议建议将几项既存的人身损害救济系统整合成一个综括的系统，使受害者不论伤害原因，均能获得平等的偿付。

然而，该项提议站不住脚。废除关于人身伤害的现行侵权法的想法显然走得太远了。赔偿的确定性与对伤害的威慑之间存在权衡关系，应当在每一类案件中思考前者是否相较于后者更加重要。道路交通事故案件属于典型的赔偿的确定性占上风的案件，只要允许使用机动车，就很难期待对交通事故的发生进行威慑。对于其他类型的案件，赔偿的确定性与对伤害之间的关系还需要认真审视。判

试论司法改革背景下人民法院审判监督机构的变革

王玲芳*

序 言

十九届三中全会通过的《中共中央关于深化党和国家机构改革的决定》指出:“深化司法体制改革,优化司法职权配置,全面落实司法责任制,完善法官检察官员额制,推进以审判为中心的诉讼制度改革,推进法院检察院内设机构改革,提高司法公信力,更好地维护社会公平正义,努力让人民群众在每一个司法案件中感受到公平正义。”人民法院内设机构改革是增强司法改革系统性、协同性的重要环节,是深化司法体制综合配套改革的重要内容。法院内设机构主要包括审判业务机构和行政管理机构,先行试点的内设机构改革具有机构数量精简、突出审判中心地位和推行扁平化管理的特点,

* 中国应用法学研究所博士后、北京市第一中级人民法院研究室干部。

其中改革试点法院有保留审监庭设置，也有未保留的。[①] 接下来的法院内设机构改革中是否保留审监庭设置，如何保留，尚未引起实务界和理论界的讨论。机构设置是法院管理体制的直观体现，但机构外壳下的权力配置则是法院管理体制的实质之所在。[②] 法院审判监督机构的设置事关司法权力的优化配置，事关法院内部机构职责的界定，是人民法院内设机构改革不可或缺的重要内容。在司法改革的背景下，如何整合现有法院的审判监督职能，建立符合司法规律，更加保障和服务权威公正审判的审判监督机构是人民法院面临的一项重要课题。

一、最高人民法院审监庭职能变化的启示

（一）最高人民法院审监庭的职能变化

我国三大诉讼法规定了审判监督程序，但人民法院组织法及诉讼法中并未就审理再审的审查和审理机构进行规定。就传统法院机构设置来看，中高级以上法院的审判监督机构主要包括再审审查庭和审监庭，其中再审审查庭负责审查当事人提起的再审申请，裁定是否进行再审；而审监庭则负责再审审理。近年来随着申诉案件的数量的激增，人民法院审判监督职能的行使，慢慢发生变化。以最高人民法院为例，2014 年因在立案二庭的基础上成立环境资源审判庭，此前由立案二庭承担的对当事人申请再审审查的工作交由各业务庭承担。鉴于当事人申请再审案件的庞大数量及审监庭本身的人员设置和审判条件的限制，审监庭仅承担针对最高人民检察院的抗诉案件、本院自提案件和本院生效裁判的再审审查和审理工作，而当

① 新设北京市第四中级人民法院共有 10 个内设机构，业务机构设有立案、刑、民、行政、审监庭和执行局，在司法行政管理方面设有综合行政办公室和纪检监察室；北京知识产权法院共有 8 个内设机构，业务机构设有立案、一、二、三庭和审监庭，司法行政管理方面仅设有综合办公室；上海知识产权法院共有二个业务庭，司法行政和辅助部门均与上海第三中级人民法院合署办公；广州知识产权法院业务机构设有立案、专利、著作权、商标及不正当竞争审判庭，行政管理方面设有司法警察支队、技术调查室和综合办公室（政治部）；深圳前海法院、珠海横琴新区法院建立审判团队，不再设立审判业务庭，行政管理方面仅设立 1～2 个部门。

② 梁平：《“管理—审判”二元架构下法院内部机构设置与权力运行研究》，载《法学论坛》2017 年第 3 期。

事人申请再审的案件则归口到各审判业务庭进行。随着诉讼制度的完善和司法改革的推进，四级法院如何科学设置审判监督机构，充分实现审判监督程序的功能价值，值得认真研究。最高人民法院的审监庭职能变化，尤其是其中的一些有益做法给未来审监机构的改革提供了良好的借鉴。

（二）再审审查和审理职能合并的启示

首先，由一个部门承担再审审查和审理工作，有助于统一再审案件审查和审理的标准，防止出现提起再审的案件再审后仍维持原判的情况。再审审查程序因其只做出程序处理，这就决定了其仅对是否符合再审申请的期限、形式进行初步审查，而再审审理则需要进行实体判决，审理的目的、要求和层次就决定了两个程序的认识可能不一致，从而导致再审审查得出的结论很容易与再审的结果产生矛盾。而如果再审审查认为“确有错误”的案件，经再审审理却认为原判是正确的，并予以维持，这就会导致当事人认知上的混乱，削弱法院裁判的权威。其次，再审审查程序与再审有效对接的连续制，既符合“立审分立”的内在精神，也能有效地避免审查、审理分立的种种问题。从制度设计的科学性角度而言，对于审判监督工作分工，建议实行再审审查程序与再审的连续制，即立案庭负责形式审查，凡申诉（申请再审）符合形式要件的（类似于民事案件的起诉审查），均予以立案，由审监庭负责再审审查和再审，由同一个审判组织进行审查和审理就会避免认识矛盾的问题。① 最后，由业务庭对下级法院生效裁判进行审判监督，其实质仍是充分发挥审级监督的作用和功能，有利于发现、及时纠正下级法院的裁判错误，统一上下级法院的裁判标准。

（三）继续深化改革之必要

1. 司法改革后院庭长审判监督职责与审监程序的交叉

司法改革后，“让审理者裁判，由裁判者负责”改变了以往院庭长对案件审理的行政审批，建立了新型审判权运行机制。《最高人民法院关于完善人民法院司法责任制的若干意见》明确了院庭长的审判监督职责。审判监督职责是为避免个案审判中法官能力不足或审判权的滥用，就程序与

① 何鑑伟、杨兴明：《审判监督制度运行中的问题及改革出路》，载《法学杂志》2005年第1期。

实体事项，由院、庭长依法行使知情、异议、提议等职责，与审判权是“一种相互制约、彼此独立的平行关系”。① 审监程序与院庭长监督职责的目的都是为了纠正错误判决，维护司法裁判权威，院庭长通过法定方式行使监督职责包括但不限于对确有错误的案件提起再审程序，通过审判监督程序再审的案件来开展案件的评查工作。院庭长的审判监督职责在提起再审、提交法院专业法官会议、提交审委会讨论用于统一裁判尺度与审判监督程序上存在交集，而在设立审判管理办公室之前，审监庭一直承担着开展案件评查的职能。

2. 司法改革后审监部门审判权运行机制面临的问题

诉讼法仍保留同级法院对本院生效裁判进行再审审查的权力，那么同一法院的不同业务庭室能否有权撤销该院的生效判决？如果有，又需要什么样的程序要求？司法改革前，再审审查庭如果拟提起再审案件，需层层汇报到主管院长及特殊情况下上审委会讨论决定；司法改革后，在运行新型审判权运行机制后，再审审查庭的合议庭能否直接作出撤销本院生效裁决的认定？以前的模式能否继续运行？新的模式如何确定？这些既关系到审监程序的审判权运行，也关系到是否及如何设置再审审查庭及审监庭。从已经试点内设机构改革的法院来看，有的设置审监庭，有的未设置审监庭，如何不设置审监庭，如何实现法院审判监督职能？随着诉讼制度的改革，特别是再审制度的改革，将直接影响法院审判机构的设置。

二、基础改革：再审审查和审理的机构合并

（一）现有审查与再审部门分立的现状

根据笔者的不完全统计，最高人民法院和部分高级人民法院已经实现了再审审查、再审职能的合并，按照提起再审的不同途径来划分审监庭的收案范围，但是仍有不少法院仍保留再审审查庭与审监庭分立。在部门分立的模式下，再审审查庭负责对当事人申请再审案件的审查，如果符合再审条件则移送审监庭进行再审。审监庭则就提起的案件进行实体审理。此外，有法院的立案庭兼有再审审查的职能。立案庭审查后提起再审，交由

---

① 贺小荣：《如何牵住司法责任制这个牛鼻子》，载《人民法院报》2015 年 9 月 23 日。

审监庭进行实体审理。虽然再审案件的审理程序从理论上可将其划分为审查和实体审理这两个阶段，但是这两阶段并不必然需要对应两个不同的部门或两个审判组织。为了对应再审案件的理论阶段而分设再审审查和再审审理机构，司法实践中会产生非因程序问题提起再审的案件，经过实体审理后又认为原判是正确的，极大伤害了司法权威。而这种情况并不少见，为避免这种矛盾，再审审查庭和审监庭就案件的再审问题可建立会商或沟通机制，但因案件尚未进入到实体审理阶段，此阶段仍可能不会涉及案件的核心问题，会商效果难免差强人意。

（二）再审审查和审理职能合并下的机构设置

最高人民法院取消立案庭的再审审查功能，实行“谁提起谁审理”的再审工作模式，符合审判监督的司法规律，按照提起再审的不同途径来划分审监庭的收案范围，应纳入审监机构改革的内容之一。在审判监督机构的改革中，审查与再审审理部门的合二为一是最为紧迫、最为基础的一项内容。因分设部门导致的侵蚀法院生效裁判权威的事件屡有发生，亟须改变现有设置。再审审查、审理职能合并还是审判监督机构改革的基础，审判组织在对案件审查时就要对实体上是否存在诉讼法规定的再审情形作出判断，以保持审查认定与再审判决的一致。随着法院内设机构的改革，再审审查庭和审监庭的机构设置、功能探讨应当列入具体议程，并确立职能合并基础上的审监庭设置。实践中，在再审审查和审理职能合并的基础上，有法院取消立案庭的再审审查功能，有法院将再审审查庭并入审监庭又划分为审监一庭和审监二庭，不管在改革方式上如何变化，核心就是要确保由一个内设机构来行使再审审查和再审审理的职能，不再分立审查和审理机构。

三、渐进模式：探索“大审监”职能定位的审监庭

（一）构建基于审级监督的审监程序

相对于上诉审程序而言，审监程序是一种补充救济程序，也就是说它是一种有限制的只适用少数情形的救济程序。① 其中，向谁申请再审的问题，不仅涉及审监功能的实现，也决定着各级法院审判监督机构的设置。

① 江必新：《论民事审判监督制度之完善》，载《中国法学》2011年第5期。

以《民事诉讼法》为例，1991 年《民事诉讼法》第 178 条规定，当事人可以向原审人民法院或者上一级人民法院申请再审；到 2007 年修正时第 178 条规定，当事人可以向上一级人民法院申请再审；再到 2012、2017 年修正后第 199 条规定，当事人可以向上一级人民法院申请再审；当事人一方人数众多或者当事人双方为公民的案件，也可以向原审人民法院申请再审。民事诉讼法关于申请再审的法院一直使用的都是“可以”，现阶段虽然逐步限缩向原审人民法院申请再审，但仍将继续存在这一规定。而向原审法院申请再审的一大诟病在于审监庭对本院已生效裁判进行审判监督的内部监督机制是难以实现审监程序纠错的根本性功能。内部机构监督的结果缺乏司法权威性，不符合诉讼的本质规律，亦难有说服力。审判监督程序必须实行审级监督，不断限制向原审法院申请再审的范围，以体现审级监督权威性、严肃性和公正性，符合诉讼程序的理性本质和规律性，也较易于为公众所接受。①

（二）四级法院审监庭受理案件范围及审判权运行模式

1. 审判业务庭审查下级法院生效判决的再审案件

虽然最高人民法院确立了当事人申请对下级法院生效案件进行再审由相关审判业务庭进行审查再审，但是在高级、中级、基层法院并未完全建立这样工作模式，当上级法院将案件指令再审或发回重审时，将产生上级法院业务庭的裁判标准与下级法院业务庭裁判标准的差异，或上级审监庭的裁判标准与下级法院业务庭之间的裁判尺度差异以及同一法院审监庭与业务庭的裁判标准差异。多数时候，审监庭承担着沟通上下级法院、沟通不同业务庭室的桥梁作用，不仅要领会上级法院指令、发回案件的原因，还要取得本院业务庭的认同。

实践中，当事人申请的下级法院生效裁判的再审案件占再审案件绝大多数，限于上级法院审监庭有限的人员配置而将这类再审案件交由业务庭审理，但恰恰是这种安排会更好地发挥审级监督的作用，一方面，上级法院业务庭不仅通过上诉程序来纠正一审裁判错误，也通过审监程序来监督一审生效裁判，除了具体的审查标准不同外，并未改变审级监督的本质。

---

① 刘锐锋：《创建科学的审判监督程序实现司法公正》，来源于百度文库，上传时间：2005 年 9 月 7 日。

业务庭裁定撤销原审法院判决，指令再审或者进行再审后，发回重审，不仅可以保持审查和再审审理的连贯性，而且有助于从审级监督的模式来统一上下级法院业务庭案件的裁判标准；另一方面，就业务庭的案件裁判尺度由上下级法院进行统一更为直接高效，减少中间环节，因此，在当事人申请再审案件量大的高级法院和部分中级法院完全可以照此模式将再审案件进行分流。在此基础上，审监庭仅针对抗诉案件、本院提审案件、本院生效案件进行再审审查及审理。

2. 司法改革背景下审监庭审判权运行要求

三大诉讼法的审判监督程序中，审判组织对再审申请案件的审查和再审行使的仍是审判权，那么，审监程序审判组织的审判权和原审的审判权有何差异？如果说上级法院基于审级监督撤销下级法院的判决属于制度安排和法律规定，但是在再审审查环节，同一法院的再审审查部门能否撤销业务庭室的生效裁判，值得商榷。由于诉讼法没有规定审判庭的组织地位，因此，赋予审监庭直接改变同级审判组织判决意见的审判权是不适宜的。根据司法实践中提交审判委员会讨论案件需要逐级提交的惯例，建议将审判庭审查作为是否将案件提交审判委员会讨论的一个环节，放在院长或副院长审查之前。① 正如德国法院组织法还设置了扩大合议庭和联合审判庭机制，当最高法院出现或可能出现合议庭之间意见冲突时，通过这一机制确保终审法院判决之间的一致。② 新型审判权运行模式下，取消了之前向院庭长的层层汇报制，审监庭审理组织裁判案件要么依法行使审判权，要么将案件提交更高一级的审判组织决定。

根据诉讼法审判监督程序的规定，如果将当事人申请的下级法院生效裁判交由上级法院审判业务庭进行审查，那么，最高人民法院的审监庭负担着最高人民检察院提出的抗诉案件的审理、本院自行提审的案件及针对本院生效裁判的再审审查和审理；高、中级人民法院审监庭审理抗诉案件、本院自行提审的案件及本院生效案件的再审审查和审理；基层人民法院的审监庭则审理本院生效案件的审查和审理。可见，在未建立完全的审

---

① 范明志：《优化法院内部职权配置的空间与向度》，载《法律适用》2012年第8期。

② 傅郁林：《审级制度的建构原理——从民事程序视角的比较分析》，载《中国社会科学》2002年第4期。

级监督模式下的审判监督程序，四级法院都有审监庭审查、审理本院生效裁判的工作，通过审监程序提起再审及进行再审审理的案件表明同一案件在同一法院存在不同的认识，因此，更应当通过更高一级的审判组织来统一裁判尺度，合议庭应当将拟提起再审的案件提交审委会讨论并加以决定。

（三）整合完善法院内部审判监督职能

1. 审判监督程序与院庭长监督职责的有效衔接

院庭长审判监督职责是监督违法，引起但不承担争议解决的功能，因此应注重审监程序与院庭长审判监督职责的衔接，整合、优化配置法院内部的审判监督职能。基于院庭长通过组织化的方式行使监督职责，主要行使的是知情、异议和提议的职责，可以明确，院、庭长是合议庭之间、审判庭之间、合议庭与审委会之间信息流动的主要载体。[①] 因此，发现不同审判组织之间法律适用的不统一并通过特定程序促进解决，是院、庭长履行审判监督的核心职责，该职责是法院内的其他组织和部门难以替代的。此外，院长对本院已经发生法律效力的判决书、裁定书、调解书，发现确有错误认为需要再审的，提交审判委员会讨论决定是否再审；院庭长行使审判监督职责包括通过旁听案件庭审、查阅案件卷宗、开展案件评查、接待处理信访当事人投诉举报等方式。

2. 探索“大审监”的职能定位

在前述界定审监庭仅对本院自行提审、对本院生效案件再审监督的情况下，审监案件受理范围进一步精简，有条件地将其他属于审判监督职能的内容整合到审监庭，探索“大审监”的工作职能定位。审监庭的职能不仅包括案件再审、案件质量管理、统一全院裁判尺度，而且还包括采取案件质量评查、庭审旁听、定期审监工作通报、案例分析等多种监督方式，监督的重点转向立案、保全、收取诉讼费用、开庭审理、调解到裁决、执行等各个程序环节，使监督从办案结果监督向办案全过程的监督转变。审

① 北京市第一中级人民法院课题组：《关于健全完善院庭长审判管理监督职责的调查研究》，课题组组成人员：课题主持人吉罗洪，课题负责人马立娜，课题组成员胡嘉荣、伍涛、吴学永、陈荣、高春乾、范琳，课题主要执笔人高春乾。此调研课题未公开发表。

监庭依托案件质量评查、错案评定追究，在审判监督系统内建立错案分析通报制度和梯级差错标准；根据被上级法院改判发回的情况，对最高人民法院指令再审案件的结果也将进行追踪，并对相关情况进行排位，定期通报，切实发挥法院审监职能。

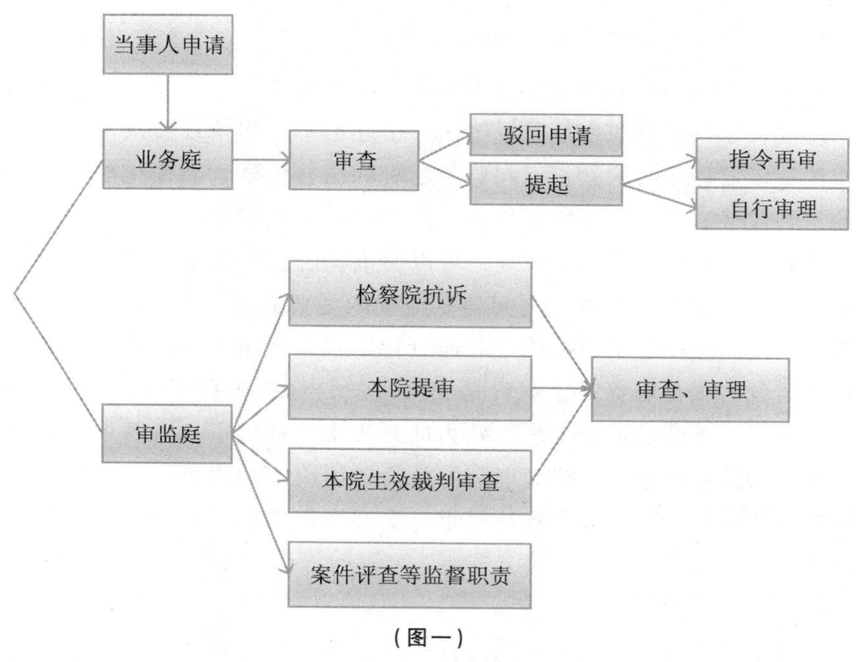

（图一）

四、未来设置：探索建立审监业务综合管理平台

审判监督机构的设置取决于审判监督在整个审级制度、诉讼制度中的定位，如果我们将其定位为“三审程序的替代物”，那么，审判监督机构的设置需要在现有审监庭设置的基础上不断增设人员，扩充力量；而如果将其定位为现有审级制度的非常规救济途径，通过制度设计将无限再审改革为有限再审，那么，人民法院承担审判监督职能的组织将发生很大的改

变。判决不被随意推翻，是审判权威最基本和最本质的内容。① 而再审制度作为非常规救济途径，应当条件严格、界限严明，因此，随着对审判监督程序功能的再认识和诉讼制度的改革，未来应当是有限再审，控制再审的数量，因此，人民法院对审判监督机构的设置亦应有新探索。

最高人民法院沈德咏副院长曾提出：我们提出审判监督改革，不是要削弱，更不是要取消审判监督工作。最高人民法院成立审判监督庭的目的，就是要加强审判监督工作，因为审判监督是确保司法公正的最后一个环节。我们要在加强审判监督工作的同时，进行审判监督改革。② 今天，当我们讨论未来审判监督机构设置的理想模式时，也是为了更好地实现、强化审判监督职能，科学建立符合司法规律的权威的审判监督组织。

（一）未来审判监督组织的基本要求

1. 精简

现有法院承担审判监督职能的组织和人员包括再审审查庭、审监庭、审管办和院庭长，属于矩阵式设置结构，审判监督职能被分割为块状，容易产生多头监督、错位监督等弊端。而改革审判监督机构首先要从现有机构职能入手，整合现有院庭长审判监督职责，做好与审监程序的衔接，院庭长审判监督管理从“层级化”转变为“扁平化”。按照组织结构变革理论，需要从审判资源的配置方式入手，从层级化向扁平化的审判组织结构变革，优化法院内部职权配置，解决多头监督的问题。监督管理主体的多元化、层级的多层次，逐步转变为“组织化”“扁平化”的监督管理。审判监督的基本职能是审查已生效的裁判，这一工作本身要求审监工作人员应当具有更高的法律素养和实务经验，因此，从事审查审理再审案件的、评查案件的均应为该领域的员额法官，且应当是员额法官中的资深法官，只有这样，才能实现审监程序纠错维护权威的功能，确保案件评查工作真正成为规范审判行为、纠错和定责的可信赖途径。

2. 权威

审监程序不同于普通的诉讼程序，它承载着纠错和维护司法权威的功

---

① 傅郁林：《审级制度的建构原理——从民事程序视角的比较分析》，载《中国社会科学》2002 年第 4 期。

② 沈德咏：《审判监督工作改革若干问题》，载《人民司法》2001 年第 8 期。

能，因此，当适用审监程序撤销生效裁判时，其审判组织的组成、审判权的行使应当与普通诉讼程序存在差别。审监庭针对抗诉案件，本院提审案件及本院生效裁判进行审查和审理时，同样也会产生上级审监庭的裁判标准与下级法院业务庭之间的裁判尺度差异。审监庭通常为弥合自身和业务庭裁判、上级法院审监庭与本院业务庭的分歧而多方沟通协调，且在现有的机构设置中，审监庭并不具有特殊层级，其难以在多方沟通中及时有效的解决分歧。因此，笔者认为，随机组成包括院庭长在内的各专业领域的资深法官组成的合议庭，负责审查抗诉案件，本院提审案件及本院生效裁判案件，以避免诸多中间环节，有利于充分发挥院庭长的监督职能，有利于统一法院内部及上下级法院的裁判尺度。同时，改革院长的监督模式，除了院长对程序性事项的审批权，需要依托现有组织对该院生效审判进行监督，改革过去院长提起再审案件的模式，通过授权相关机构在组织化的行使监督职责，通过承办重大、敏感、疑难、复杂、新类型等案件，尤其是上级法院指令再审和本院提审案件来发挥有效的监督作用，有效统一院内不同审判庭室、上下级法院之间的分歧。

3. 多样化

人民法院审判监督机构的设置应多样化，原因主要在于：首先，法院组织法规定的法院内部机构与诉讼程序法规定的法院任务之间的对应关系存在多种可能。① 法院组织法关于法院内部机构的规定本身具有概括性、灵活性，诉讼法也没有将审判监督程序具体分配到法院内部机构，因此，具体法院内部机构的职能配置就会存在多种解释。其次，诉讼法的审监程序决定了各级法院的审监任务轻重不同。以修改后的民事诉讼法为例，由于提级再审导致最高和高级人民法院的再审案件大幅上升，而基层法院的案件受理则大幅下降，因此，四级法院是否设置专门的审判监督机构及如何设置，应根据各自审判工作实际来确定。最后，经济社会发展不同，导致法院规模、案件数量和人员配置不同，如人口超大型城市北上广深和西部地广人稀相比，案件数量相差悬殊，同时再审案件也呈现不同特点，需要根据各地的具体情况设置不同的审判监督机构。

① 范明志：《优化法院内部职权配置的空间与向度》，载《法律适用》2012年第8期。

（二）探索设立扁平化的审判监督业务综合平台

1. 审监业务综合管理平台的架构

在渐进模式的基础上，借鉴北京市第四中级人民法院的司改经验，[①]建立大审监模式下的审监业务综合管理平台，以实现审判监督管理的扁平化，为审判权的有序运行提供保障和服务。审监业务综合管理平台本身不同于业务庭的设置，其内部行政人员仅从事组织、服务等日常事务工作，涉及审判监督职责的履行则依托审委会，或依托审委会下设的专家委员会，未建立专家委员会的法院则依托某专业领域的资深法官，通过随机挑选上述资深法官开展案件再审的审查和审理工作，在审级监督的基础上确保审监程序的权威性。同时，也充分发挥审委会在总结审判经验、研究重大疑难法律问题等方面的作用。此外，审监业务综合管理平台还应配套建立差错案件两级质询制度、案件质量评查、案件讲评通报制度、专业审判综述指导制度，确保法院内部审判监督职能的切实发挥。平台具有开放性和灵活性，视四级法院具体的审判工作实际需要而决定是否将审判管理、审判研究纳入其中，实现更大范围上的扁平化管理。

2. 审监业务综合管理平台上的审监队伍组成

探索设立扁平化的审判监督业务综合平台是为了更好地实现审监职能，而其中审监队伍是关键。长久以来，审判监督工作队伍力量不足，学历和业务水平不高制约着审监职能的发挥。在法官员额制改革的背景下，为实现纠错维护司法权威的审判监督目标，需借助现有审判资源，开拓新的途径，建立一支资深、专业的审监队伍。综合上述考量，笔者认为应从以下两方面着手：一方面，成立以资深法官组成的再审审理组织，资深法官主要来源于包括院庭长在内的各专业领域的资深法官。《人民法院组织法（草案）》第41条规定，高级以上人民法院根据审判工作需要，可以在审判委员会内设刑事审判、民事行政审判等专业委员会，讨论决定重大、疑难案件。可以从专业委员会中随机选取资深法官，专门审理抗诉案件、本院自提案件，以体现对非正常救济途径再审程序的重视，确保作出的再审裁判具有权威性。如果在一定时期内，某类再审案件数量过多，则可以

① 吴在存：《以平台建设为抓手构建扁平化管理新模式》，载《人民法院报》2016年5月25日。

建立一个再审的常设审判团队或合议庭，常设组织仍应当来源于资深法官或专职审委会委员。另一方面，组建以退休法官为主的案件评查小组，通过返聘等方式吸收专业领域退休法官专门从事案件评查，确保从事审判监督工作的业务水平，且不占用正式员额编制的法官。

3. 法院审监机构设置的多样化

《人民法院组织法（草案）》第26条规定："人民法院根据审判工作需要，可以设必要的审判庭。法官员额较少的中级人民法院和基层人民法院，可以设综合审判庭或者不设审判庭。"可见，审判业务庭的设置种类并无统一要求，应根据审判工作需要，包括法院层级、案件数量、类型、员额法官数量等情况综合予以考量。随着民事、行政申请再审上提一级的审级调整后，高级、中级、基层人民法院办理审判监督案件的数量呈倒三角关系，高级人民法院案件数占2/3以上，中级人民法院占30%，基层人民法院的再审审查案件数量很少，再加上将当事人申请再审的案件交由业务庭进行审查和审理，审监庭的案件数量势必进一步减少，加之从事审判监督人员的高度专业性的要求。因此，有必要将来在基层可以不再设置审监庭，依托审监业务综合管理平台中的审委会审理再审案件，其他审监工作并入法院管理、研究当中；而在中高级以上法院则视具体的再审案件数在平台模式基础上设立1～3个常设的再审团队，以正常开展再审案件的审查和审理工作。

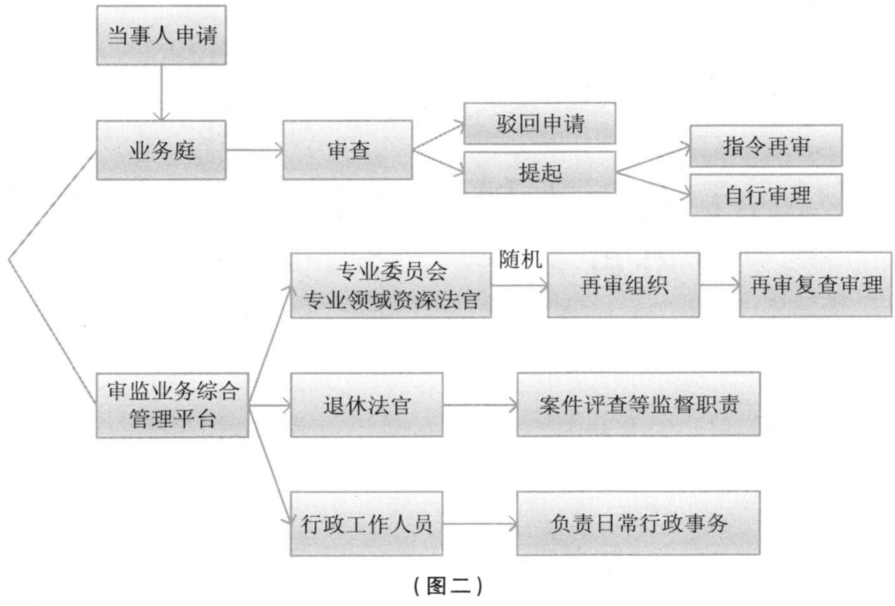

（图二）

结　语

针对审判监督机构的设置，最高人民法院和试点机构改革的法院已经做了有益的探索和示范，接下来各级法院应尽快合并再审审查和审理职能机构，做到“谁提起谁审理”，改革明确侵蚀生效裁判司法权威的再审环节。同时，根据审判工作需求，特别是再审案件数量、类型等具体情况，逐步进行探索改革，最终是要建立一个符合司法规律，激发司法效能，更加保障和服务权威公正审判的审判监督机构。

伪卡盗刷民事责任分担的经济分析

——以免密支付为重点

谢爱梅*

引　言

相较于借记卡和储蓄卡，信用卡凭借其方便与快捷的独特优势，逐渐取得了人们的青睐。对比资本主义发达国家，信用卡在我国的历史并不算太长，其作为改革开放与市场经济发展的舶来品进入中国，并在之后的近三十多年里取得了长足发展。然而，作为一种主要的消费性金融支付工具，信用卡的免密支付也给持卡人带来了使用上的隐患。特别是在发生伪卡盗刷的情况之后，持卡人的损失该如何弥补，目前，我国学界仍未达成完全一致的意见，但是关于此问题的相关研究已经有所进展。特别是最近几年，涉及信用卡的伪卡盗刷案件层出不穷，呈现出高发态势，而各个法院就伪卡盗刷的损失承担方面又作出了不同的判决，持卡人和银行就损失承担的比例存在着法官自由裁量权过大的情形。因此，本

* 中国人民大学2015级博士研究生、最高人民法院民一庭法官。

文在既有研究成果的基础之上，同时，运用法律经济学这一分析工具，结合我国法院在审判此类案件中存在的问题，就伪卡盗刷情形下持卡人和银行之间的责任分担提出新的观点。

信用卡起源于资本主义发达国家，因此，我国学术界对信用卡伪卡盗刷问题的研究关注更晚，且研究不够深入。从中国知网收录的文章情况来看，涉及“伪卡盗刷”这一主题的文献 2009 年为 2 篇，2010 年为 1 篇，2012 年为 1 篇，2013 年为 3 篇，2014 年为 5 篇，2015 年为 4 篇，2016 年为 5 篇，2017 年为 1 篇，但实际上对该问题的研究远不止以上能够搜索到的文献。关于伪卡盗刷行为，学界对其的研究主要集中在两个方面：一是伪卡盗刷的刑事责任；二是伪卡盗刷的民事责任。其刑事责任主要应由《刑法》来加以规定，而民事责任则涉及《民法通则》《合同法》与《侵权责任法》等相关部门法，当司法介入伪卡盗刷的责任分担时，还会涉及民事诉讼法的运用。

关于伪卡盗刷的民事责任承担，具体而言，核心则是该种民事责任需要在持卡人和银行之间作何种分配。从目前学界已有的研究成果来看，该种责任应属合同法上的违约责任或者侵权责任法上的侵权责任。但不管将其认定为何种责任，均要考虑到持卡人和银行间利益的平衡问题。从目前已有的判决来看，此类案件没有明确的特殊规则可以直接予以使用，更多依赖法官对案件客观事实和当事人双方主观心态所持有的态度，因此，同案不同判的情况时有发生。在解决伪卡盗刷民事责任分担这一问题时，我们需要一套可以使用的明确规则，如果法律不能对该规则作出规定，那么，应该运用何种力量来产生这一规则？

法律经济学这一研究方法为我们提供了可行的方案。在我国当前的法学研究中，学者们越来越重视对法律经济学这一研究方法的采用。其中运用最多是科斯定理、交易成本经济学以及最为传统的成本与收益的分析。民商法、经济法相比于其他的法学部门，更多地涉及交易主体之间的利益分配问题，因此，民法中的合同行为、经济法中的财税行为都可以运用法律经济学的分析方法得出结论。

随着电子支付的普及和发展，通过银行卡进行支付已经成为我国目前的主流支付方式之一。截至 2014 年底，我国信用卡累计发卡量 4.6 亿张，当年新增发卡量 6400 万张，比年初增长 17.9%。而全年信用卡交易金额为15.2万亿元，同比增长16%，信用卡交易总额占全国社会消费品零售总额的比重达到58%，比2013年提高4.1个百分点。① 当前我国的银行卡仍然是处于发行量平稳增长、受理环境持续改善、交易量保持增长以及银行卡信贷规模持续扩大的趋势。② 与此同时，信用卡虽为居民的日常生活提供了巨大便利，但大量的信用卡交易之下也蕴藏着涌动的暗流，仅2014年因为信用卡欺诈导致银行业损失金额就高达1.5亿元。而现实生活中还存在着大量由于举证成本等原因无法进行立案的信用卡欺诈案件，这部分损失往往只能由持卡人承担。对于数亿乃至十数亿的损失而言，由于最终责任人——欺诈人往往无法被追责，其损失需要在银行和持卡人之间进行分配，由此引发了大量的司法纠纷。这些纠纷主要分布在经济较发达地区，并呈现出逐年增长的态势。例如，深圳市两级法院受理的银行卡案件在2007年是791件，2008年为1718件，2009年则增加到5788件，而2010年1~11月竟多达16774件，为2009年全年收案数的3倍。上海法院2010年受理的银行卡纠纷案件比2009年增加了30%，为2200件。③

传统的电子支付当中，密码是不可缺少的环节同时也是保障账户安全的最重要的一道防线。一般进行任何电子支付均需要用户进行密码授权，满足条件之后才能进行资金的转移。最常见的密码就是数字密码，但是随着信息和电子技术的飞速发展，又出现了指纹密码、手势密码和"刷脸"等方式。更有甚者，支付已经不再需要密码。这一趋势也逐渐渗透到银行信用卡这一最主要的电子支付方式。

所以，随着信用卡的普及，出于使交易更加便捷和快速等方面的考虑，信用卡采用免密支付越来越多，尤其是双币信用卡普遍采用维萨（visa）或者万事达（mastercard）等基于签名（signature-based）卡组织标准。

---

① 参见《中国信用卡产业发展蓝皮书（2014）》摘要，中国银行业协会2015年8月，第98~100页。

② 中国人民银行：《2016年第三季度支付体系运行总体情况》，载中国人民银行网站http://www.pbc.gov.cn/goutongjiaoliu/113456/113469/3202654/index.html，2016年12月17日访问。

③ 参见侯春雷等：《关于银行卡民事纠纷案件及诉讼事务问题的调研报告》，载最高人民法院民事审判第二庭编：《商事审判指导》2011年第4辑（总第28辑），人民法院出版社2012年版，第127页。

如今出国出境日益方便，而在国外一般均使用信用卡进行消费，导致免密支付即使发生在国外也能对国内的经济造成影响。可以说免密支付是不分国界的。通过对裁判文书网、北大法宝、无讼案例等网站的检索发现，关于免密支付信用卡的盗刷纠纷在 2013 年左右开始出现，纠纷数量呈现年年递增的趋势。此类案件由于持卡人恶意透支和下落不明，且相关信息调查不全，往往缺席判决，调解率低。①

然而，在处理此类信用卡伪卡盗刷问题上，各地法院都有其自身的判断，并无统一的裁判规范，甚至在很多法院自身内部都存在同案异判的情况，实践中关于此类纠纷亦缺乏相关规则指引。虽然目前学界对基于密码的信用卡盗刷有较多的讨论，但对于具体责任分配的讨论多基于法条和个人见解。同时，对于司法实务以及责任的规则导向关注有限，关于免密支付信用卡的讨论更言之寥寥，甚至有不少误解。本文试图从目前学界很少讨论的免密支付信用卡被盗刷的情形为重点着手，进而分析其中所蕴含的经济学原理，对信用卡盗刷责任分配问题进行初步讨论。

一、伪卡盗刷民事责任存在的问题

（一）信用卡欺诈案件的类型化

信用卡诈骗增加了整个社会经济运行的成本，增加支付方式的花销并最终增加交易成本。此外还会增加社会成本，因为执法部门需要投入精力来对抗信用卡诈骗，同时，诈骗也会导致一些合法的交易因为过于广泛的防止欺诈而导致支付的问题而被搁置。

信用卡诈骗非常复杂，门类多样，依据诈骗方式差别粗略分为五类：（1）真实持卡人欺诈，将授权交易诈称为盗刷；（2）盗卡交易，盗窃他人信用卡交易；（3）欺诈发卡，卡片是真实的，但获得卡片的信息是假的；（4）伪卡交易，盗窃卡片信息复制卡片后进行交易，账户是真的，卡片是假的；（5）伪卡伪账户，账户和卡都是伪造的。② 其中盗卡交易、伪卡交

① 王姝等：《规范金融正常秩序促进银行业健康发展——重庆市第五中级人民法院关于银行卡纠纷的调研报告》，载《新重庆》2014 年第 4 期。

② LevitinAdam J., Private Disordering - Payment Card Fraud Liability Rules, Brook. J. Corp. Fin. & Com. L. 5 (2010): 1, p. 17.

易统称为盗刷。

盗刷是一个通俗说法，真实表达是非许可使用（unauthorized use），Mann 教授认为盗刷是信用卡四大最核心且待解决的法律问题之一。① 通过对过往案例的检索分析发现，目前信用卡盗刷纠纷在一些关键性内容上可以进行类型化划分，其中依据支付方式的差别可以分为凭密支付/免密支付，支付渠道差别分为网上支付/线下支付，支付实体卡差别分为伪卡支付/盗卡支付。限于篇幅，本文无法对上述所有支付问题进行讨论，而主要关注免密—线下—伪卡支付，作为对照关注凭密—线下—伪卡支付两种类别之下的责任规则。

（二）关于信用卡盗刷的本质探讨

信用卡盗刷纠纷的民事本质是盗窃人侵犯了持卡人的财产权，终极责任人是盗窃人。但由于此类案件中真正的盗窃人难以找到，纠纷往往只会涉及持卡人和银行。《银行卡业务管理办法》第 52 条对纠纷大量发生的挂失前的责任并未进行明确规定，只是规定了挂失后的责任全部由银行承担，从而为这个阶段纠纷的多发埋下了伏笔。

从法律关系着手，与此行为最直接相关的应为侵权关系，虽然《侵权责任法》第 37 条规定了银行的安全保障义务及违背该义务的补充责任，故持卡人也能提起侵权之诉。② 但由于侵权法以过错责任为原则，因此，在实践中需要持卡人证明银行存在过错，过高的证明责任，在实践中困难重重。依据司法裁判的实证研究也表明极少有纠纷会通过侵权法寻求救济，而免密支付类盗刷案中更是没有案件通过该途径寻求民事救济。在这种情况下，不管是出于理论需要还是对实践的考虑，继续认定其为侵权关系均会带来不便。所以本文打算从违约的角度，主要在合同法的框架下对该责任进行讨论。

盗刷信用卡一方面既是偷盗者侵犯财产所有人的侵权行为，同时，也

① MannRonald J., Making Sense of Payments Policy in the Information Age, Geo. LJ93 (2004), p. 653.

② 张雪楳：《银行卡纠纷中的民刑交叉问题研究》，载最高人民法院民事审判第二庭编：《商事审判指导》2011 年第 3 辑（总第 27 辑），人民法院出版社 2012 年版，第 99 页。

是财产所有人与发卡银行之间的合同关系被打破的行为，在银行应该向信用卡所有人承担责任的情况下，其若不承担责任则构成违约。① 违约责任之下，首先需要确认的是违反的是何种约定或者法定义务。现有案例普遍认为这种义务应当是“对储户存款的安全保障义务”②，该义务并非是法官的创制，而是源自于对现有法律规则的解释。从法律的角度可以溯源到《消费者权益保护法》第 18 条，该条从正面规定了银行对储户的安保义务，《商业银行法》第 6 条则从反面角度规定了银行保障储户权益不受侵犯。这两条加于银行的义务通过《合同法》第 60 条合同附随义务转介而进入私法，即银行得以诚信履行自己应承担的义务，以此约束银行与持卡人之间的合同关系。因此，在《合同法》下，银行有此类安保义务并无疑问，问题的关键在于银行安保义务的边界，尤其是免密支付被盗刷场景下对该义务的界定。

关于该类问题法律并无明确规定，而应向更细致的下位法进行发掘。此种安保义务的一个表现在于对交易的审查，2001 年的《银行卡联网联合业务规范》（以下简称《规范》）③ 规定的流程为“交易成功，打印交易单据，收银员核对单据上打印交易账号和卡号是否相符后交持卡人签名确认，并对信用卡交易核对签名与卡片背面签名是否一致后，将银行卡、签购单回单联等交持卡人”，由此免密支付实现了交易中的双重审查，第一重审查一般很难出现差错，而第二重审查则纠纷较为高发，该《规范》进一步规定：“经审查，如发现持卡人与彩照上的照片不一致或签购单签字与卡片留签字不符时，应拒绝受理并及时与收单行联系处理。”④ 由此，审查义务的法律规定大致明确，除了对于卡片本身的确定通过卡号的比对，对于持卡人的验证主要通过比对审查签单的签名与卡背后的签名，但规范

① See Matthews ME., Credit Cards-Authroized and Unauthorized Use, Ann. Rev. Banking L, 1994, p. 242.

② 参见广东省广州市中级人民法院（2014）穗中法金民终字第 157 号，广东省佛山市顺德区人民法院（2014）佛顺法民二初字第 204 号。

③ 中国人民银行银发（2001）76 号，第三章业务流程，虽然该部委规章已经于 2013 年被废除，但依旧可以提供一个此类规则的指引。

④ 参见中国人民银行关于印发《银行卡联网联合业务规范》的通知（银发〔2001〕76 号），第七章风险控制。

在前后两处的规定并不相同，在后者规定了特别商户在审查时需要确认“持卡人与彩照上的照片不一致”或者签名不一致，但由于该规定处于“风险控制”一章，因此，从逻辑上解释应该是如果签名一致，照片不一致可以拒绝该交易，但审查只审查签名亦无不可。

安保义务的第二个表现在于危险提示义务，《消费者权益保护法》第18条规定：“对可能危及人身、财产安全的商品和服务，应当向消费者作出真实的说明和明确的警示。”相对于凭密支付，免密支付本身会导致更大的盗刷风险（参见后文），所以经营者应当向消费者进行提示。广东省高级人民法院在其发布的《关于审理伪卡交易民事案件若干问题的指引》（以下简称《指引》）中认为：“对于未设密码的银行卡被伪造后交易的，发卡行如办卡过程中履行了不设定密码后果和风险的提示义务，持卡人在不超过卡内资金损失的50%承担责任。”但如果发卡行未履行该提示义务，则其承担的责任往往可以达到100%。①

银行即使违反了其安保义务，并非意味着银行应当承担全部责任，还要考虑到持卡人是否尽到了其善良管理义务，否则，应该适用《侵权责任法》中与有过失的相关规定。关于此处的与有过失，即过失相抵的适用，应着重考察信用卡持有人就自己损失的发生和扩大是否有过失，法院再根据相应情况决定是否应减轻或免除银行的赔偿责任。与有过失是民法公平原则和诚实信用原则的具体表现。在同时满足受害人对损害的发生本身具有过失且受害人的行为须助成损害的发生或扩大两个条件时，与有过失原则才能得以适用，这也是目前通说所持的观点。② 由《合同法》第60条第2款的规定可以推导出，持卡人在保管和使用银行卡时应履行通知、协助、保密等附随义务。具体而言，持卡人在使用银行卡时负有注意义务，如周围环境是否安全、适用手段是否正确恰当等。此外，对银行卡的账号、密码和个人信息还负有保密的义务。在发卡行和持卡人签订的协议中也规定了持卡人应该妥善地保管其银行卡和密码。在银行卡被盗刷的情况下，持卡人负有协助的义务，应及时挂失和报案，防止损失的进一步扩大。所以在发生伪卡盗刷纠纷时，银行未能识别伪卡向盗刷者支付相关款项的行为

---

① 参见广东省东莞市中级人民法院（2013）东中法民二终字第752号。

② 参见韩世远：《合同法总论》，法律出版社2011年版，第634页。

不是有效履行债务的行为。当持卡人凭借其真实的银行卡请求银行支付相应款项时，发卡行拒绝则需承担相应的违约责任。

对发卡行所应承担的损失额范围，则应考虑与有过失规则的适用。如果持卡人对损失的发生及其扩大具有过失，则应按照公平原则和诚实信用原则减轻或免除发卡行的赔偿责任。在伪卡盗刷纠纷中，若持卡人具有以下几种情形，则应当认定为具有过失：（1）将银行卡密码告知他人；（2）将银行卡出借、授权他人使用；（3）因不谨慎导致使用银行卡密码被偷窥；（4）轻信诈骗电话或短信导致密码泄露；（5）发现银行卡被盗刷后未及时向银行挂失；（6）其他应被认定为持卡人过失的情形。

二、免密支付盗刷案件的现实规则

虽然从目前的分析而言，现有规则似乎能提供一个较为明确的关于此类案件的指引，但该规则却存在两方面的问题：

责任分配难以统一。虽然广东省高级人民法院出台了专门的《指引》甚至约定了明确的举证责任与赔偿比例安排，但是在无明确证据认定持卡人过错的场景下，不同的法院在判决中对于银行的责任比例不尽相同，有银行承担70%的①，亦有银行承担100%的②。还是在该场景下，更进一步，应当考虑到全国关于适用举证责任的广泛差异，例如在过错责任与过错推定责任下，其责任适用及分配完全不同，过错责任下由持卡人承担损失，而过错推定责任下由银行承担损失。如果考虑到其他过错场景，显而易见，理论上显的十分明确的规则在实践中却完全无法统一全国规则。

出现这种情形的重要原因，则是各个法院在审判过程中适用了不同的举证责任分配规则。举证责任分配是指法院按照一定的标准，将事实真伪不明的负担在当事人之间进行分配，亦即由谁承担事实的真伪得不到证明时所产生的败诉风险。③ 我国《民事诉讼法》确立了“谁主张，谁举证”的举证责任分配的一般规则。该规则又具体包含了两种层面上的责任：一

① 参见广东省广州市天河区人民法院（2013）穗天法民二初字第138号。

② 参见（2013）东中法民二终字第752号，（2014）穗中法金民终字第157号，广东省佛山市顺德区人民法院（2014）佛顺法民二初字第204号。

③ 张雪楳：《银行卡纠纷疑难问题研究》，载《法律适用》2015年第3期。

是提出主张一方应对自己所主张的事实提出证据予以佐证的责任，即承担证据责任；二是当负有举证责任一方的当事人不能提出证据证明或者证据真伪不明时，其应承担不利后果，即结果上的责任。① 因此，举证责任回答的是何人应就什么问题举证，在不能进行举证且举证后仍事实不明时，其应承担败诉的风险。

根据我国《民事诉讼法》的规定，无论是原告、被告还是第三人，对自己主张的利己事实均应承担证明责任，否则其主张的权利和事实视为不存在，并自行承担败诉的风险。"谁主张，谁举证"的举证规则是在采纳"法律要件分类说"这一通说的基础上得以形成的。持"法律要件分类说"的学者认为，诉讼上待证明的事实即法律要件应根据其是否发生何种法律上的效果来确定其应由何方当事人承担证明责任。②即若当事人主张权利存在，则对其应适用权利存在的规范，当事人应就权利产生和存在的法律要件事实负证明责任；如果当事人否认权利的存在，则其应就权利的妨害、限制或消灭负举证责任。③

此外，《最高人民法院关于适用〈中华人民共和国民事诉讼法〉的解释》第90、91条则对举证责任分配规则作了更细致的规定，即当事人对自己提出的诉讼请求所依据的事实或者反驳对方诉讼请求所依据的事实，应当提供证据加以证明；在作出判决前，当事人未能提供证据或者证据不足以证明其事实主张的，由负有举证证明责任的当事人承担不利后果。此外，我国民事诉讼还对行政诉讼中的举证责任倒置规则有选择性的吸收。举证责任倒置即主张事实或权利存在的一方当事人不必证明其存在，而将该事实或权利存在与否的证明责任分配给本不负有证明责任的另一方当事人，如果对方当事人不能证伪该事实，则法院可以认定该事实是真实的，并由对方当事人承担败诉的法律后果。④ 不过民事诉讼中的举证责任倒置主要存在于几种特殊的侵权诉讼案件中，且需要法律的明文规定才能适用。民事诉讼引入行政诉讼的举证责任倒置规则，是法律充分考虑到双方当事人的举证能力等客观因素，为了更好地维护法的秩序而本着公平原则

---

①② 常廷彬、黄旭东主编：《民事诉讼法学》，厦门大学出版社2015年版，第153页。

③ 姜世明：《新民事证据法论》，新学林出版社2009年版，第86～187页。

④ 常廷彬、黄旭东主编：《民事诉讼法学》，厦门大学出版社2015年版，第158页。

合理分担举证责任的体现。

具体到伪卡盗刷纠纷中，因为没有一个可以统一适用的举证责任规则，所以，法院在审理中享有极大的自由裁量权，持卡人和银行责任并不明确。在此类诉讼案件频发的情况下，严重消耗了司法与社会资源。对于银行而言，由于无论认定为侵权或是合同纠纷，本质上都会涉及银行的利益。因此，银行存在着过失，违背了其法定的义务，对于以声誉为重的银行，这种问题是不可接受的，由此该类事件发生往往需要以法院判决的形式确定并计提相应的账目款项。对于持卡人而言，由于持卡人在此类案件中往往处于受害者地位，而其主张权利需要和银行进行反复沟通，时间和金钱成本过高，如果发生诉讼，则其为实现其应有保障的成本往往会高于其收益，导致其不得不放弃通过司法手段挽回其损失。对于司法系统而言，此类案件发生频率高，纠纷普遍数额不大，需要投入大量的精力进行处理。

具体而言，发卡行与持卡人之间属于依据相关合约及银行卡领用协议而形成的存款储蓄合同关系。再具体到刷卡消费情形中，持卡人在消费后，依据合同，有权要求支取存款，银行也有义务按照持卡人的实际消费额返还其与此相应数额的存款，其实质上是一种消费寄托合同。但是在伪卡盗刷纠纷发生后，发卡行往往认为自己与持卡人之间的合同只是保管合同关系，持卡人账户内的资金的所有权仍然归属于持卡人，其因盗刷导致账户内资金减少是因为第三人的盗刷行为，所以持卡人应该直接向侵权第三人追偿，发卡行不应该承担责任。然而，货币并不是一般保管合同中的普通物品，持卡人存入银行的资金作为一般等价物，根据货币“占有与所有相一致原则”，在存入银行之后货币的所有权即归银行一方所有，银行并不是单纯的保管持卡人的货币，持卡人已不享有对货币的所有权。所以，持卡人与发卡行之间存在着合法有效的债权债务关系。第三人盗刷信用卡不仅侵犯了持卡人的利益，同时也侵犯了银行的财产所有权，银行有权向第三人追偿，但是这均不影响持卡人与银行之间根据违约责任原则确定责任的归属。

再具体到举证责任分配方面，对持卡人而言，因其受教育水平和实际经济地位的影响，很明显处于弱势一方。包括信用卡在内的银行卡交易是一种通过专业设备和专业电子数据交换的一种交易方式，一般除了留存简单的交易凭证之外，持卡人很难再留有其他证据。作为另一方的银行，其掌握了与交易相关的场所、设备和信息，但是当这些信息对其不利时，其很有可能予以隐藏甚至变相地拒绝提供。因此，让持卡人承担主要的证明责任远远超出了其能力，与民法的公平原则不符。但若采取完全的举证责任倒置规则，让银行来承担证明不存在第三人盗刷信用卡的事实，也并不符合公平原则。银行受其技术限制，也很难充分证明不存在第三人利用伪卡盗刷的行为。比如，现有的ATM机并不具有识别伪卡的功能，第三人盗刷时回避监控导致无法判断其所持卡的性质，再者若实际取款人确实不是持卡人，让银行承担证明两者之间是否存在授权也是强人所难。因此，举证责任完全分配给任何一方承担都是不公平的，在各法院实际的审判中，通常灵活考量其他相关因素，合理确定双方的举证责任。

从目前已有判决来看，大多数情况下银行并没有完全承担100%的责任，其中持卡人承担主要责任的情况屡见不鲜。持卡人承担责任的最主要原因即是没有履行审慎的注意义务，导致密码和其他个人信息泄露。在凭密支付的情况下，密码只有持卡人知晓，因此，应由银行对持卡人因过失导致密码泄露承担举证责任。银行卡密码具有私有性、秘密性以及唯一性的特征，在正常的银行业务交易中，除非持卡人本人告知他人或泄露，否则他人无从知晓。总之，应当对持卡人泄露密码的主观心态和事实加以区别对待。密码由持卡人所掌握，其安全性与持卡人的行为息息相关，但是银行无法对持卡人的主观心态进行举证。不过，让银行对持卡人是否泄露密码这一事实承担举证责任却无疑是正确的。① 同样，如果让持卡人证明是因为银行的过失导致密码泄露或直接证明自己没有泄露密码，这在实际操作中都是不可行的，一是持卡人在证明是由于银行的过错导致密码遗失会存在极大的困难，二是也不符合证据学的一般原理，即让主张事实不存在的当事人承担举证责任。

所以，关于伪卡盗刷纠纷案件，目前相关法律并没有就其举证责任分配规则作出明确的规定。各审理法院在案情不明确的情况下，往往需要运用法官的自由裁量权来予以解决。不论是适用一般的“谁主张，谁举证”

① See Ryder N., Financial crime in the 21st century: law and policy, Edward Elgar Publishing, 2011, pp. 57 ~ 87.

的责任分配规则还是举证责任倒置规则，都不能做到举证责任的公平分配，不利于平衡双方之间的关系，不能使纠纷得到完美有效的解决。在伪卡盗刷纠纷中，涉及盗刷金额的赔付问题，举证责任的分配就是持卡人和发卡行之间利益的分配。所以在考虑举证责任的具体分配时，不仅要遵从公平原则和诚实信用原则，还要综合衡量双方当事人的利益，在综合考虑双方的举证能力水平、承担风险能力以及过失大小的情况下合理确定举证责任的分配。

由此，我们认为，看似明确的规则，事实上并不明确，这种规则的不确定促使了个案纠纷多发且必须通过司法解决，增加司法、当事人的负担的同时，由于当事各方缺乏对于规则的明确期待，进而无法预知结果，结果的不确定性导致无法投入资源进行相应的损失预防。由此，现有规则并不完美且缺乏效率，需要采用经济分析的工具对相应的规则进行探索，寻求一条有效率的分担规则。

三、责任规则缺位的经济分析

（一）责任分配可否通过私人规则实现

在现有法律法规没有规定，且裁判规则并不统一的情况下，责任分配规则事实上存在着缺位，而且现实中有很大的需求要形成一个规则，但这并不意味着需要通过立法来对该领域进行修改补白，在政府——市场两元划分中，解决市场中的权责分配问题首先应该用市场的思维，市场是否有可能存在“看不见的手”通过私人间的协议的竞争实现规则的供给呢？依照法和经济学的逻辑，由从“实证的科斯定理”推演而来的“规范的科斯定理”可知，建构一个完善合理的法律制度，可以降低社会经济活动中的交易费用，有利于消除私人间通过谈判达成协议的障碍。

理论上，依据科斯第一定理，如果交易成本为零，无论权利如何界定，都可以通过市场交易达到最佳配置，而与法律规定无关。[①] 因此，只要交易成本符合上面所说的低成本，都可以参考这一定理，可能形成一个近似最优的私人规则，而无需法律进行界定。甚至芝加哥大学的 Epstein 教

① 冯玉军：《法经济学范式》，清华大学出版社 2009 年版，第 216 页。

授认为，非授权交易的责任安排只能通过合同进行，强制或者默认的法律控制都不合适。① 考虑到信用卡市场的情况，这种私人市场存在两个层次：卡组织——银行的层次、银行——持卡人的层次。

卡组织出于其规则可以直接约束银行，但现有证据表明通过卡组织形成的规范并不具有可能性，原因有以下三点：

第一，卡组织具有网络效应，故几个主要的卡组织占据着绝大多数支付市场份额，在中国，银联、万事达、维萨三大组织几乎垄断了市场上的所有信用卡，尤其目前几乎所有信用卡都支持银联，仅有少部分双币信用卡会在支持银联的基础上支持万事达和维萨。事实上，目前信用卡市场竞争非常不充分，本质上仅有万事达和维萨两家在竞争双币信用卡的外币账户，竞争本质上并不激烈。这种寡头市场竞争产生理性规则的可能性有限。

第二，卡组织有其自身的利益，事实上只要被欺诈风险低，那么卡组织的声誉的损失就并非卡组织首先关注的问题，卡组织首要关心的事情就是交易的规模，而非交易的可欺诈。而在扩大交易额方面，卡组织更关心的不一定是消费者，而可能是商家，且商家的POS机数量在一定程度上决定了该卡的使用范围，因此，在政策制定时可能会向商家倾斜。

第三，纵然卡组织在其章程中进行了规定，但与持卡人直接发生联系的是银行，而非卡组织，只要卡组织的语言模糊，就会导致银行在制定信用卡领受合同时在条约撰写时更倾向于维护自身的利益。

既然卡组织层次的竞争无法实现最优的规则，那么，在银行层面的竞争是否可能呢？银行层面的竞争参与者明显更多，竞争更加充分，可以说更加类似于一个完全竞争的市场。但银行间竞争也貌似并不可能带来最优的责任规则。就此试陈述以下五点：

第一，银行和消费者之间实力悬殊，银行一般不会与消费者进行协商，消费者通过协商产生损失分担条款通常非常昂贵，并会超过其现在的收益。

第二，此外，合同的责任条款仅仅是合同中的一个条款，而且往往并

---

① EpsteinRichard A. & Thomas P. Brown.,"Cybersecurity in the Payment Card Industry", *The University of Chicago Law Review* 75.1 (2008), pp. 203 ~ 223.

非是消费者考虑的重要条款，因此，即使存在激烈的市场竞争，消费者也并不会特别关注这个问题，所以这个反欺诈条款的价值事实上可能并不存在最优解。

第三，作为替代协商的方式，通过比较选择格式合同可以降低这种协商成本，取而代之的是搜索成本。当交易价值不高，以至于在对格式合同进行比对和搜寻的信息成本会高于格式合同选择所带来的潜在好处时，消费者往往会简单地处理好价格与质量的不确定性，而成为理性对待傻瓜。因此，“对于消费者而言，进行可以为格式合同创造市场竞争的行为，代价是非常高昂的，因此，才会出现柠檬市场”。①

第四，信息不对称限制了这种比较选择的功能，消费者在开账户时不太会思考合同的责任条款，而那些思考格式条款的会发现他们的思考会被合同难以理解的法言法语（incomprehensible legalism）所困扰。②

第五，即使他们知道合同条款的意思，消费者也无从知道每个条款的价值。由于信用卡盗刷的可能性非常小，离普通人比较遥远，而潜在的损失非常大，因此，对此难以判断。而商家和企业经常面对盗刷，对于这一问题有一定的判断能力。

事实上，纵然经过市场能够产生统一的规则，这一规则也并非最优的。那么对于支付系统价格变化更不敏感，更没有弹性的主体就会承受更多的欺诈损失，而不是最能避免损失的主体。③ 这是由市场逻辑本身所决定的，市场逻辑并非会天然指向最优解，而是指向限制条件下的最优解。

（二）私人规则下的责任分配

持卡人和发卡行之间所签订的合同并不属于法经济学上的完备合同。所谓完备合同，根据科斯定理，给定零交易成本，理性的当事人就能有效率地分配他们的法律权利。当交易成本为零时，对交易而言，合同就是一

---

① ［德］舍费尔、奥特：《民法的经济分析》，江清云、杜涛译，法律出版社2009年版，第491页。

② CooterRobert D. &Edward L. Rubin, “Theory of Loss Allocation for Consumer Payments”, *TexasLaw Review*66 (1987): 63, pp. 68 ~ 69.

③ LevitinAdam J., Private Disordering-Payment Card Fraud Liability Rules, Brook. J. Corp. Fin. & Com. L. 5(2010): 1.

个完备的工具。①

不管是卡组织层面的竞争还是银行层面的竞争都不能形成解决责任分配的最优规则，而责任分配作为民事活动当中的重要组成部分，私人规则是必定要应运而生的，这也是民法"私人自治"原则的重要体现。用私人规则来解决信用卡盗刷的责任分担问题，这是对作为民法基本原则的"私人自治"的贯彻。自然人的有限理性和决策偏好等人类本性，在考虑传统民法的意思自治、责任自负等原则时，也需要在制度安排上为金融消费者提供特殊的权益保护。② 关于损失分担的问题，每个人的自由都应该在事实条件和法律条件的范围内得到最大程度的实现。如果合同双方就所有相关风险问题都进行了讨价还价，那么，他们将把解决这些风险的所有条款都写进合同。③

四、免密支付与凭密支付的成本风险差异

既然免密盗刷的规则需要通过公权力来进行供给，那么"立法者"④在处理这一问题上首先关注的问题就应该是明确免密支付和凭密支付之间的差异。

从支付的流程角度出发，免密支付的流程是：（1）商家检查卡片；（2）获得发卡行对交易的批准；（3）持卡人签字并进行比对。凭密支付的流程时：（1）商家检查卡片；（2）输入密码；（3）获得发卡行对交易的批准。两种支付方式都需要双重验证，在第一重验证即卡本身的验证上并无差异，差异在于第二重验证是密码或签字，密码和签字的区别在于：（1）签字并非是免密支付批准的步骤，而密码是凭密支付批准的前置步骤。（2）签字是由商家进行验证，而密码是由发卡行进行验证。（3）免密支付不会涉及密码被泄露有关的责任问题，需要确定的是持卡人是真实

---

① R. Cooter & T. Ulen, Law and Economics , 6th Edition, pp. 291 ~ 292.

② 参见何颖：《金融消费者权益保护制度论》，北京大学出版社2011年版，第32 ~ 46页。

③ David Charny, "Hypothetical Bargains: The Normative Structure of Contract Interpretation", 89Michigan Law Review, 1815(1991).

④ 广义的立法者，是参与规则制定的人。而规则的供给可能来源于立法、行政、司法。

的，即签字与背面的本人签字是一致的。正是这种验证方式的区别导致了在反欺诈方面的差别。

我们从“成本—收益”分析的角度来进行分析。就免密支付和凭密支付所承担的成本角度来看，对于商家而言，免密和凭密没有区别，在目前我国银联付款下，信用卡的费率并不以验证方式的变化而设置差异费率。而目前，我国广泛引用的凭密支付已经使得其密码输入等基础设施非常完备，切换到免密支付并不会增加商家的设备成本。而对于持卡人而言，是否使用密码并不会在费率上有任何影响，因此，从支出方面并不会增加额外的成本。而在每次交易的时间成本上，无论凭密支付时输入密码还是免密支付时对身份的验证，其成本是相似的，也不会造成更多的费用。

而从被欺诈可能造成的损失方面而言，免密支付和凭密支付却存在着差异，伪卡盗刷对于凭密交易而言，需要的信息包括信用卡卡号以及密码，由于密码的独有性、唯一性和私密性（三性）[①]，其获取难度相对较大。虽然密码也绝非百分之百的安全，曾经有银行职员利用自己所掌握的客户个人信息，用身份证号猜配客户设置的银行卡密码，竟然猜出 52 名客户的密码。[②] 因此，金融机构通过提高密码的复杂性[③]和密码的个人属性[④]，也可以有效预防并避免盗刷。而对于免密支付而言，只要获得基本的信用卡信息并进行签字就可以进行交易，其获取难度可谓比凭密支付少了一个制约因素。这一判断并非无稽之谈，虽然我国并未有相关数据，但《美国 2011 年存款账户欺诈调查报告》的数据显示，从盗刷金额占总交易金额百分比而言，免密支付的信用卡为 0.085%，免密支付的借记卡为 0.075%，而凭密支付的借记卡为 0.013%。凭密支付的损失远小于免密支

---

① 参见叶晓欣：《伪造储蓄卡盗取存款案件中的法律问题分析——兼以金融消费者理论为研究视角》，载应勇主编：《金融法治前沿（2011 年卷）——金融发展与金融法治环境》，法律出版社 2011 年版，第 562 页。

② 聂昭伟：《银行职员猜配客户密码占有信用卡资金如何定性》，载《人民法院报》2012 年 11 月 22 日。

③ 例如通过提高密码的位数、密码的复杂性或者使用数字与大小写字母相混合的密码形式以降低密码被猜中的可能性。

④ 例如，目前一些银行所使用的声音识别、指纹识别、脸部识别等生物技术。

付的损失。[①] 也有研究表明，免密支付被欺诈的概率15倍于凭密支付。[②] 因此可以认为，凭密支付方式在保障资金安全上具有更大的优势。

由此可见，在同等类似成本的情况下，凭密支付的被欺诈概率更低，证明免密支付通过签名进行验证并不安全，是否可以对之进行修改增加其安全性呢？例如，在海外购物时可以发现，在流动人口多的地方购物往往需要出示自己的身份证件配合信用卡才能进行刷卡。但这种验证是否可以作为一种普遍性的验证方式呢，显然在技术上并没有难度，但是在实践中会遇到两方面的困难，一方面，增加身份证件验证会增加免密支付的复杂性，使得其相对凭密支付的快捷性优势丧失，甚至因为必须携带身份证件而更加麻烦；另一方面，会导致隐私问题，使得匿名的交易实名化，增加身份信息泄露的风险。

虽然我们可以高呼信用卡的安全至上，但是事实上信用卡的安全性和信用卡的便捷性是存在内在矛盾的，因此，必然存在一个安全性和便捷性的权衡（tradeoff）。这种权衡是个人选择，本无可厚非，但当面临着责任需要由银行进行承担时，就已经产生了外部性。控制这种外部性的机制主要有两种：一种是将外部性内化，即通过对免密支付的持卡人征收更高的交易费用，而这对于激烈市场竞争环境下，似乎并不可能；另一种是对产生外部性行为提供负反馈，即对免密支付持卡人提供更少的保护，以在减少外部性的同时对该风险进行控制。这一思路是可行的，体现在责任机制上对免密支付的持卡人设置更严格的赔付条件。

因此，当银行对这种安全性风险进行提示之后，持卡人坚持采用免密支付可以视为一种侵权法上自担风险的行为（assumption of risk），而通过《侵权责任法》第26条实现银行的部分免责。但是，这种部分免责，难以在合同法下找到相应的依据，《合同法》第120条关于与有过失的规定并不能适用，因为免密支付并不构成持卡人违约，故不能通过此种方式实现矫正正义，而需要规则进行明确规定，将两者的风险进行区分。

---

① http: //takeonpayments. frbatlanta. org/2012/01/pin - authentication - vs - signature - authentication. html.

② LevitinAdam J., Private Disordering-Payment Card Fraud Liability Rules, *Brook. J. Corp. Fin. & Com. L.* 5 (2010): 8.

五、责任分配的法经济学考量

虽然国家介入可能会影响到私主体的预期，并存在缺乏信息的问题，虽然监管介入并不会导致最优解，但可以优化市场的结果，深思熟虑的监管介入可以补偿由于谈判能力（bargaining power）的差异并使得结果更接近于理想完全竞争市场的结果。[①] 由于盗刷信用卡的责任承担是一个技术性极强且主要涉及金钱损失的问题，本文从经济学的角度切入，认为分配风险应考虑如下两个因素：经济效率和风险控制。以此为解决该种问题以及此领域的立法完善和司法裁判提供一个全新的视角。

日常生活中，每个人都离不开各种各样、形形色色的市场活动，可以说每一个人都是一个独立的消费或者交易个体。在交易中，个人既要付出成本，也会取得收益。持卡人作为个人在与银行进行交易时，双方均会将支付手段所带来的成本作为一项自己着重考量的因素。该项成本既包括银行维护其支付体系运行所需的成本，也包括持卡人运用支付方式的成本。此外，作为优势一方的银行通常会将自己维系支付系统所支付的成本变相通过向持卡人收费的方式转为持卡人的成本。持卡人进行支付交易所花费的成本主要包括选择和使用何种支付方式和工具、与银行进行交易所花费的时间和金钱成本以及可能因盗窃、诈骗和错误支付所导致损失的成本。实际当中，持卡人与银行之间的交易很多情况下是以持卡人的其他交易作为基础的。如持卡人欲购房，在与卖方签订房屋买卖合同之后需要通过自己的账户向卖方支付房款，从而在银行开账户，间接地与银行产生交易。所以消费者在日常的交易消费中，更加倾向于选择最有效率[②]和更便捷的转移资金的支付方式，以此降低交易成本。持卡人因伪卡盗刷而产生的风险成本是其与银行进行交易时所产生的一项重要成本，也是持卡人选择支付手段时重点考虑的因素。

---

① See Romanosky S. &Acquisti A. & Sharp R. , Data breaches and identity theft: when is mandatory disclosure optimal?, 2010, https: //papers. ssrn. com/sol3/papers. cfm? abstract _ id = 1989594.

② See Jules L. Coleman, "Efficiency, Exchange, and Auction: Philosophic Aspects of the E-conomic Approach to Law", 68 *California Law Review*, 221, pp. 223 ~ 249(1980).

持卡人与银行之间依据信用卡领受协议而成立的合同关系并不同于其他一般的合同。在日常的经济交往中，普通合同目的的实现并不需要法律的强行介入，其只需不违反法律法规的禁止性规定即可，最终也能实现经济效率。但是在以持卡人和银行为主体的支付法律体系中，因两者地位悬殊所带来的信息不对称、谈判成本不平衡以及谈判地位不对等，市场不能再为其导向出具有效率的结果，即出现市场“失灵”的状况。据估计，99%的商业合同都是格式合同。① 当仅靠市场不能有效解决纠纷时，就需要国家通过制定法律强行介入该种关系，以调整各方行为，平衡各方利益。

目前，我国并没有专门的法律规定确立伪卡盗刷纠纷的风险分配机制，但是这并不意味着我们不需要这样一套有效的风险分配机制。该种机制是法律介入该种领域的重要表现，一套合理的风险分配机制对于有效解决伪卡盗刷纠纷和对我国支付交易体系有效率地运行和长远发展具有重要作用。本部分将从降低预防风险、风险分担和损失确定三个方面论述有利于提高经济效率、促进支付体系健康发展的风险分担原则。②

（一）损失减少原则——降低预防成本

效率要求该当事人有责任用最低的成本来消除风险。如果合同法中履行不能原则是有效率的，那么就会把责任分配给能以最低成本承担使履行变得不可能的风险的人。③ 为了尽可能地降低预防成本，一套合理的风险分担机制应当尽可能地让能够以最低成本预防风险发生的一方承担风险，此即最低预防风险原则。不管是持卡人还是发卡行，他们都具备预防风险的能力，因预防风险有相应的时间、金钱成本以及需付出一定的精力，所以各方对于预防成本大多处于消极的态度。因此，要做到最低预防风险，应当鼓励各方主动以低成本预防风险，可以通过相应的规则来调整各方的行为。

---

① David Slawson, “Standard Form Contract and Democratic Control of Law Making Power”, 84Harvard Law Review, 529(1971).

② RobertD. Cooter&EdwardL. Rubin, “A Theory of Loss Allocation for Consumer Payments”, Texas Law Review, 90(1987).

③ R. Cooter & T. Ulen, Law and Economics , 6th Edition, p. 350.

持卡人和银行在预防风险方面，各自具有不同的特点，以下分述之。

要考察交易各方预防风险的能力，就要了解他们就预防风险所支付的成本大小。若支付的成本不同，则预防风险的能力也不同。付出成本更少者，预防风险的能力更强。就持卡人和银行在预防风险本身的能力来看，总的来说，银行具有更强的风险预防能力，即银行在大多数场合之下，能够以更低的成本预防风险的发生。但是，这里还有另外一个需要考虑的重要因素，即交易各方处于怎样的风险控制位以及他们与预期风险之间的密切程度，这也会对其预防能力施加重大影响。持卡人与银行在支付交易中处于不同的位置，两者对不同风险的预防能力也是不同的，应该予以区分，让处于预防风险最佳位置的一方以自有的方式预防风险的发生。

从已有的判决可以看出，持卡人因为自己的过失导致银行卡被盗窃、被掉包或者轻信他人导致信用卡被盗刷，这些风险与持卡人具有更加密切的联系，其完全可以通过提高自身的安全意识，将银行卡置于安全位置而避免此种危险的发生。相反，银行对持卡人的个人过失是无法预料的，无法通过自己的行为来避免此种风险的发生。在另一种情况下，伪卡盗刷是因为银行自有的技术漏洞或系统错误引起的，则银行应该承担主要的责任，因其与该种风险具有更密切的联系，可以通过修补技术漏洞和完善系统性能的方式来避免此种风险。① 在这种情况下，即使持卡人再怎么小心谨慎，还是有造成伪卡盗刷的可能性。以上两个例子要说明的是，伪卡盗刷纠纷中，不同的风险有不同的最佳风险预防者，即能够以更低的成本预防风险的发生的一方。因此，应该将风险分配给交易各方中具有最优预防力的一方，从而达到“双赢”甚至“多赢”的效果，使经济效率更容易实现。②

此外，风险分配还应当考虑各方主体的技术创新能力，这是影响主体风险预防能力的另一个重要因素。目前，银行的操作系统均建立在信息化和电子化的基础之上，和信息技术产业关系紧密，后者为其经营提供了重

---

① See BrownswordR. &Howells G. , “When surfers start to shop: Internet commerce and contract law”, Legal Studies, pp. 299 ~ 302(2006).

② See GuidoCalabrese, The Cost of Accidents: A Legal and Economic Analysis, *Yale University Press*, 1970, pp. 136 ~ 138.

要的基础条件。因此，银行是更具有技术革新能力的一方，相关规则应当倾向于将风险分配给能通过技术革新提高自身风险预防能力的银行。时至今日的银行，诸如动态签名器、指纹识别器、语音识别器以及智能银行卡等全新的高科技防盗刷设备均已问世。此外，国外还有一些银行在其信用卡业务中广泛适用“神经网络系统”这一高新技术，其能通过对持卡人的日常消费时间、地点以及金额加以跟踪，对反常的消费行为进行分析进而冻结。由于“神经网络系统”成本太高，该技术并未被我国银行所广泛采用。但不可否认的是，银行在技术创新中处于更具有优势的地位，信息技术的发展又能极大地提高银行防范风险的能力，所以，在制定相关规则时应将风险更多地分配给具有技术创新能力的银行。

另外，银行和持卡人在学习力和回应力方面也相差悬殊。不同主体学习力的不同会直接影响其对该领域的反应能力。就银行和持卡人来说，不仅银行在技术革新方面占据主导地位，而且在对相关法律的了解程度上，银行也比个人更具优势，虽然持卡人可以通过不断的积累来获取相关知识，但是于质于量都难以跨越与银行之间的鸿沟。

所以，由于责任分配本身并不创造价值，因此，难以形成帕累托最优，但对于责任的分配及由责任分配所带来的效率提升，使得存在形成卡尔多—希克森最优的可能性，即在整个系统内实现欺诈损失最小化。①

就伪卡交易而言，无法在事先确定谁是最低成本的避免者（least cost avoider）。由于伪卡需要真实卡片的信息，因此，信息保护就成为防止此类欺诈的关键。成本最小避免者随着交易流程的信息流而变化，交易流程中保持信息也很多。② 但是即使有最优的数据保护，还是有可能通过刷卡而获得信息，例如，在交易时商家可以通过磁条读卡器读出卡的磁条信息。该信息可能被用于另一张空白磁条卡而成为复制卡，或者被用于网上交易等无卡交易。

对于伪卡交易，最低成本的避免者很大程度依赖欺诈人如何获得真实

---

① See Weistart J C., “Consumer protection in the credit card Industry: Federal legislative controls”, Michigan Law Review, pp. 1477 ~ 1484(1972).

② EpsteinRichard A. & Thomas P. Brown., “Cybersecurity in the Payment Card Industry”, *The University of Chicago Law Review* 75. 1(2008): 203 ~ 223. pp. 208.

账户信息。在这一过程中，持卡人、收单行、发卡行、卡组织、商家都有可能。持卡人可以提高其谨慎程度，通过妥善保管卡片等方式在一定程度上减少损失，但其手段有限且不具有规模效应，而且一旦卡片使用后信息泄露，进入复制者的视野，那么阻止伪卡交易就取决于发卡行和卡组织以及实体卡的安全功能。商家除了过于明显的伪造外，无法分辨伪卡。商家几乎无能力阻止欺诈。① 发卡行掌握了磁卡的设计，可以通过更新卡片来设置技术壁垒；发卡行在批准交易时，具有足够强大的数据能力可以进行一定的真伪交易的分辨；发卡行掌握足够的风险商户的数据，可以通过其系统增加对此类商户交易的控制等，因此，将更多的责任分配给发卡行是合理的，发卡行能以最小成本避免损失。

尽管发卡行在减少预防成本上有优势，但发卡行的责任不能无限制地增加到严格责任，而应该对其责任进行限缩，以降低持卡人在此情况下的道德风险。② 同时，也会鼓励其采用高风险方式用卡，并通过银行承担风险并分配给所有持卡人或商户。

（二）损失分散原则——提高预防能力

在市场中的各交易主体对于风险均有基于自身的不同态度。一般而言，大多数交易者均属于风险厌恶型，在面对有可能出现的风险时，其会通过付出高于预计损失平均值的成本来规避风险。③ 但是有一些主体却愿意通过支付高于预期损失平均值的成本来规避风险，相比前者，他们称之为风险中性型。进行交易的双方甚至多方主体，总有一部分主体相对另一些主体属于风险厌恶型，而对方则属于风险中性型。风险中性型的一方能够用更低的成本承担风险，因此，风险厌恶型的主体通过支付其一定的价金将自己所可能面对的风险转移给对方承担，以此实现互利。效率的要求

---

① LevitinAdam J., Private Disordering-Payment Card Fraud Liability Rules, *Brook. J. Corp. Fin. & Com. L.* 5 (2010): 1. p. 19.

② 道德风险主要涉及的是责任、风险、收益之间的不对称，将过多的责任分配给发卡行，会导致持卡人的安全保护意识不足，进而增大信息泄露被复制盗刷的可能。

③ See Herbert S. Denenberg, Robert D. Eilers, G. Wright Hoffman, Chester A. Kilne, Joseph J. Melone, H. Wayne Snider, "Risk and Insurance", pp. 55 ~ 59(1964). 关于风险厌恶的实证研究, see Paul J. H. Schoemaker, "Experiments on Decisions Under Risk: The Expected Utility Hypothesis", MartinusNijhoff, 1980(5 - 6), pp. 392 ~ 393.

是，如果一个突发性事件使得合同的履约变得不可能，那么应该把责任分配给能以最低成本降低或分散风险的一方当事人。① 故风险中性型的主体能够更有效地承担风险，使得交易更有经济效率。

风险应该由能正确对风险进行估价的一方来承担，他们通过对风险的正确估价能实现风险中性（risk neutrality），进而风险厌恶者会通过支付高于风险潜在损失的价格而将风险转移给该风险中性方。② 估计风险造成的损失与实际的损失差值越小，越有助于其进行风险的准备，而这一实现风险中性的能力与损失的大小和传播损失的能力相关。

在对风险厌恶型主体和风险中性型主体进行区分时，其面对的损失大小和分散风险的能力是需要考虑的最主要因素。就第一个因素来说，大多数交易主体在面对比较小的风险时属于风险中性型主体，随着风险和损失的扩大而逐渐转为风险厌恶型主体③，持卡人和银行均属此类。但是从第二个因素来看，两者分散风险的能力明显不同。持卡人作为个体，其分散风险的渠道特别有限，代价高、能力弱，主要通过购买保险的方式分散风险。而银行则不同，其可以将损失通过自己的金融产品等手段分散到广大的客户，使其共担风险。银行作为规模巨大、经济实力更强的一方，能通过更低的成本即可成为风险中性一方，由其主要承担风险符合经济效率的要求。④

因此，从这个角度看，个人承担损失并不合适，一方面，损失一般数额不小且频率很低，持卡人难以进行预防；另一方面，持卡人无法将责任进行足够的分担，即使其可以通过保险来对抗该低频风险并进行分担，由于此类保险价格相对高昂且存在极强的道德风险，经过美国市场的检验效果差强人意。如果将风险过多地分配给持卡人一方，不安全感将会使持卡人在越来越少的场合下使用信用卡，甚至信用卡会更多地用于储蓄领域而

---

① R. Cooter & T. Ulen, Law and Economics , 6th Edition, p. 351.

② CooterRobert D. and Edward L. Rubin. , "Theory of Loss Allocation for Consumer Payments", *Texas Law Review* (1987): 63. p. 71.

③ See Milton Friedman & L. J. Savage, "The Utility Analysis of Choices Involving Risk", *Journal of Political Economy*, *Volume* 56(1948), pp. 279.

④ See Levi M. , Bissell P. , Richardson T. , The prevention of cheque and credit card fraud, London: Home Office, 1991, pp. 36 ~ 45.

不是消费领域。但交易仍然主要依赖现金的场合，银行看似安全，由于持卡人使用信用卡的机会减少，银行盈利的机会也是减少的。①

相反，由银行承担较多的风险是适当的，一方面，银行在预测损失的能力方面较强，纵然银行无法确定哪一笔交易可能是盗刷，但是银行可以确定盗刷的比例进而估算出一定时间内盗刷的损失；另一方面，银行的客户数量很大，可以将盗刷的损失分担到足够多的客户身上，而且银行的收入来源非常多样，包括年费、授权费、交换系统费用等等，这些费用都可以调整以用于分散盗刷的风险。

（三）损失确定原则——优化预防结果

损失发生后，确定责任应当规则明确，尽量减少制度的成本。这种确定不仅仅是规则的确定，更是结果的确定。盗刷纠纷往往损失并不高，诉讼费用相对于争议金额非常高昂，减少不必要的制度摩擦非常有必要，使得盗刷发生后能方便地将法律规则变成实际的补偿款的发放。损失确定原则支持严格责任或者固定金额的责任。②

然而在实际生活中，却有大量的情况是被盗刷的持卡人向法院提起违约之诉，起诉银行没有对自己履行应付款项的义务，且银行对第三人的支付行为无效。而银行则引用《合同法》第60条予以抗辩，持卡人被盗刷是因其未妥善保管银行卡导致个人信息丢失和银行卡被盗刷，银行不应当承担任何违约责任。此时，持卡人则可进一步抗辩称，是银行未切实有效地履行其附随义务才导致银行卡被盗刷，损失与银行的行为存在着因果关系。不过，以上情况对于一名法官来说并不是最优的状况。最理想的状况则是事实清楚，证据确凿充分，双方当事人就是否履行主合同义务和附随义务的情况均已明晰，由此，法院则可根据上述情况分配风险、确定责任。当今信息技术飞速发展，带动银行金融产品更新换代的速度不断加快，再加之犯罪手段层出不穷，法院往往很难查清基本案件事实。各地法院在裁判此类案件时均适用不一致的风险分担标准，导致持卡人和发卡行在责任承担方面存在的较大的不确定性，其中一方过度承担应当承担的损

---

① 彭冰：《银行卡非授权交易中的损失分担机制》，载《社会科学》2013年第11期。

② Cooter Robert D. and Edward L. Rubin., "Theory of Loss Allocation for Consumer Payments", *Texas Law Review*(1987): 63, p90.

失的情况也时有发生。

盗刷发生后的损失首先由持卡人承担，如果其并非最终的责任人，则其损失转移给最终责任人的规则越简单明确无歧义越好，由此，才能避免无谓的诉讼，故严格责任要优于过错责任，单因子指标优于多因素指标，客观标准优于主观标准，法定补偿优于个案确定的补偿。尽管这一方案肯定会影响到规则的弹性，但考虑到诉讼成本是沉没成本，这种牺牲弹性争取效率的做法应该得到一定的支持。

六、责任分担规则的重塑

（一）比较法上持卡人固定责任上限规则

1. 美国

20世纪60年代，美国法律并未对相应的责任进行划分，在合同中往往约定在挂失前所有的损失基本都是由持卡人承担。这一规则建立的逻辑前提是所有的损失最终都是由每个持卡人承担。① 这一思路固然没问题，但是忽视了损失由不同人分担会产生不同的激励效果，客观助长了盗刷问题的频出，为了解决这个问题再加上当时消费者保护的兴起，美国于1968年颁布了《美国真实信贷法》（Truth in Lending Act，以下简称TILA）和1978年的《美国电子资金划拨法》（Electronic Fund Transfer Act，以下简称EFTA）对其进行了规定，其中TILA规定信用卡，EFTA规定借记卡，其实质性规则非常相似。根据持卡人在发现信用卡被无权使用后是否报告以及报告的及时性，规定了不同的责任。具体而言，在2天以内向银行报告的，持卡人承担50美元以内的责任，50美元以上则由银行承担严格责任。② 其核心是对持卡人进行保护。库特教授便认为，由持卡人承担一定的有限责任，超过此限度的损失则完全由银行承担，是比较合理的制度安

---

① WeistartJohn C., "Consumer Protection in the Credit Card Industry: Federal Legislative Controls", *Michigan Law Review* 70.8 (1972): 1475 ~ 1544, p.1508.

② 陈小怡、何建敏：《美国信用卡交易授权规则：评析与借鉴》，载《东南大学学报（哲学社会科学版）》2007年第2期。

排。[①] 但是，在该制度运作下，应如何确定最高限额。如对所有人在不同的情况下均适用这一固定限额，又会产生不公平的问题。[②]

2. 英国

1974 年《英国消费者信用法》（Consumer Credit Act）第 83 条第 5 款规定，因遗失或盗窃等原因导致信用卡被冒用的，消费者只要向发卡机构书面办理挂失手续或者口头挂失后 7 日内补正书面挂失手续的，都可以免除此后因被冒用所导致的损失；第 1 款规定，发卡机构与持卡人约定，持卡人承担不超过 50 磅被冒用而产生的损失。

3. 香港

《香港银行营运守则》第 36.3 条规定："如持卡人并无作出任何欺诈或严重疏忽行为，并在发现遗失或被盗去卡后，在可能情况下尽快通知发卡机构，持卡人就这类卡损失要承担的责任应以发卡机构指明的限额为限，而有关的限额不应超过 500 港元。"

4. 欧洲

欧盟委员会于 1997 年提出软法性质的推荐，[③] 推荐欧盟成员国采用责任上限为 150 欧洲货币单位[④]的持卡人责任上限，当持卡人挂失之前出现丢失、失窃卡片被非授权交易，除非持卡人行为有重大过失（extreme negligence）或者有欺诈的故意（fraudulently）。

就比较法而言，这种客户责任的限制似乎已经在欧美等发达国家和地区得到较为广泛的认可，而这一责任分担的方案也获得较多国内学者的认可并希望能得到引进。[⑤] 但这种模式同样存在较为棘手的问题。

首先，硬上限的设置不顾持卡人的多样性，选择一条固定的标准来对

---

① Cooter Robert D. and Edward L. Rubin. "Theory of Loss Allocation for Consumer Payments", *Texas Law Review*(1987): 63, p90.

② 彭冰：《银行卡非授权交易中的损失分担机制》，载《社会科学》2013 年第 11 期。

③ Commission recommendation 97/489/EC of 30 July 1997 concerning transactions by electronic payment instruments and in particular the relationship between issuer and holder.

④ 在现在就是欧元。

⑤ 例如陈健：《信用卡客户责任限制与消费者权益保护》，载《法律科学（西北政法大学学报）》2012 年第 2 期；彭冰：《银行卡非授权交易中的损失分担机制》，载《社会科学》2013 年第 11 期。

持卡人的责任进行限制，使得所有持卡人享受同样的保障，这导致低风险偏好的持卡人补贴高风险偏好的持卡人，由此，高风险偏好持卡人没有动力来改善其风险状况，导致总体持卡人风险增加。

其次，由于责任条款是信用卡合同中的一个条款，而固定上限使得低风险偏好持卡人和高风险偏好持卡人绑定了，进而牺牲了在其他方面的自由度，低风险偏好的持卡人可能会更希望严格的责任条款以换来其他价格条款的优惠。

最后，由于持卡人上限的锁定意味着大多数的损失主要由商家和发卡行承担。缺乏对持卡人的激励，而且缺乏对持卡人行为、风险的监控，持卡人在此情形下可能会出现道德懈怠和逆向选择。

因此，采用持卡人固定上限并非是最优的解决方案。

（二）理想的规则

正如 Samuel Rea 教授所言，“严格责任同时不规定与有过失（contributory negligence）本质上就是一种强制保险”①，我们可以参考医疗保险的方式来制定差异化的赔付补偿机制，以实现消费者保护要求下的责任分担与合同法下的效率，并且能通过类似于保险中风险、保额、保费相匹配的机制来减少道德风险。具体主要有以下四种措施：

（1）约定免赔额（deductible）、共担额（copayment），免赔额在保险中是损失达到数额以下的损失不负赔偿责任的扣除条款，共担额在保险中是看病买药时需要支付的固定数额，在持卡人民事责任中则类似英美各国的持卡人责任上限。

（2）约定分担率（coinsurance），在保险中是损失超过免赔额之后，但还未达到年度最大自付额之前，每次看病个人要付的百分比，保险公司会付剩余的比例，在持卡人民事责任就是在免赔额之上，最高持卡人自付额度之下由持卡人和银行按照一定比例承担。②

---

① Rea&Samuel A.，“Comments on Epstein”，*The Journal of Legal Studies* 14.3（1985）：pp. 671 ~ 674，p672.

② Balan L. &PopescuM.，Credit card fraud，The Annals of the Stefan cel Mare University of Suceava. Fascicle of The Faculty of Economics and Public Administration，2011，pp. 81 ~ 85.

（3）约定最大自付额（maximum out - of - pocket），在保险中是损失超过该额度之后，所有的损失都由保险公司承担，在持卡人民事责任上就是超过一定损失，所有超额的损失都由银行承担。通过这些方式增加被保险人的责任，减少保险人的责任，进而通过增加欺诈的成本来降低道德风险。由于目前缺乏相关统计数据，我们根据经验，建议该金额设置为1000元人民币。①

（4）以上三个区间内的责任分配规则是默认规则，但当有证据证明一方存在严重过错时，应当依据与有过失而对分配的比例进行相应的调整。同理，当一方从事高风险行为时（采用免密支付），应当依据其风险调高其所承担的风险。

由此，通过设定两个临界值，三个区间和三个区间内的责任分配模式规则，使得规则简单明确，而减少纠纷的产生，提升赔付的便捷度，同时，通过严格过错来对责任分配进行相应的调整，实现效率与公平的衡平。其中在第一个区间，通过设定免赔额，增加持卡人的欺诈成本；第二区间内，通过设定分担比例，实现损失在双方之间的共同分担，促使共同减小用卡中可能存在的风险；第三区间内，通过让银行承担无限责任，保护持卡人在遭受此风险时不至于承受超出其承受范围的损失，通过银行实现风险的分摊。同时，通过该无限责任推动银行对该纠纷的调查，阻遏持卡人潜在的欺诈风险，以及促使银行增加在安全机制方面的投入。这样的责任设计方案也符合损失分散、损失减小、损失确定②的分担机制三原则。

（三）责任分担的具体机制

在信用卡发生盗刷之后，一名理性的持卡人为了防止卡内资金进一步流失会首先向发卡行申请挂失。发卡行在接到持卡人的挂失申请后会立即冻结账号，防止损失的扩大，并启动相应的调查程序。此时，银行成为防止损失更进一步扩大的唯一主体。目前，学界和实务界也已达成共识，对已经申请挂失的银行卡如果仍继续发生损失，所有损失均应由发卡行承担，持卡人不承担任何责任。但是对于银行卡挂失之前所遭受的损失该由

---

① 彭冰：《银行卡非授权交易中的损失分担机制》，载《社会科学》2013年第11期。

② Cooter Robert D. and Edward L. Rubin., “Theory of Loss Allocation for Consumer Payments”, *Texas Law Review* (1987): 63, p90.

何方承担，因造成损失的原因不同且持卡人与发卡行双方预防和控制风险的能力均不相同，面对不同的情况应采用与此相应的解决方法。例如，当案情清楚，双方争议不大时，法院可通过调查双方行为分别对于造成损失的原因力的大小来分配损失。可是当案件基本事实不清，双方过错难以评判时，法院则应该根据不同的情况科学合理地分配因果关系的举证责任来分配风险，最终确定双方的损失责任承担。

信用卡盗刷的损失责任承担情形可以分为发卡行承担主要损失的情形和持卡人承担主要损失的情形，根据信用卡被盗刷的不同情形而分别予以适用。从全国各个法院审理的信用卡盗刷案件来看，主要手段可以分为涉卡型盗刷和非涉卡型盗刷，其中涉卡型盗刷根据其具体手段又可细分为真卡盗刷型（ATM机吞卡型、偷窃掉包型等）和伪卡盗刷型。非涉卡型盗刷根据手段又可进一步分为电子通信技术的盗刷和人工冒充欺诈的盗刷。

1. 持卡人承担主要损失的情形

首先从持卡人预防和控制风险的能力出发进行分析，如果信用卡被盗刷的主要原因在于其自身，那么就应该由持卡人承担主要损失。主要包括持卡人疏忽大意、安全防范意识淡漠，从而给了犯罪分子有机可乘。在这种情形下，持卡人如果更加仔细，是完全能够避免损失发生的，相较于银行，持卡人与此类风险源头更为接近。在此种风险之下，银行就算不断更新自身设备和加强防备也不能避免此种形式的盗刷风险。

由此，真卡盗刷型中的偷窃掉包型、非涉卡型盗刷中的人工冒充欺诈这两种情形下的损失应当由持卡人承担。当然，持卡人可以举证证明此种损失的发生与银行也有密切因果关系从而免责，否则银行的支付行为即有效，持卡人应当承担损失。

在这两种情形之下，盗刷人使用的是真实的银行卡和正确无误的银行密码，即使是最先进和最高端的机器也不能识别进行刷卡操作的到底是持卡人本人还是不法分子，或者是得到持卡人授权的受委托人。将此种情形下的风险分配给持卡人才更有利于防范风险。同时，持卡人也负有相应的举证责任。在其举证不能时，应承担主要损失。不过，从民法公平原则考虑，考虑到持卡人作为弱势一方，持卡人在负主要责任时承担的损失仍应有一定上限，其他损失应由银行补充承担，以保证其日常正常生活。

总之，不管是真卡盗刷型还是非涉卡型盗刷中的人工冒充欺诈，银行卡被盗刷的主要原因均在于持卡人安全意识不高，防范意识淡漠从而导致银行卡被盗窃或者密码等核心信息被其他人骗取。发卡行对这两种情形下的盗刷完全没有预防能力，应由持卡人承担主要责任。

2. 发卡行承担主要损失的情形

与上述由持卡人承担主要责任不同，银行在作为责任主要承担者时，其与信用卡被盗刷的发生存在直接因果关系。即由于银行本身的系统漏洞，即使持卡人做到了“十分注意”的附随义务，信用卡仍然被盗刷。① 因此，信用卡盗刷中的伪卡盗刷型、真卡盗刷型中的ATM机吞卡型以及非涉卡盗刷型中的网络技术盗刷三种情况应当由银行承担主要责任。此外，若银行能够举证证明信用卡被盗刷的主要原因是持卡人的行为而不是自身原因，银行可不用承担全部责任。一旦“持卡人的过错是造成损失的部分原因”被举证证明，持卡人分配部分风险，承担有上限的损失。②“商业银行有条件、有机会、有能力防范犯罪分子利用自助银行和ATM机，有责任承担起这个防范犯罪的义务”③。一言以蔽之，发卡行应对自身的技术漏洞造成的信用卡盗刷损失承担严格责任，才能更有效率地平衡双方的利益。同时，鼓励持卡人使用信用卡，促进我国银行业的良性发展。

结　语

信用卡盗刷的责任确定和分担是目前理论界与实务界的热点问题。虽然该种案件在当今多发且呈现出一种不断上升的趋势。信用卡在发生盗刷之后，欺诈人在多数情形下未被追责，除了举证困难等客观限制因素，造成这种情况的原因是多样的。因此，盗刷所造成的损失需要在银行和持卡人之间进行分摊。在两者的风险分摊方面，我国目前没有统一的法律规则可以直接进行适用，司法实务界并未统一。各个法院只能根据《民法总

---

① See Chan P K. &Stolfo S J. , Toward Scalable Learning with Non – Uniform Class and Cost Distributions: A Case Study in Credit Card Fraud Detection, KDD, 1998, pp. 164 ~ 168.

② See RB. Avery, GE. Elliehausen, AB. Kennickell, PA. Spindt, RB. Avery, “The Use of Cash and Transaction Accounts by American Families”, 72 Federal Reserve Bulletin(1986), p87, 99 ~ 100.

③ 参见顾俊诉上海交通银行储蓄合同纠纷案，载《中华人民共和国最高人民法院公报》2005年第4期。

则》《合同法》以及《侵权责任法》等法律中的相关法条予以审判，其中法官的自由裁量权较大，各个案件的裁判结果往往有出入。关于这种损失分配规则，若从规则供给角度进行分析，则可以发现由于没有相应的激励反馈，导致私人层面无法自发提供该种规则，从而只能依赖于国家供给；从规则构建的功能分析，符合法经济学规律的损失分配规则应当能够实现降低预防成本、合理分担风险和确定损失三大子规则；从规则构建的逻辑体系分析，应当摒弃比较法上固定责任上限的方案，建议采取制定一般规则和特殊规则的方案。即以约定免赔额、约定分担率和约定最大自付额三个区间为一般规则，对于损失分担在双方间作出初步分配。而根据《侵权责任法》上的过失相抵规则和《合同法》上的双方违约规则，对于初步损失分配进一步调整为特殊规则。

信用卡被盗刷后无论是主张侵权责任抑或是违约责任，对于消费者而言最重要的是所产生损失得到最大限度补偿，对于银行而言最重要的是最大限度地减少这种赔付支出。因此，明确的强制保险，是降低纠纷解决成本，补偿消费者损失，减少银行赔付支出的最优方式。保险作为分散风险、消化损失的重要经济补偿制度，在信用卡盗刷案件中将会发挥不可替代的作用，一方面，缓和了消费者和银行间的紧张关系；另一方面，同时赋予保险基金代位求偿权，也能够对于欺诈者进行后续的追责。此外，在审判实务当中，应善于对各种信用卡盗刷案件的类型进行归纳，总结出适合各案件的特殊规则。判

涉借贷的房屋买卖交易中恶意串通的司法审查

齐晓丹[*]　张荣华[**]

2017年，司法部发出了关于公证执业“五不准”的通知，明确规定：不准办理涉及不动产处分的全项委托公证，办理涉及不动产处分的委托公证，应当告知当事人委托抵押、解押、出售、代收房款等的法律意义和法律后果，不得办理一次性授权全部重要事项的委托公证，不得在公证书中设定委托不可撤销、委托人代为收取售房款等内容。① 该项通知对于遏制涉借贷房屋买卖交易中代理人与相对人恶意串通、低价售房损害委托人利益的行为有重要意义。近年来，此类诉讼处于多发状态，对于代理人与相对人恶意串通的认定和合同效力的判断，是其中的核心问题。

* 北京市第三中级人民法院审判委员会委员、民一庭庭长，法学博士。

** 北京市第三中级人民法院民一庭法官助理。

① 《司法部关于公证执业“五不准”的通知》（司发通〔2017〕83号），发布时间：2017年8月16日。

一、据以研究的典型案例①

(一) 基本案情

涉案房屋所有权原登记于A名下，2011年9月6日，借款人A与出借人B签订《借款合同》，A向B借款人民币220万元，借款期限1个月，自2011年9月6日至2011年10月5日，利息按同期央行贷款利率的4倍计算。《借款合同》签订当日，B将220万元汇入A的账户。同日，A向C出具全权售房《委托书》，委托C代为办理涉案房屋买卖的全部交易手续，包括代为签订网签手续，代为签订房屋买卖合同，到房地产交易管理部门办理此房产权转移、过户的有关事宜，代为办理与出售此房相关的税务手续，代为收取相关售房款及到银行办理提款手续等。2011年9月7日，北京市方正公证处对二人出具《委托书》的行为进行了公证。

2011年11月17日，C以A代理人的身份与D签订《存量房屋买卖合同》，约定A以220万元的价格将涉案房屋出售给D，合同未约定款项支付和房屋交付时间。次日，买受人D取得涉案房屋所有权证。经评估，涉案房屋2011年11月17日的市场价格为760万元。关于购房款的支付情况，买受人D于《存量房屋买卖合同》签订前的2011年11月5日支付C购房首付款25万元，于2012年9月16日支付C购房款195万元。代理人C向出借人B转账时间和金额分别为：2011年10月12日40万元，2012年6月14日125000元，2012年9月26日80万元，2012年11月22日60万元，2013年1月30日30万元，以上共计2225000元，包括偿还本金220万元、利息25000元。2013年1月，买受人D又将涉案房屋以250万元的价格卖给了E并完成了过户手续。

A提起本案之诉，要求确认代理人C代A与买受人D签订的房屋买卖合同无效。

(二) 裁判结果

法院认为，C以代理人的身份与买受人D签订房屋买卖合同的行为，

---

① 一审案号：北京市东城区人民法院（2013）东民初字第14258号，二审案号：北京市第二中级人民法院（2017）京02民终1487号。为论述的更为简洁、清晰，笔者对案情进行了适当简化和改造，但不影响案件的基本事实和法律适用。

存在恶意串通损害A利益的情节，房屋买卖合同应当无效。

首先，关于代理人C方面。C作为A的代理人与买受人D签订涉案《存量房屋买卖合同》，其有义务在交易中保护被代理人A的合法权益，以被代理人的利益为代理行为。根据查明的事实，代理人C不仅未尽到勤勉注意义务，反有损害被代理人利益的行为发生。第一，2011年9月6日《委托书》上载明的A对代理人C的授权事项中并未对房屋具体售价进行授权。代理人C未在出卖房屋时与A核实价格，亦无证据证明其通知或提示了被代理人A，即将涉案房屋以远低于市场价的价格卖与买受人D，明显侵害了被代理人的合法权益。第二，代理人C在仅收取买受人D首付款25万、剩余195万款项尚未收取时就把涉案房屋过户到买受人D的名下，且未在合同中约定房款支付时间及违约责任，此举显然与一般交易习惯不符。代理人C与买受人D先是称经朋友介绍相识，后又改称双方之前相熟，并以相互信任作为解释，此主张前后矛盾，且即使该主张成立，亦将被代理人利益陷于高度风险之中，不仅存在损害被代理人利益的可能，亦有串通之虞。第三，代理人C陈述其代理卖房的原因是为了偿还借款人A向出借人B的借款，但在收取买受人D房款之后，既未将款项转给A，也未及时将款项偿还给出借人B，代理人C向出借人B转账的时间与收取买受人D款项的时间存在较长的时间差，此举与其陈述自相矛盾。

其次，关于买受人D方面。D作为买受人，在购买房屋这样的大宗财产时，应负有较之一般交易更高的审慎注意义务。但根据查明的事实，买受人D陈述其购买涉案房屋用于自住，但其未在合同中对房屋交付时间和违约责任进行约定，亦无证据证明其在取得房屋产权并支付全部价款后曾要求过A腾房，此行为将自身置于不能得房的高度风险之中，与正常交易习惯和其购房目的不符。更为重要的是，买受人D自认其于购买涉案房屋前就已有购房意向，作为居住生活于本市的完全民事行为能力人，其对于涉案房屋的市场价格应有基本了解和认知。而在涉案房屋价格明显低于市场价的情况下，没有证据证明买受人D曾对涉案房屋进行过查看，其也自认未询问过房主A委托C卖房的原因，即径行与代理人C签订了房屋买卖合同。如前所述，买受人D作为完全民事行为能力人，应当意识到其进行的买卖行为可能存在涉及他人合法权利的事实。在此情况下，买受人D在未予进一步审查的情况下仍坚持与代理人C进行交易，足见其对于此损害事实的发生，在主观上即使不属于积极追求亦属明知而放任损害结果发生的态度，应认定其存在主观恶意。

最后，从一般常理理解，如房屋交易过程中出现本案所查明上述情节的某一点，尚可解释为个案的特殊性。但诸如本案一并出现在同一交易过程中，则难以偶然性自圆其说。故代理人 C 与买受人 D 之间存在串通损害 A 合法利益的行为，房屋买卖合同应无效。

二、涉借贷房屋买卖交易中恶意串通的司法审查

我国法律对于恶意串通的法律后果有相应的规定，司法实践的审查重点在于对恶意串通的认知和判定，法官需要对案件细节进行全面分析后作出认定。

（一）对恶意串通的理论分析

恶意串通是民法中的一个重要概念，我国《合同法》第 52 条、《民法总则》第 154 条对恶意串通及其法律效果都有明确规定。作为民事法律行为无效情形之一，恶意串通的语义却过于含混，容易产生歧义，我国司法实践对恶意串通相关规则的适用有些混乱，以至于有学者评论说“恶意串通被当做可用于认定法律行为无效的万能钥匙，从而使恶意串通行为成为民法上一个最不确定的概念”。① 从文义与结构上看，“恶意串通”包括“恶意”与“串通”两个要素，前者指行为人的主观状态，后者指行为人的行为表现。关于恶意的认定，理论界主要有以下两种观点：一种观点将恶意解释为主观上明知且有损害他人的意图。② 一种观点将恶意区分为几个层次：一是观念主义上的恶意，要求行为人认识到相对人实施了足以危害他人的行为；二是意思主义上的恶意，要求在观念主义之外，还要求行为人有损害他人的共同故意；三是获利主义上的恶意，其进一步要求行为

---

① 杨代雄：《恶意串通行为的立法取舍——以恶意串通、脱法行为与通谋虚伪表示的关系为视角》，载《比较法研究》2014 年第 4 期。

② 王利明：《合同法研究（第一卷）》，中国人民大学出版社 2015 年第 3 版，第 645 页；朱庆育教授则认为在第一种含义中，还应包括重大过失下的不知，参见朱庆育：《民法总论》，北京大学出版社 2016 年第 2 版，第 262 页。

人要有获得不当利益的意图。[1] 比较这两种观点，两者的核心观点较为一致，只是后者附加了牟取不当利益的主观目的。笔者认为，对“恶意”的认定应当采意思主义，即当事人明知串通行为会造成损害他人利益的结果，仍积极追求的主观状态，至于是否有获得不当利益的意图并不影响恶意串通的成立。相较于“恶意”在理论界引发的争鸣，对“串通”的讨论显得比较安静。从语义上来讲，“串通”即联络勾结、互相配合。从法律意义上讲，“串通”包含主客观两个方面。主观上需当事人具有共同的意思联络与沟通，即均明知道恶意行为会损害他人利益而欲积极为之，客观上需要求当事人互相配合或共同实施该恶意串通的行为。“串通”不仅表现为意思表示上的互通，也表现为行为上的配合。从意思表示角度来说，双方的串通既可以表现为以明示的方式达成意思表示一致，也可以表现为明示和默示意思表示的结合。[2]

《民法总则》在规定恶意串通的同时，亦在第 146 条规定了通谋虚伪意思表示的行为效力。[3] 通谋虚伪行为，也称虚伪的意思表示、假装行为，是指表意人与相对人都知道表示的意思非自己真意，而双方串通为与真意不一致的意思表示。其构成要素包括：第一，须有意思表示；第二，须表示行为与效果意思不一致；第三，须表意人自知其效果意思与表示行为不一致；第四，须表意人与相对人通谋。[4] 恶意串通与通谋虚伪意思表示行为既有相同之处，也有不同之处。相同之处在于当事人均有串通行为，不同之处主要在于以下三点：第一，恶意串通行为一般指向特定的第三人，其行为将要损害第三人利益，而通谋虚伪行为一般并不针对第三人亦不损

---

① 张平华：《恶意串通法律规范的合理性》，载《中国法学》2017 年第 4 期。

② 《民法总则》第 140 条规定“行为人可以明示或者默示作出意思表示”，《民通意见（试行）》第 66 条则明确对默示进行界定：“一方当事人向对方当事人提出民事权利的要求，对方未用语言或者文字明确表示意见，但其行为表明已接受的，可以认定为默示。”

③ 《民法总则》第 146 条规定：“行为人与相对人以虚假的意思表示实施的民事法律行为无效。以虚假的意思表示隐藏的民事法律行为的效力，依照相关法律规定处理。”

④ 沈德咏主编：《〈中华人民共和国民法总则〉条文理解与适用》，人民法院出版社 2017 年版，第 1022 页。

害第三人利益。第二，恶意串通行为的效力一般只能由利益受损的第三人提出无效的主张，通谋虚伪行为的效力可由作出虚伪意思表示的当事人提出无效的主张。第三，恶意串通行为人作出的意思表示真实，并不存在隐藏的法律行为；通谋虚伪行为的当事人作出的意思表示均为虚假，且虚伪行为掩盖下常存在隐藏行为，当事人之间的法律关系应当按照隐藏的法律关系进行定性和处理。

（二）结合案件细节对恶意串通进行综合认定

对涉借贷的房屋买卖交易中代理人和买受人恶意串通的认定，也需从恶意和串通两个方面来进行。从恶意的角度来说，需代理人和买受人明知串通行为会造成损害被代理人利益的结果，主观上仍积极追求或放任这种结果的发生；从串通的角度来说，需代理人和买受人互相配合或共同实施了恶意串通损害被代理人利益的行为。恶意串通作为一种事实，需要由证据来证明。《最高人民法院关于适用〈中华人民共和国民事诉讼法〉的解释》第109条对恶意串通事实的证明适用了排除合理怀疑的证明标准，相比高度盖然性这是更高的证明标准。但由于恶意串通包含了复杂的精神活动，实践中当事人很难完成举证义务，若因此承担了败诉的不利后果，会使得法律关于恶意串通的规定因巨大的“证明障碍”而蜕化成“僵尸”条款。为克服这种弊端，司法实践对恶意串通进行审查时引入了推定的方法。如在认定是否构成恶意抵押时，如果债务人将全部财产为债权人之一设定事后的抵押，可以直接推定债务人与债权人之间存在恶意串通，不再需要证据证明。① 一般情况下，推定需要结合订立合同时的具体情况、合同约定内容以及合同的履行情况，依社会一般情势、交易习惯或生活常理等经验法则进行。②

---

① 刘德权主编：《最高人民法院司法观点集成（民事卷）》（第二版），人民法院出版社，第781页。

② 张平华：《恶意串通法律规范的合理性》，载《中国法学》2017年第4期。在最高人民法院于2014年12月18日发布的第33号指导案例《瑞士嘉吉国际公司诉福建金石制油有限公司等确认合同无效纠纷案》中，法院结合“实际控制人间系亲属关系、《国有土地使用权及资产买卖合同》中所涉土地使用权、房屋及设备为依照评估报告作价、转账未注明款项用途且财务报表中未体现入账或支出”等事实推定恶意串通成立。

在涉借贷的房屋买卖合同中，恶意串通的代理人和买受人在交易过程中会有诸多反常行为，这些反常行为为推定恶意串通的成立提供了依据。一是合同内容反常。主要表现在价款过低、主要条款缺失。房屋买卖合同的成交价款往往与借贷的金额接近，并明显低于交易时房屋的市场价格；合同对于购房款支付、房屋过户、违约责任承担等重要条款往往没有具体约定，而对于不动产交易来说这些条款恰恰是不可缺少的关键条款。二是合同履行反常。主要表现在购房资金闭合空转、房屋过户迅速等方面。从资金流向来说，出借人转款给买受人，买受人付款给代理人，代理人收到款项后以还款名义将款项转给出借人，形成了闭合性的资金链条，购房款空转一圈后又回到出借人手中。实际上等于涉案房屋完成了所有权变更登记，但是没有任何人实际向买房人支付款项。从房屋过户来说，买受人支付首付款后，在双方对剩余款项的支付未作约定的情形下，代理人即将房屋过户至买受人名下，过户过程显得急迫而迅速。三是房屋的所有和占有分离的情况反常。主要表现在房屋所有权的变动和实际使用状况严重背离，房屋所有权虽经数次变更，但房屋却仍由原出卖人（借款人）实际控制，并未完成实际交付；而买房人在购房过程中并未现场勘查房屋，一般也怠于向原出卖人主张腾房。四是借款合同的履行反常。因借款合同和房屋买卖合同的牵连性，出借人往往兼具抵押权人和委托售房的代理人等多重身份（即便某些案件中出借人不是代理人，其也与代理人有着某种牵连关系），而借款人也会应出借人要求办理借款合同的强制执行公证，赋予借款合同以强制执行效力。但在借款人不能按期还款时，出借人往往不催告借款人还款或申请法院强制执行，而是直接出卖房屋以售房款来获偿。在出借人和代理人分离的情形下，代理人在出借人未催告还款亦未申请法院强制执行的情形下，径行出售房屋并将售房款直接支付给出借人以替借款人“清偿”债务的做法也有悖于正常的商业习惯。综合上述房屋交易中的反常情形，法官可以形成对代理人和买受人恶意串通的内心确信。

（三）代理人与买受人恶意串通签订的合同无效

在认定代理人和买受人构成恶意串通的情形下，如何认定房屋买卖合同的效力既事关对法律条文的正确理解，又事关被代理人合法权益的保护。从《民法总则》的规定来看，该法用两个条文对恶意串通的效力与法律后果进行规定，第164条第2款规定，代理人和相对人恶意串通，损害被代理人合法权益的，代理人和相对人应当承担连带责任。第154条规定：行为人与相对人恶意串通，损害他人合法权益的民事法律行为无效。仅从条文语义来看，该法并未对代理人和相对人恶意串通行为的法律效力作出明确规定。有观点认为，从体系解释上来看，《民法总则》第164条第2款和第154条之间构成特别法和一般法的关系，在特别法对法律行为效力未作规定的情形下，应适用一般法的规定，即认定恶意串通行为无效。① 同时，为损害本人利益，代理人与第三人恶意串通而为的代理行为，属于违反善良风俗的无效行为。② 另一种观点则认为，恶意串通代理行为构成无权代理，应赋予被代理人选择的自由，更有利于保护被代理人的利益，也更契合市场经济的发展要求。③ 笔者同意第一种观点，虽然《民法总则》第164条第2款未对代理人和相对人恶意串通行为的效力直接作出评价，但这种串通的行为模式能够为该法第154条行为人与相对人恶意串通的范围所涵射，将恶意串通代理行为认定成无效行为具有体系和逻辑的自洽性。同时，代理制度的本质要求代理人诚实信用的履行代理职责，忠实维护被代理人的利益，而恶意串通的代理行为则背离了代理制度的宗旨，既是对代理权的滥用又违反了社会的善良风俗，应认定为无效。

在认定无效的情形下，该恶意串通行为究竟属于绝对无效行为还是相对无效行为，对于当事人的权益有着重要影响。对该问题的解决有赖于对《民法总则》第154条中“他人”的正确解读。有观点认为，该条的“他人”应只包括特定的第三人，不应包括不特定的第三人，故该恶意串通行为应为相对无效行为。④ 另一种观点则认为，“他人”应区分为特定的第三人和不特定的第三人，若损害的是特定第三人的利益，则合同属于相对无效；若损害的是不特定第三人的利益，则实质上损害的是公共利益，应认定为绝对无效。⑤ 笔者认为，虽然《民法总则》对第154条中的“他人”

---

① 张平华：《恶意串通法律规范的合理性》，载《中国法学》2017年第4期。

② 参见孙宪忠：《民法总论》，社会科学文献出版社2010年版，第272～274页。

③ 张平华：《恶意串通法律规范的合理性》，载《中国法学》2017年第4期。

④ 茅少伟：《论恶意串通》，载《中外法学》2017年第1期。

⑤ 王利明：《合同法研究（第一卷）》，中国人民大学出版社2015年第三版，第645页。

未做明确规定，但结合《合同法》第52条来看，“损害社会公共利益”和“恶意串通，损害国家、集体或者第三人利益”的合同均无效，对于损害社会公共利益的行为并不要求“恶意串通”的条件，因此，将“他人”解读为特定的第三人在体系上更为协调。代理人和相对人恶意串通损害的也是特定的第三人即房屋所有权人的利益，在相对无效的模式下，仅利害关系人能够主张合同无效，在利害关系人不主张时，法院不能依职权认定合同无效。

（四）该类纠纷中的诉讼参与人及其诉讼地位

涉借贷的房屋买卖交易并不是一个孤立的行为，而是一个交易链条——从借款合同、抵押合同、委托合同到连环房屋买卖合同，各合同之间相互牵连，并试图通过各合同的履行来实现房屋产权的不可逆的单向流动和房屋价款的闭合循环。该链条式的行为往往涉及多个参与主体：借款人（出卖人、委托人）、出借人、代理人、买受人（转售人），实践中也存在出借人和代理人同一的情形，但典型或者说是复杂情形还是出借人与代理人相分离的情形。因这些相互牵连的合同引发的合同效力之诉主要有两种类型：一类是出卖人（借款人）起诉买受人与代理人，要求确认房屋买卖合同无效；一类是相关权利人（如房屋共有权人）起诉出卖人、代理人与买受人，要求确认房屋买卖合同无效。在这两类诉讼之中，诉讼参与人及其各自诉讼地位的确定是需要解决的问题。

在这两类诉讼中，房屋共有权人、出卖人、买受人当然可以成为诉讼主体。房屋共有权人并未作为合同主体参与到具体的合同关系中来，但房屋买卖合同若有效则有使房屋产权转移之虞从而对其权利构成实质性的影响，该合同的存在使房屋共有权人的权利或法律地位处于不安的状态，须通过法院的确认来解决这种不安状态，因此，房屋共有权人对确认合同无效之诉具有诉的利益，其作为原告主体适格。出卖人作为房屋买卖合同的一方主体，合同的效力关涉房屋权属的变化，其对确认无效之诉具有诉的利益自不待言，其既可以原告的身份提起确认之诉，也可以在房屋共有权人提起的确认之诉中作为被告参加诉讼。

实践中对代理人应否参加诉讼处理不一，一种做法是代理人不参加诉讼，另一种做法是代理人作为第三人参与诉讼。笔者认为，在确认合同无效纠纷中，若代理人未参加诉讼的，法院应追加其作为无独立请求权第三人参加诉讼。一方面，代理人全程“包办”房屋买卖合同的签订与履行，是整个买卖行为的亲历者和见证者，其参与诉讼对于查明案件事实意义重大；另一方面，确认合同效力之诉的处理结果与代理人具有法律上的利害关系。根据《民法总则》第164条的规定，代理人未忠实履行代理职责，造成被代理人损害的，应承担民事责任。且如果代理人和相对人恶意串通损害被代理人合法权益的，其还需与相对人承担连带责任。因此，若确认合同效力之诉中认定了代理人与相对人恶意串通的事实、合同被认定无效，则将导致被代理人向代理人另行提起求偿诉讼，代理人在后诉中有被追责的风险。同时，由于涉借贷的房屋买卖合同纠纷中涉及对恶意串通行为的认定，在诉讼中法院应要求代理人和相对人本人出庭，以便于查明隐藏在书面证据背后的事实，代理人或相对人故意躲避审判的应承担不利后果。

三、房屋转售交易中的新买受人是否善意应综合认定

代理人与买受人恶意串通签订房屋买卖合同后，买受人为规避风险往往会在房屋所有权变更登记至自己名下后，短期内再转售房屋并将房屋转移登记至新买受人名下。在这样连续的两次房屋买卖中，基于恶意串通的存在，出卖人（原房屋登记权利人）、买受人（转售人）和新买受人之间就产生了权利冲突。

（一）涉案房屋买卖合同无效将对转售合同的新买受人产生影响

从权利的外观看，新的买受人已成为房屋所有权人，但其该项权利能否受到法律保护，能否免于原所有权人对房屋的所有权追索则取决于其主观上是否“善意”。从交易链条来看，新买受人位于该系列连环买卖的终端，不论其对前手交易是否知悉，一旦代理人代原所有权人（借款人）与买受人签订的合同因恶意串通被认定无效，买受人对涉案房屋的再次出售即构成了无权处分，而新买受人能否受到善意取得制度的保护，其核心在于新买受人的交易行为是否构成物权法上的善意。

《物权法司法解释一》以一般概括加有限列举的方式对不动产受让人善意的认定进行了规定，既为交易主体确立了不动产交易中的明确的行为

准则，也为诉讼中真实权利人指明了举证方向，还为裁判者的裁量提供了较为明确统一的判断标准。某种意义上说，《物权法》将不动产纳入善意取得制度的范畴本身即意味着我国并未完全确立不动产登记公信制度。[①]不动产登记簿具有的仅是权利推定效力，虽然受让人只要信赖不动产登记簿记载的正确性并据此进行交易即可直接推定其为善意，但这种善意并非“绝对的”善意，原房屋登记权利人可以通过对积极事实的举证推翻受让人的“善意”，这种权利推定的制度设计也符合兼顾保护财产归属的安全与保护市场交易动的安全的要求。

（二）需要综合判断新买受人是否善意以排除其与转售人之间的恶意串通

结合善意取得制度的立法本意、《物权法司法解释一》以及司法实践，对受让人的“善意”应综合认定。其基本的判断标准是受让人在受让不动产时，不知且非因重大过失不知转让人无处分权。对重大过失的认定宜采用主客观结合的方法，主要通过受让人的外在表现是否违反了某种行为标准来判断其是否具有过失，若行为人稍加注意即可以避免出现认识错误或发生损失，而其没有尽到此注意义务时，应认为存在重大过失。在我国已确立不动产登记制度且以不动产登记作为不动产物权公示的主要方式的情形下，不动产的权利障碍或瑕疵一般都会在不动产登记簿上进行记载且允许利害关系人进行查阅，而受让人在进行不动产这类重大交易时，亦负有全面了解房屋权属实际状况的合理注意与谨慎义务，若不动产登记簿明确记载有权利障碍或瑕疵的状况而受让人未进行查阅即可推定其具有重大过失。除此之外，对受让人善意的认定还应根据具体案件的情况，如受让人与转让人的关系、不动产的基本情况、交易价格、交易时的场所、所处的市场环境及相关交易信息以及占有和交付情况等具体认定。[②]

对于转售合同中的买受人来说，受让人与转让人是否属于陌生人间的

---

① 杜万华主编：《最高人民法院物权法司法解释（一）理解与适用》，人民法院出版社2016年版，第360页。

② 杜万华主编：《最高人民法院物权法司法解释（一）理解与适用》，人民法院出版社2016年版，第387～389页。

交易、受让人是否通过公开和正规的市场中介购买房屋、受让人在房屋交易方面的经验情况、受让人在交易过程中是否对房屋进行实际查看以及房屋的交易价格是否明显过低等因素都对认定受让人是否构成善意具有重大影响。需要注意的是，转售合同中新买受人的善意取得是以转售合同有效为前提的，若转售合同被认定无效或被撤销，则无善意取得制度适用的前提，自无必要再对买受人是否善意进行判断。因为善意取得制度当中的转让合同本身必须满足"除无权处分外无其他瑕疵"的要求。① 从结果来说，如果转售合同中的新买受人构成善意取得，原房屋登记权利人则不能实现将涉案房屋转移登记回己方名下的目的，其已经不能够收回房屋的所有权。此时，其可以追究代理人和买受人的连带赔偿责任，损失范围可以包括房屋评估价和实际出售价格的差价。

四、小结

涉借贷的房屋买卖交易中存在多个法律关系和交易主体，在处理该类纠纷时应当厘清当事人之间的法律关系，明确当事人的诉讼地位。法官不仅要熟悉掌握法律规则，更要结合日常生活经验法则和证据规则，在司法实践中对恶意串通行为作出准确的认定。在代理人与买受人、买受人与新的买受人之间的合同均被认定无效的情况下，被代理人可以追回房屋的所有权；在代理人与买受人之间的合同被认定无效、新的买受人构成善意取得情况下，被代理人只能通过主张损害赔偿来弥补自己的损失，而无法追回房屋的所有权。判

---

① 娄爱华：《论善意取得制度中的转让合同效力问题——兼谈〈合同法〉第51条与〈物权法〉第106条之关系》，载《法律科学（西北政法大学学报）》2011年第1期。

破产法理念的回归与重塑

——“执转破”问题的实证主义研究

周 荆* 杨 琳**

僵尸企业的是指那些丧失市场自我生存能力，但因获得政府补贴或银行不当续贷等非市场化措施支持而免于倒闭的负债企业，即必须依赖非市场化因素这一巫术生存的企业。[①] 典型的僵尸企业往往以维持社会稳定、避免职工失业、防止地方经济GDP与税收下降、避免银行坏账暴露等为借口，以其巨大的沉没成本绑架地方政府和银行，迫使政府补贴救助，并压迫银行或通过政府压迫银行继续贷款。借此，僵尸企业以过剩落后产能长期占用、消耗各种宝贵的社会资源，降低资源的配置与使用效率。为此，党的十八届五中全会、中央经济工作会议、中央财经领导小组工作会议都提出要化解产能过剩，完善企业退出机制，推动供给制改革，积极稳妥处理僵尸企业，司法部门要积极发挥自己的职能为实施法制化、市场化的破产程序创造良好的环境。因此，僵尸企业的处置上升到国家治理层面，我们要多渠道、全方

---

* 北京市第三中级人民法院审判委员会委员、民六庭庭长。

** 北京市第三中级人民法院民六庭法官助理。

① 王新欣：《僵尸企业治理与破产法的实施》，载《人民司法》2016年第13期。

面开展对僵尸企业的整治。

司法实践中，除了部分企业是通过债权人或者债务人主动申请破产以外，很多企业都是在执行过程中发现没有偿债能力、符合破产条件的。因此，依靠债权人或者债务人申请破产程序，并不能全面涵盖僵尸企业，很多具备破产条件的企业将成为漏网之鱼。而很多具备破产条件的企业，往往由于缺乏偿债能力陷入债务纠纷，经司法程序确认债权之后转入执行程序。对企业偿债能力的首次清查也往往在开始于执行阶段。因此，在执行阶段识别僵尸企业并做好执行转破产程序，是着手解决僵尸企业问题需要着重强调的一方面。完善“执转破”程序，做好执行程序和破产程序的衔接，对于充分发挥破产程序在解决僵尸企业、实现资源优化配置方面将发挥重大作用。

一、“执转破”的必要性

做好执行程序转入破产程序工作，作为处置“僵尸企业”的重点工作之一，是整治僵尸企业的重要一环，也是我们从司法程序着手、从执行阶段介入，将那些具备破产原因的债务人引入破产程序的创新方案。于2015年2月1日施行的新修订的《最高人民法院关于适用〈中华人民共和国民事诉讼法〉的解释》（以下简称《民诉法司法解释》），首次以第513条至516条共四个条文构建了执行程序与破产程序相衔接的基本制度，为处于窘境的企业法人执行工作提供了全新思路和出路。“执转破”程序由此上升到立法层面，并且有了操作依据，打开了破产处置和僵尸企业处理的全新局面。我们认为，这一重要举措，具有如下重要意义：

（一）倒逼破产程序的启动，解决破产案件受理难问题

我国规定了执行程序中的参与分配制度，这一制度的设立是为了扭转执行只重效率这一单一的价值判断，而辅以公平性的价值理念。可见，参与分配制度借鉴了《企业破产法》的公平、平等保护债权人的理念，具有类破产法的特征，也实现了《企业破产法》的部分制度功能。但是我们应该看到，参与分配制度只具备保护部分债权人利益的功能，对于破产程序

出清僵尸企业、优化社会资源配置的核心功能却无一能达。[①] 当前，由于种种原因，法院受理的破产案件数量较少，据不完全统计，自 2007 年《企业破产法》实施以来至 2015 年，每年进入法院的企业破产案件数量仅为 2000 至 3000 余件，而同期工商行政机关每年吊销、注销的企业数量均为 70 至 80 万户。两者相较可以看出，破产程序的启动难问题十分突出，其市场主体的退出和救治机制的功能远未充分发挥，这已成为严重制约破产法律实施及企业依法破产的瓶颈问题。在此背景下，破产程序理应被赋予启动和开展的优先性，而参与分配制度也由于其局限性，理应为破产程序的开启让道。根据新司法解释的规定，当事人不同意移送破产或者被执行人住所地人民法院不受理破产案件的，对于普通债权，执行法院应就执行变价所得财产，按照财产保全和申请执行的先后顺序清偿。这一规定把申请执行在后但是却能通过参与分配得到受偿的债权人列在了执行序列的后端。如此，面临财产状况恶劣的债务人，为了提高受偿比列，申请执行在后的债权人会"趋利避害"的选择破产程序，意欲提高自己的受偿比列。这即所谓的"倒逼程序"，有利于解决破产案件申请难问题，扩大破产案件的来源。

（二）平等保护债权人利益，实现真正的公平正义

执行程序是实现债权人利益的最后一道司法屏障。当债务人并未积极按照生效法律文书履行其义务时，债权人可依据生效文书的效力诉诸国家强制力保障自己的权益。但是，当务人财产不足以实现全部债权时，部分未到期的债权抑或是未进入强制执行阶段的债权就有不能实现的风险，在所有债权人的利益并不能得到全面充分受偿的情况下，债权人间的权利冲突就可能显现，有的甚至出现地方保护主义，在不同地区、不同法院之间发生激烈冲突。[②] 为了实现债权之间的公平受偿，1992 年《最高人民法院关于适用〈中华人民共和国民事诉讼法〉若干问题的意见》规定了参与分配制度。在当时的背景下，这是一种正确的选择。但是，任何制度都有它的时代局限性，随着社会主义市场经济的发展，这种制度的弊端日益显

---

① 韩蓉、徐阳光：《"执破衔接"之问题与对策研究》，载《法制与经济》2016 年第 7 期。

② 詹应国：《执行与破产程序的衔接规范》，载《人民司法》2016 年 4 月。

现。一方面，参与分配制度覆盖的债权人范围有限，并非所有的债权人都知悉债务人的财产执行状况并申请参与分配，容易造成实质意义上的不公平；另一方面，法院也无法主动做到对债务人财产的清查清收，无法纠正和惩罚债务人企业有关人员的转移财产等违法行为，亦无法为债务人企业提供化解内部矛盾、缓解债务压力、调整经营方案的机会，无法真正做到拯救企业并全面保护债权人的利益。因此，将执行程序转入破产程序才能最大限度地保护债权人利益，实现真正的公平正义。

（三）规范企业退出市场，促进资源优化配置

通过“执转破”程序，可让深陷经营僵局确无财产可供执行且明显资不抵债的企业依法合理退出市场，降低其对所在产业链中的其他经济体的不良影响，实现市场经济优胜劣汰、实现社会资源优化配置的效用，进而调整社会产业结构，促进市场经济良性运转。此外执行不能即及时转入破产程序还可给企业更多的选择生存空间，让债务人及其股东获得更好的决策时机和更多选择，如与债权人达成和解协议，实现重整等，使企业得以获得战略投资或调整经营方案而得以存续，而不会因为耽于执行程序而导致企业优质资产的流失，以及延误处置债务危机恢复正常经营的最佳时机。①

二、“执转破”中价值导向的转变与界分

“执转破”作为执行程序和破产程序的衔接，连接着两项制度，必然混合了两种制度规则以及各自的制度理念。破产制度和民事执行制度共同构成了现代市场经济下的债务强制履行体系。从广义上讲，两者都是对债务人财产的执行，但是两者在功能定位、法律效果方面又有很大的不同。

（一）个别清偿与统一受偿，功能定位不同

我国强制执行程序遵循的是“优先主义”原则。优先主义源于日耳曼法系，为德国、奥地利、英、美等国所采用，系指先对债务人财产申请查封执行的债权人，享有优先于其他无法定优先权的债权人受偿的权利。优先原则建立在程序公平的理念之上，认为债权人有决定行使其权利的自

---

① 孙静波：《执行与破产程序相衔接立案实务研究》，载《人民司法》2013年7月。

由，先主张权利者先获益，对于那些孜孜于调查债务人的支付能力并适时努力实现债权的债权人，应赋予其优先受偿的地位。[①] 强制执行强调债务的个别清偿，其目的在于高效地实现债务的清偿，强调效率优先和个人利益，遵循先来后到，因而，会在实践中出现“先下手为强”的现象。而破产程序强调所有债务人的公平受偿。破产制度的产生首先源于对债权人公正分配要求的满足。“为维持多数相互竞合的债权人间公平清偿起见，不能不特别考虑债权之实现方法，为此一需要而产生的制度，则为破产制度。”[②] 因此，为了实现这一价值目标，围绕着破产程序产生了许多为之服务的配套制度，例如中止执行程序、债权申报程序、破产撤销权等，目的即为了保护破产财产，促进全体债权人统一受偿。“执转破”程序中，既有执行制度，又有破产制度，个别清偿抑或统一受偿的理念，共生于这一程序中。如何把握这一矛盾体，要考察“执转破”的进展阶段、制度目的等合理进行制度设计。

（二）债务清偿与企业出清，法律效果各异

强制执行的结果即个别债务得到了清偿，债权人的利益得到满足。无关乎债务人市场主体的存续。执行制度无法负担“僵尸企业”处理这一沉重的社会责任。而破产程序的结果不仅仅是众多债权人的清偿，其目的在于终止旧有的市场主体，释放该破产企业占用的社会资源。终结该市场主体之前，该市场主体债权债务关系必须得到全面彻底的了结。故而，强制执行目的在于债务的清偿，而破产程序的目的在于具备破产原因的市场主体合法出清。在我国，受制于破产案件数量的稀少，《企业破产法》对处理僵尸企业、优化资源配置的作用没有得到充分发挥。之所以有“执转破”程序，主要目的在于开启破产案件申请的其他来源，破解破产申请难的问题。因此，我们在“执转破”的开展中，必须要稳稳地把握住促进破产程序开启这一制度目的，消弭制度冲突，捋顺制度规则，为“执转破”的顺利开展构建合适的配套设置。

---

① 韩长印：《个别强制执行与破产的双重立法选择》，载《河南省政法管理干部学院学报》2000 年第 6 期。

② 陈宗荣：《破产法》，台湾地区三民书局 1982 年版，第 1 页。

三、"执转破"制度中的实证分析及路径完善

如前所述，破产和执行的价值理念是不同的，其在制度规则方面也大相径庭。执行转化后的破产案件，也是破产案件受理的一个来源，其本质上亦是破产案件。因此，"执转破"案件处理上的很多地方要受到破产法理念和原则的规制。我们在配套程序和规则的设计上，亦应遵从《企业破产法》的基本原则和规则。执行程序和破产程序反应的当事人诉求必定不同，立法和司法在坚持的价值理念也各异。在"执转破"程序下，由于其具有执行的特征，还具有破产的特性，因此，容易造成价值理念的混淆和错乱，从而导致制度衔接的不顺畅。故而，我们在制度设计上要考虑到当事人的利益分配以及可能对当事人造成的影响，从而重新评估该制度是否能达到我们期待的效果。

从实证分析的角度看，在"执转破"的程序设计中，立法者要遵守利益分配和价值判断的一致性、连贯性。要分析当事人的动机以及可能采取的行动，并合理设置制度，避免他们钻法律的漏洞，从而引发制度设计的失败。在实践中，我们发现，"执转破"案件的规则设计中，有很多与《企业破产法》相龃龉的地方。笔者通过对实践中破产案件的调查研究，认为有如下几个问题需要我们进一步探讨和商榷。

（一）解决被执行人的管辖权问题

"执转破"案件的管辖问题意义重大，直接关乎审判管理、审判任务配置、"执转破"的效率，影响破产审判专业化建设。管辖主要分为地域管辖和级别管辖，以下从这两方面探讨如何在实践中处理执转破的管辖问题。

就地域管辖而言，根据《民事诉讼法司法解释》第513条的规定，在执行中，作为被执行人的企业法人符合破产法规定的破产条件的，执行法院经申请执行人之一或者被执行人同意，应当裁定中止对该被执行人的执行，将执行案件相关材料移送至被执行人住所地人民法院管辖。《企业破产法》第3条规定：破产案件由债务人住所地法院管辖。"执转破"的地域管辖规定与《企业破产法》的规定相一致，也与司法实践相符合。但如何理解"被执行人住所地"呢？《公司法》第10条规定，公司住所地指公

司主要办事机构所在地。理论上来讲，公司主要办事机构所在地应和登记注册地一致，主要办事机构所在地变更的应该履行审批手续，需经工商登记对社会大众公示。但实践中并非如此，公司变更主要办事机构所在地或者主要经营地而不进行相应的工商变更登记的情况时有发生，在纠纷发生时其主要办事机构或者其实际经营地可能已经迁移多次。这无疑加大了申请人及人民法院查明其住所地的困难，而且，由于无法查明主要办事机构所在地，在债权人向债务人非主要办事机构所在地法院申请债务人破产的，债务人有异议权么？《企业破产法》并没有规定债务人对于管辖权的异议权，但实践中，债务人向法院提出异议，主张该法院并非其主要办事机构所在地，并希望法院能裁定移送管辖的情况时有发生。我们认为，为了克服债权人和法院以及债务人之间关于主要办事机构所在地方面信息不对称的冲突，在以债务人主要办事机构所在地为破产地域管辖的一般原则下，应赋予债务人以管辖异议权，当债权人以债务人的非主要办事机构所在地为管辖法院提出破产申请时，应赋予债务人以管辖异议权，法院也应对此予以审查。

对于级别管辖，实务当中的认识并不一致，有人建议“执转破”案件均应交由中级法院管辖，但是有的认为基层法院也应有管辖权。目前来看，司法实践中一直是按照以往的司法解释，根据在不同级别的工商机关登记的债务人的不同，分别由基层人民法院和中级人民法院管辖。但近年来，破产审判的外部和内部环境均发生了变化。从外部情况看，随着企业登记制度的改革，企业工商登记权限在很多地方都已经下移，这直接影响到人民法院破产案件任务量的数额配置。若按照以工商登记区分级别管辖法院的做法，基层法院的破产审判数量和压力将呈爆破式增长，在结案压力愈来愈大的环境下无疑使破产审判更加捉襟见肘；从内部情况看，2017年6月21日，最高人民法院经商务部、中央机构编制委员会办公室同意，制定下发了《关于在中级人民法院设立清算与破产审判庭的工作方案》，要求在全国部分中级人民法院设立破产审判庭，从机构和人员配备方面推进破产审判专业化。为适应上述情况的变化，“执转破”案件的级别管辖也应作相应调整。当前，对“执转破”案件可以积极探索实行以中级人民法院管辖为原则、基层法院管辖为例外的级别管辖制度。将“执转破”案件主要交由中级人民法院审理，一方面，与中级人民法院设立破产审判庭工作相契合配套，有利于保障中级人民法院的破产案件数量和质量，促进破产审判专业化建设；另一方面，主要是考虑全国绝大多数基层法院没有专门的破产审判庭，破产审判人员也凤毛麟角，破产案件多由普通民事商事法官审理，在民商事案件级别管辖下移、案件量大幅增加的情况下，基层法院及其法官很难再有精力处理“执转破”案件。由中级人民法院审理“执转破”案件为主，有利于平衡案件压力，促进司法审判资源的高效利用。

（二）合理把握中止执行的时间节点

根据《企业破产法》的规定，破产程序启动时，需要中止对破产财产的执行程序。在美国破产法中，与中止执行相对应的制度为 Automatic stay，可译为自动中止，该项制度主要规定于《美国破产法》第 362 条。根据该项规定，依据《美国破产法》第 301、302、303 条由债务人或者债权人向破产法院提出破产申请之时（the bankruptcy petition is filed），应当中止针对破产财产的诉讼程序、获取破产财产的行为、建立完善实施抵押权的行为、破产程序开启前的抵销行为以及依据破产程序开启前的判决采取的强制执行行为等。[①] 故而，根据《美国破产法》，中止强制执行的时间节点为债务人或债权人向破产法院提出破产申请之时。与《美国破产法》不同，我国《企业破产法》采取受理主义，破产案件受理之后才产生中止执行对债务人财产的效力。《民诉法司法解释》的规定与《企业破产法》略有不同，依据《民诉法司法解释》第 513 条的规定，在执行中，被执行人符合破产条件的，执行法院经申请执行人之一或者被执行人同意，才能移送至被执行人住所地法院。即债务人或者债权人同意移送的，才中止对债务人的执行程序。但我们发现，这其中有两个问题需要我们注意。

第一，《民诉法司法解释》第 513 条主要规定了“执转破”的启动程序，并以当事人同意移送破产作为中止执行的时间节点。但是执行法院对当事人意见的征询需要耗费一段时间，这恰好为部分债权人加速执行预留了空隙，不利于平等保护各个债权人的利益。第二，根据上述规定，如果申请执行人或者被执行人不同意移送破产法院，是否就不能中止对被执行

① Section 362 of the United States Bankruptcy Code.

人的执行了呢？根据《民事诉讼法》第516条的规定，在当事人不同意移送破产案件时，产生两项法律效果：一方面，执行按照时间先后顺序受偿可以倒逼其他债权人提出破产申请；另一方面，执行法院可就财产进行执行分配。乍一看，这两项后果并不矛盾。但深究下去，便能发现这两项制度的价值冲突之处。该条规定的目的在于倒逼其他债权人提出破产申请，但是我们看到，在当事人不同意由执行程序转为破产程序时，执行法院是不停止对债务人财产的执行程序的。如果有其他债权人向法院申请债务人破产，就导致破产申请人一方面在向法院申请债务人破产，法院开启审查程序，直至作出是否受理的裁定；另一方面，执行法院没有停止执行，而是持续进行着债务人财产分配。这就导致即使法院最终作出破产受理的裁定，但是破产财产也所剩无几了。最初启动破产程序的债权人反成为了利益受害者。这与《企业破产法》追求公平的目标相背离，也严重削弱了债权人申请破产的动力，起不到“倒逼”破产申请的目的，从而不利于破产程序的开启以及僵尸企业的出清。

根据我国“执转破”程序的实践经验，剖析其中存在的问题，同时参考国外破产法对“执转破”的规定，我们认为，应适度修正《企业破产法》中以受理为时间节点来中止执行的理念。中止执行的时间节点设置是一个价值判断问题：设置的过早，不利于其他债权人申请强制执行和债权的快速清偿；设置的过晚，又不利于破产财产的固定、保护和全体债权人利益的平等实现。美国以破产申请提交为节点，彰显了对破产财产的保护和债权人全体利益的重视。而我国采取受理主义，在充分审查具备破产原因之时，才谨慎的开启中止执行制度。我们不探讨两种主义孰优孰劣，毕竟这和社会的价值理念、破产文化息息相关。只是在“执转破”程序中，在执行法院将债务人移送破产法院之前，已经进行了对债务人是否具备破产原因的审查程序，执行法院已预判该债务人具备破产原因。在这种情况下，该债务人已经和正常的经营实体不同，是极有可能走入破产程序的资不抵债的企业。故而，依据其实体上的“生病状态”和破产的高度盖然性，对其处理的理念也应是平等保护债权人的利益，程序适用也应类似于《企业破产法》。因此，即便不依据美国法的申请主义，依据我国破产法的受理主义，此在执行法院发现债务人已经具备破产原因的情况下，针对该债务人的执行程序也应当暂缓或中止，以贯彻破产法理念，平等保护债权人利益。具体来讲，在执行法院通过对债务人的审查从而能够预判债务人存在破产原因的情况下，已经具备中止个别清偿的实质要件，此时应当暂缓执行分配。而在当事人不同意移送破产案件时，如果有其他债权人开启破产程序，执行法院也应中止对债务人财产的执行，等待法院破产审查的结果，再决定是否重启执行程序抑或终结执行程序。唯有如此，才能从实质上把握破产法的理念，在破产财产分配之前防止破产财产不当流失，使破产财产保持相对静止、完整的状态，杜绝加速执行等减损破产财产、损害其他债权人利益行为的发生。也为债权人提供“稳定的后方”，让债权人打消疑虑去提出破产申请，解决破产申请难的问题。

（三）准确界定执行法院移交的破产财产

执行案件移送破产审查且被受理后，破产程序即已启动，此时以个别清偿为目的的执行程序应当中止，被执行人的财产亦应移交给破产法院，由破产法院统一纳入破产程序中用以公平清偿所有债权。因此，执行法院收到破产申请受理裁定后，应尽快将在执行过程中查控的被执行人的财产移交给受理破产案件的法院。判断财产是否属于被执行人所有，权属是否发生变动，应以《物权法》第9条、第23条，《物权法司法解释一》第7条作为依据，即原则上不动产依据登记、动产以交付作为物权变动的公示方式，但法律、司法解释另有规定的除外。例如，按照《民事诉讼法司法解释》第493条的规定，拍卖成交裁定已送达买受人的拍卖财产、以物抵债裁定已送达债权人的以物抵债财产，即便未办理变更登记手续或实际交付，所有权亦发生变动，故无需移交。

有争议的是划入执行法院或第三方账户但却未分配给申请执行人的执行款或执行变价款，属于已经执行完毕的财产还是属于被执行人的财产，是否需要移交？对此，存在两种观点。第一种观点采“脱离主义”，认为根据货币占有即为所有的观点，此时执行款已经脱离被执行人占有，亦不属于其所有，被执行人也不享有返还请求权。执行款划入法院或第三方账户的目的是为了将该执行款分配给申请执行人，申请执行人因此享有要求分配交付的权利，故该执行款不应再列入破产财产。《最高人民法院关于如何理解〈最高人民法院关于破产法司法解释〉第六十八条的请示的答复》（〔2003〕民二他字第52号）规定：“人民法院针对被执行财产采取了相应执行措施，该财产已脱离债务人实际控制，视为已向权利人交付，该执行已完毕，该财产不应列入破产财产。”虽然该答复时间较为久远，但并没有被废止，仍可以作为支撑上述观点的依据。另一种观点采“送达主义”，认为执行款或者执行变价款划入执行法院或第三方账户但却未分配给申请执行人的，执行程序尚未完毕，被执行人并未取得执行款的所有权。这种情况下，执行款仍应移交破产法院作为破产财产，按破产程序进行分配。

我们认为，上述第二种观点更为可取。在被执行人已经具备破产条件、破产程序已经启动的特定背景下，按照破产法的一般规则和原理，个别执行程序均应中止，无论是被执行人还是人民法院都不应再对个别债权进行清偿。第一，在受领给付前，债权人的债权尚未获得清偿。法院不是债权人的代理人，进入法院账户的款项不应视为已向申请执行人交付。第二，如果认定因先前个别执行行为而划入人民法院或第三方账户的执行款不需要移交破产法院，不能归入破产财产，而是可以继续执行分配，则有违《企业破产法》关于破产启动后应中止执行的规定，且与破产程序中不应再进行个别清偿的基本理念不符。因此，我们倾向于采纳以“送达主义”为标准来界定破产财产。

（四）扩大破产撤销权的适用范围

根据《企业破产法》的规定，人民法院受理破产申请前6个月内，债务人具备破产原因但仍对个别债权人进行清偿的，管理人有权请求人民法院予以撤销。但是《破产法司法解释二》又规定，债务人经诉讼、仲裁、执行程序对债权人进行的个别清偿，管理人依据《企业破产法》第32条的规定请求撤销的，人民法院不予支持。债务人与债权人恶意串通损害其他债权人利益的除外。具体到“执转破”程序中，在法院受理破产之前，债务人已经进入了执行阶段，故而很多债权人已经拿到了执行依据，甚至已经进入了执行程序。依据《企业破产法》及相关司法解释的规定，管理人有权请求破产受理前六个月的个别清偿，但是债务人经诉讼、仲裁、执行程序对债权人进行的个别清偿除外。我们认为，在“执转破”程序中，继续适用《破产法司法解释二》的规定，有其不合理之处。在执行法院决定移交给破产审理法院进行破产审查，至法院决定受理破产案件期间，一方面，债务人由执行转入破产的程序在一步步推进；另一方面，一些债权人在加快执行，蚕食债务人财产。如果不赋予破产管理人对通过执行程序的破产撤销权，就会导致开启破产程序的债务人反而无财产可供分配，而没有开启破产程序的人反而通过执行抢获了大量财产，从而造成利益失衡，不利于倒逼程序的启动和僵尸企业的处置。因此，我们认为，经过执行程序的财产给付亦属于个别清偿行为，亦应受到破产撤销权的规制。至于如何确定破产撤销权的范围，以及撤销权行使的时间节点，需结合《破产法司法解释二》的立法精神以及“执转破”的价值理念来综合考量设定。

（五）完善不予受理的救济制度

《企业破产法》规定了法院不予受理裁定的异议机制，即申请人对不予受理破产申请的裁定不服的，可以向上一级法院提起上诉。但是《民诉法司法解释》第515条第2款规定，被执行人住所地人民法院不受理破产案件的，执行法院应当恢复执行。可见，执行转破产程序中，法院不予受理之后就直接转入了执行程序，并未赋予有关人员以异议权与上诉权。

根据《企业破产法》的规定，对法院不予受理的裁定，当事人可以向上级法院提起上诉。执行转化成的破产案件，本质是破产案件的一个来源，理应遵循破产法的一般理念和规则，而不应有所区别与矛盾。故而在普通破产程序中存在的对不予受理裁定的上诉权在“执转破”程序中也应得到保障和确认。一方面，二审终审是重要的司法制度，是司法监督和程序正义的重要保障。有利于保障当事人的诉权，为实现当事人实体正义开辟救济途径；另一方面，“执转破”程序中确定对不予受理裁定的上诉权也是避免法律规定打架、维护法律体系统一性的需要。故而，在“执转破”程序中，当事人的上诉权应得到立法确认和保障。这样才能捋顺该制度与破产法律制度的关系，做到程序设计与价值判断的一致性、连贯性。

此外，由于“执转破”程序的衔接性特点，执行法院参与主导了是否具备破产原因的预判、向当事人征询、材料的移送等重要程序，是否受理破产申请也影响到了执行法院的下一步工作，故执行法院也应享有异议权。其有权向审理破产案件的法院提交书面异议并有权得到回复。

结　语

法律的目的在于，以赋予特定利益优先地位，而他种利益相对必须作一定程度退让的方式，来规整个人或社会团体之间可能发生，并且已经被类型化的利益冲突。在该规范脉络中，立法者如何评价不同的利益、需求，其赋予何者优先地位，凡此种种都落实在他的规定中，亦均可透过其规定，以及参与立法程序之人的言论，而得以认识。① 在债权平等主义原则主导的执行参与分配制度下，即使未取得查封或扣押财产的债权人，只要以已提起执行申请的名义或已经起诉，仍有权参加他人已开始的执行程序而获得平等比例的分配。只有其债权未到期或虽已到期但由于种种原因未取得执行根据的债权人在他人已开始进行分配而依其判断债务人再无其他可供将来分配的财产时。在这种制度下，很少有债权人会主动开启破产程序，因为这样会让更多人了解债务人的资不抵债状况，从而加剧对债务人财产的抢夺和竞争。新修订的《最高人民法院关于适用〈中华人民共和国民事诉讼法〉的解释》，首次以第 513 条至 516 条共四个条文构建了执行程序与破产程序相衔接的基本制度。“执转破”程序的开启有利于倒逼破产程序的启动，解决破产案件受理难问题；合理终结执行案件，节约司法资源；规范企业退出市场，促进资源优化配置。基于执行程序与破产程序在功能定位、法律效果方面的差异，我们要依据各类制度承载的价值理念的不同，结合实践完善各种配套制度，保障“执转破”程序的开展。理念要靠实践支撑，价值要靠制度实现。实践中，被执行人的管辖权、中止执行的时间节点、执行法院移交的破产财产的界定、破产撤销权的适用范围、不予受理的救济制度等问题的解决与“执转破”程序的顺利开展息息相关。解决上述制度中的焦点问题，才能消弭各项制度中与破产程序的抵牾之处，合全力保障破产程序的启动及开展，全面推进“执转破”制度，贯彻落实中央的精神，促进“僵尸企业”的出清，为供给侧改革保驾护航。判

---

① ［德］卡尔·拉伦茨：《法学方法论》，陈爱娥译，商务印书馆出版 2003 年版，第 1 页。

论运用民法思维解决民刑交叉下的非法吸收公众存款案件的路径

肖　爽*

一、引言

思维是人类精神世界盛开的美丽花朵。法律思维就是以法律规范为准据的思维，即依据实定法上既存的一般性规范，主要是通过严格正确地处理具体个案中的法律纠纷，以实现法律正义这一实践性目标的思维模式。① 刑法是公法，以惩罚犯罪为根本任务，刑法思维除具有法律思维的共同属性外，还有如下特有属性：以罪刑关系为分析线索，以刑事处罚根据的探寻为起点，以"宁纵勿枉"为价值取向，以关注"损人"而非"利己"为评价基准。② 民法是私法，以保护民事权益、调整民事关系、维护社会和经济秩序为目的。这一目的使民法思维与刑法思维有着重大的差别，笔者认为在处理非法吸收存款案件中应更多地运用民法思维来解决问题。在2017年10月1日生效的《民法总则》中进一步明确民

---

* 大连海事大学博士研究生、辽宁省沈阳市城郊地区人民检察院检察长。

① 林来梵：《谈法律思维模式》，载《东南学术》2016年第3期。

② 陈航：《刑法思维的属性研究》，载《法商研究》2007年第6期。

事责任优先原则，第 187 条规定："民事主体因同一行为应当承担民事责任、行政责任和刑事责任的，承担行政责任或者刑事责任不影响承担民事责任；民事主体的财产不足以支付的，优先用于承担民事责任。"民事责任优先在我国《刑法》第 36 条中也有规定，《民法总则》的这一规定与《刑法》规定趋同，体现了国家法律保护人权和公民个人财产权，立法为民和司法为民，构建和谐社会的理念。这一规定也为我们在处理这类问题运用民法思维提供了依据。

改革开放以来，我国经济持续高速发展，人们财富积累迅速增长，民间资本活跃，各种投融资市场繁荣。一方面，国家出台一系列意见推动民间投资、鼓励金融改革。《国务院关于鼓励和引导民间投资健康发展的若干意见》（国发 13 号）指出："民间投资不断发展壮大，已经成为促进经济发展、调整产业结构、繁荣城乡市场、扩大社会就业的重要力量。"提出"进一步鼓励和引导民间投资""进一步拓宽民间投资的领域和范围"。为贯彻落实《若干意见》，2012 年 7 月，银发〔2012〕188 号文件《关于印发浙江省温州市金融综合改革试验区总体方案的通知》，提出了"鼓励和引导民间资本进入金融服务领域"的总体思路。之后，又相继出台了《关于印发云南、广西建设沿边金融综合改革试验区总体方案》《关于印发青岛市财富管理金融综合改革试验区总体方案的通知》。2016 年 7 月，中共中央、国务院印发了《关于深化投融资体制改革的意见》，针对目前的投融资体制存在的一些突出问题，提出了"科学界定并严格控制政府投资范围，平等对待各类投资主体，确立企业投资主体地位，放宽放活社会投资，激发民间投资潜力和创新活力""打通投融资渠道，拓宽投资项目资金来源，充分挖掘社会资金潜力，让更多储蓄转化为有效投资，有效缓解投资项目融资难融资贵问题"等要求。① 另一方面，却是近年来，非法吸收公众存款犯罪日益严重，虽然司法实践中不断加大打击力度，但并没有彻底遏制此类犯罪上升的势头，引发法学界、法律界的争论，特别是非法吸收公众存款与民间借贷交织、刑事责任与民事责任并行，加之法律规定不十分明确，在审理中往往存在着重刑轻民、先刑后民的倾向，对经济损

---

① 徐绍史：《推进供给侧结构性改革完善适应市场经济要求的新型投融资体制机制》，载《人民日报》2106 年 7 月 19 日。

失的挽回缺少更大的关注。笔者认为，对于民刑交叉的非法吸收公众存款案件在审理上，应多运用一些民法思维，采取“先民后刑”“刑民并行”的方式，以期对这类问题的解决提供一点思路。笔者也看到从我国相关的国家政策及司法解释方面，这种重刑轻民的倾向正在有所转变，为这类问题的更好解决提供了良好的政策和法律依据，也有助于司法实务界向运用民法思维解决这类问题。2016 年 11 月，中共中央、国务院通过的《关于完善产权保护制度依法保护产权的意见》提出：“严格区分经济纠纷与经济犯罪的界限、企业正当融资与非法集资的界限”“准确把握经济违法行为入刑标准，准确认定经济纠纷和经济犯罪的性质，防范刑事执法介入经济纠纷，防止选择性司法。”① 这尤其应引起高度重视。

二、非法吸收公众存款罪的特点及存在问题

据最高人民法院发布的消息，2003～2011 年，全国法院年均一审审结非法吸收公众存款案件 566 件。从 2012 年起，随着全国非法集资刑事案件的持续高发，人民法院年均结案数也呈上升态势。2012 年和 2013 年，全国法院一审审结的非法吸收公众存款案件分别达 1617 件、1662 件。2014 年，全国法院一审新收非法吸收公众存款案件 2122 件，较上年增加 14.75%，宣告无罪的 4 人。② 2015 年新收非法吸收公众存款案件 4825 件，同比上升 127.4%。但与同期的收案数量相比，结案率却呈下降趋势。其原因是涉案人员多，审理周期长；案件法律适用问题多，审判难度大，专业性强。③ 2015 年全国非法集资新发案数量、涉案金额、参与集资人数同比分别上升 71%、57%、120%，达历年最高峰值，跨省、集资人数上千

① 《中共中央、国务院关于完善产权保护制度依法保护产权的意见》，载《人民日报》2016 年 11 月 28 日。

② 最高人民法院：《非法集资刑事案件审理情况及典型案例介绍》，责任编辑：孙婉露，载中国网 http://www.china.com.cn/fangtan/zhuanti/2015-04/28/content_35442802.htm，2017 年 8 月 2 日访问。

③ 吴红毓然：《2015 年非法集资案件达历史最高峰值》，载财新网 http://www.cfen.com.cn/cjxw/jr/201607/t20160713_2355551.html，2017 年 8 月 1 日访问。

人，集资金额超亿元案件同比分别增长73%、78%、44%。①

笔者对辽宁省沈阳市八家监狱在押的48名涉及非法吸收公众存款、集资诈骗的罪犯（其中26人以非法吸收公众存款罪判刑，22人以集资诈骗罪判刑）实例调查发现，非法吸收公众存款犯罪呈现以下特点：

一是对民间借贷与非法吸收公众存款、集资诈骗界限不清，二审及再审改变罪名、无罪的占一定比例。在所调查的48起案件中，有19起案件被告人上诉启动了二审程序，占39.6%，其中有12起案件为集资诈骗案，占集资诈骗案的54.6%，由于对案件定性的分歧，出现罪名变化有7件，占上诉案件的36.9%。案件定性争议大，导致当事人反复上访申诉，且罪犯服刑后，因对案件定性不服，认为无罪或量刑过重而申诉或抗拒改造的时有发生。

二是案件审理周期长。从笔者调查的48名罪犯中，由于案件定性及复杂程度，非法集资类案件平均案件审理时间为1年4个月，与一般案件4个月的审理时间相比，相差3倍。

三是量刑较重，均适用附加刑。在26件非法吸收公众存款案件中，量刑超过三年达24件，占92.3%；在22件集资诈骗案件中，判处无期、死刑缓期执行的9人，占40.9%，附加没收财产的9人，占40.9%。在所有48件案件中，均对被告人判处附加刑。此外，在司法实践中还存在着对一些本属于单位犯罪的情况按照个人犯罪处理的问题，使一些被告人量刑过重。

四是对被告人造成的损失追缴不力；一方面，法院在审理过程中，对于前期被告人与被害人之间的民事合同往往不予以充分考虑，以“先刑后民”方式审理，对被害人的损失挽回不力；另一方面，由于对被告人量刑过重，导致一些被告人在审理过程中，即使有能力偿还也不愿偿还，且法律规定能否挽回损失对于量刑差距不大。各办案机关对于存款如何追缴，被害人损失能否挽回，则没有做过多的考虑。由于案件审理周期长，被害人及受损失方等刑事案件审理之后，再另行提起民事诉讼的时机已丧失。在笔者调查的48起案件中，涉案金额达37.3亿元，实际造成损失17.74

① 吴红毓然：《2015年非法集资案件达历史最高峰值》，载财新网 http://www.cfen.com.cn/cjxw/jr/201607/t20160713_2355551.html，2017年8月1日访问。

亿元，造成损失率达47.56%，平均每起案件造成损失达3695万元，个案造成损失最大的达8亿元。

三、对非法吸收公众存款问题应充分运用民法思维

“对刑法（这里主要是指刑罚）的迷信，是各种政治迷信中最根深蒂固的一种。如果说，在智识未开的古代社会，这种观念还有一定市场的话，在当今文明社会，刑法迷信应当在破除之列。”① 当前，主张用重刑治理社会的倾向有所抬头，当社会出现一些现象时，就想到入罪，甚至对一些违反社会道德的行为也期望通过刑罚来解决，对此，必须予以警惕。事实上，刑法是一把双刃剑，本质上是用一种恶去惩罚、预防另一种恶，必须对这种恶的使用予以严格限制，否则，就可能给民众和社会造成侵害，刑法在应对社会治理问题时必须保持谦虚克制。刑法作为部门法，只是社会治理的手段之一，不应将应对社会治理问题的任务过度分配给刑法；刑法作为保障法，是社会治理的最后手段，只有当其他所有的社会治理手段都无效，才能考虑刑法。笔者立足于能否最大化地挽回经济损失，恢复原有的社会关系角度，建议应运用民法思维来解决非法吸收公众存款罪，以期对这类问题的解决提供新的路径。

针对非法吸收公众存款罪的特点及存在的问题，有的主张对“非法吸收公众存款罪”应该进行去罪化处理，因为该行为不仅“无罪”，而且亦非“非法”，在绝大多数情况下都属于为社会所需的能够促进经济发展的民商事法律行为。② 有的认为在当下治理非法集资的刑事司法实践活动之中，不难发现我国现行刑法的相关条文在适用过程中出现了种种问题，以致它在很大程度上已经不能够为刑事司法实践提供支持，同时，在某些方面也阻碍了金融市场的健康发展。③

非法吸收公众存款案件涉及对法益的侵害，法益是指根据宪法的基本

① 陈兴良：《刑法的价值构造》，中国人民大学出版社1998年版，第352页。

② 刘新民：《“非法吸收公众存款罪”去罪论——兼评〈关于审理非法集资刑事案件具体应用法律若干问题的解释〉（法释〔2010〕18号）第一条》，载《江苏社会科学》2012年第3期。

③ 黄韬：《刑法完不成的任务——治理非法集资刑事司法实践的现实制度困境》，载《中国刑事法杂志》2011年第11期。

原则，由法所保护的、客观上可能受到侵害或者威胁的人的生活利益。① 所有的法都是保护法益的，刑法也不例外。由于利益的复杂性以及不法行为的差异性，相同的利益常常由多种法律来保护。与一般部门法不同的是，刑法所保护的利益范围较广。一般部门法只是保护某一方面的法益，而刑法保护各个方面的法益。这是由刑法与一般部门法的补充关系所决定的。即只有当一般部门法对某种不法行为的处理不足以抑制该不法行为、不足以保护某种法益时，立法者才将这种行为规定为犯罪并追究刑事责任。刑法与一般部门法并不是一种简单的“刑法规定的行为由刑法处理、一般部门法规定的行为由一般部门法处理”的关系，而是在一般部门法处理没有效果时才由刑法处理。②

民法的目的是保护民事主体的合法权益的，这一目的决定了民法思维的方向，民法思维就是民法的方法论，它是指按照民法的逻辑，观察、分析、解决问题的思维方法。具体而言，就是民法在人们头脑中的概念，在人们行为中的影响和在人们生活中的印记。③ 王泽鉴教授指出：“可供支持一方当事人得向他方当事人有所主张的法律规范，即为请求权规范基础，简称请求权基础。”④ 这种请求权首先是一方当事人向另一方当事人请求财产权利。非法吸收公众存款行为必然会涉及合法的（至少是不违法的）民间借贷行为，国家是支持和保护正常的融资行为的，法律对民间正常的借贷行为也是保护的，《合同法》专章规定借款合同。《担保法》《物权法》以及相关司法解释都对借贷行为予以规定。2015 年 9 月 1 日施行的《最高人民法院关于审理民间借贷案件适用法律若干问题的规定》第 1 条指出：“民间借贷，是指自然人、法人、其他组织之间及其相互之间进行资金融通的行为。”合法的民间借贷多是自然人之间的、自然人与法律认可的企

---

① 张明楷：《法益初论》，中国政法大学出版社 2000 年版，第 167 页。

② 张明楷：《法益初论》，中国政法大学出版社 2000 年版，第 176 页。

③ 陈年冰：《民法思维能力的培养与民法学教学的创新》，载《中国校外教育》2009 年第 5 期。

④ 王泽鉴：《民法思维——请求权基础理论体系》，北京大学出版社 2009 年版，第 41 页。

业之间以经济交往的合法形式规避法律禁止性规定的借贷行为。① 因此，当非法吸收公众存款案件发生之后，应首先由当事人依据民法、合同法等相关规定，向法院提起诉求，法院运用民法手段来先行予以解决。

刑法学者陈兴良认为，在司法实践中，当出现刑、民竞合时，应坚持私权优先的原则，刑事优先的原则剥夺了当事人的选择权。在审判实践中，刑、民介入不同。刑事介入较深，民事介入较浅。确定"先刑"的背景是要打击经济犯罪，但当事人权利受到侵害时，法律的根本目的是要保护当事人合法权利。经济犯罪的罪与非罪界限有时难以划清，因此，应尊重当事人的选择权，作为公权利要尊重私权利。②

综上，我们认为对于非法吸收公众存款案件在审理过程中，应首先考虑运用民事法律来解决，特别是对于涉非法吸收公众存款案件中的民事合同效力上应优先考虑其有效，从而通过民事判决或者执行程序，以期最大程度挽回经济损失，保护合法权益。当民事或行政等其他程序不能挽回经济损失时，再考虑运用刑事方式解决。

四、关于非法吸收公众存款案件刑法思维的局限

当前社会治理中的重刑化倾向，不仅受我们国家传统重刑渊源的影响，也来源于相关部门对政法机关维护社会稳定的信任，以及人民群众在一些本属于民事纠纷案件中，为了挽回损失而过度维权，希望按刑事程序来解决，通过更为严厉的刑罚达到目的，给相对方以更大的压力。在2015年河北省"两会"上，有政协委员提出：民间借贷存在的非法集资、变相集资、吸储等违法行为，不仅干扰了当地正常的生产生活秩序，给投资者、债权人造成重大损失，破坏正常家庭的幸福和谐，还引发了许多社会治安或刑事案件，影响社会稳定。打击非法集资应重罚重判，增加法律威慑力。③

---

① 罗洁：《民间借贷与集资诈骗罪的认定》，载《武汉理工大学学报（社会科学版）》2014年第1期。

② 参见陈兴良：《关于"先刑后民"司法原则的反思》，载《北京市政法管理干部学院学报》2004年第2期。

③ 党小学、党玉红：《非法集资，重判还是轻责》，载《检察日报》2015年5月27日，第5版。

非法吸收公众存款案件与民间借贷紧密关联涉及复杂的权益争议，刑事法律关系与民事法律关系交织，在现行法律和司法解释既有规则的框架下，同一事实发生的民刑交叉案件处理，一般按“先刑后民”来处理，这是刑法思维的表现。“先刑后民”，是指在民事诉讼活动中发现涉嫌刑事犯罪的，人民法院先对刑事犯罪进行审理后，再就涉及的民事责任问题进行审理，或者由人民法院在审理刑事犯罪的同时，附带审理民事责任问题，在此之前，人民法院不单独就其中的民事责任予以审理判决。① “先刑后民”并不是一项原则，而是在涉刑民交叉案件中一般所采用的方式，这是在一系列的法律、司法解释及相关政策性文件中体现的，进而，被一些人在司法实践中奉为审理刑民交叉案件的一项原则。

我国最早规定“先刑后民”的法律规范文件是《最高人民法院、最高人民检察院、公安部关于及时查处在经济纠纷案件中发现的经济犯罪的通知》（法研发〔1985〕17号）（以下简称《通知》），该《通知》规定：“如发现有经济犯罪，应按照1979年12月15日最高人民法院、最高人民检察院、公安部《关于执行刑事诉讼规定的案件管辖范围的通知》，将经济犯罪的有关材料分别移送给有管辖权的公安机关或检察机关侦查、起诉，公安机关或检察机关均应及时予以受理。”尽管这一文件已失效，但其对“刑民交叉”案件的“先刑后民”审理方式的影响久远。②

《最高人民法院、最高人民检察院、公安部关于在审理经济纠纷案件中发现经济犯罪必须及时移送的通知》（法研发〔1987〕7号）重申了应严格执行1985年17号《通知》，指出：“人民法院在审理经济纠纷案件中，发现经济犯罪时，一般应将经济犯罪与经济纠纷全案移送”，确立了

---

① 参见江丁库主编：《民间借贷法律规范与操作实务》，法律出版社2013年版，第317页。

② 2013年1月4日发布、2013年1月18日起施行的《最高人民法院、最高人民检察院关于废止1980年1月1日至1997年6月30日期间制发的部分司法解释和司法解释性质文件的决定》，废止理由为“制定依据已失效”。

民刑交叉案件中“先刑后民”的审理方式。①

1997年《最高人民法院关于审理存单纠纷案件的若干规定》（以下简称《审理存单纠纷规定》）明确了“先刑后民”的原则，但又强调民事案件中止审理的前提是“确须待刑事案件结案后才能审理的”。②

2000年《最高人民法院关于刑事附带民事诉讼范围问题的规定》对经济犯罪引起的损害赔偿问题不得提起刑事附带民事诉讼，而是经过刑事追缴或者退赔程序，再另行提起民事诉讼，也体现了“先刑后民”的审理原则。③

2014年《最高人民法院、最高人民检察院、公安部关于办理非法集资刑事案件适用法律若干问题的意见》这一作为“两高一部”发布的最新处理非法集资刑事案件的司法解释，鉴于当前非法集资案件高发的严峻形

---

① 2013年1月4日发布，《最高人民法院、最高人民检察院关于废止1980年1月1日至1997年6月30日期间制发的部分司法解释和司法解释性质文件的决定》2013年1月18日起施行，废止理由为“通知精神已被刑事诉讼法及相关司法解释所吸收”。

② 《最高人民法院关于审理存单纠纷案件的若干规定》（法释〔1997〕8号）第3条第2款规定：“人民法院在受理存单纠纷案件后，如发现犯罪线索，应将犯罪线索及时书面告知公安或检察机关。如案件当事人因伪造、变造、虚开存单或涉嫌诈骗，有关国家机关已立案侦查，存单纠纷案件确须待刑事案件结案后才能审理的，人民法院应当中止审理。”

③ 《最高人民法院关于刑事附带民事诉讼范围问题的规定》（法释〔2000〕47号）第5条规定：“犯罪分子非法占有、处置被害人财产而使其遭受物质损失的，人民法院应当依法予以追缴或者责令退赔。被追缴、退赔的情况，人民法院可以作为量刑情节予以考虑。经过追缴或者退赔仍不能弥补损失，被害人向人民法院民事审判庭另行提起民事诉讼的，人民法院可以受理。”

势，坚持了“先刑后民”的立场。①

2015年《最高人民法院关于审理民间借贷案件适用法律若干问题的规定》（以下简称《审理民间借贷规定》）虽然对涉民刑交叉案件的审理方式有新的进展，但其主要采用的方式还是“先刑后民”。②

这些解释其法律依据是《民事诉讼法》中规定：“有下列情形之一的，中止诉讼：本案必须以另一案的审理结果为依据，而另一案尚未审结的。”而实践操作中，往往是将这类案件的处理方式变为“只刑不民”，对这类案件不做审查，一律移送公安机关，按刑事案件处理，对其中涉及的民事合同不予认定，至于经济损失能否挽回已不属于刑事审判的任务了。

上述所列的五个司法解释由于其自身的局限性，对刑民交叉案件“先刑后民”的原则起到了推动作用，更使“先刑后民”成为了司法机关在处理刑民交叉案件所必须遵循的铁律。有学者将“先刑后民”原则的弊端归纳为：（1）成为司法机关干涉经济纠纷的一个借口。（2）被当事人恶意利用。有关的当事人在进行民事诉讼或者刑事追究的过程当中，往往是基于自己的利益进行恶意的选择，以刑止民。（3）使司法资源成为某些当事人实现个人目的的手段。民事诉讼是双方当事人自己打官司，要交诉讼费，法院行使中间裁判权，国家司法资源的投入是有限的。但是刑事案件司法

① 《最高人民法院、最高人民检察院、公安部关于办理非法集资刑事案件适用法律若干问题的意见》（公通字〔2014〕16号）第7条“关于涉及民事案件的处理问题”规定：“对于公安机关、人民检察院、人民法院正在侦查、起诉、审理的非法集资刑事案件，有关单位或者个人就同一事实向人民法院提起民事诉讼或者申请执行涉案财物的，人民法院应当不予受理，并将有关材料移送公安机关或者检察机关。”“人民法院在审理民事案件或者执行过程中，发现有非法集资犯罪嫌疑的，应当裁定驳回起诉或者中止执行，并及时将有关材料移送公安机关或者检察机关。”“公安机关、人民检察院、人民法院在侦查、起诉、审理非法集资刑事案件中，发现与人民法院正在审理的民事案件属同一事实，或者被申请执行的财物属于涉案财物的，应当及时通报相关人民法院。人民法院经审查认为确属涉嫌犯罪的，依照前款规定处理。”

② 《最高人民法院关于审理民间借贷案件适用法律若干问题的规定》（法释〔2015〕18号）第5条规定：“人民法院立案后，发现民间借贷行为本身涉嫌非法集资犯罪的，应当裁定驳回起诉，并将涉嫌非法集资犯罪的线索、材料移送公安或者检察机关。”第7条规定：“民间借贷的基本案件事实必须以刑事案件审理结果为依据，而该刑事案件尚未审结的，人民法院应当裁定中止诉讼。”

资源不一样，国家投入是很多的，涉及公检法三者，而且刑事案件的处理是无偿的，还不用交诉讼费。由此，带来的恶果是往往容易办错案，好多办错的案件往往是在刑民不分的情况下，刑事司法权贸然介入。① 笔者完全赞同上述观点，同时，也认为所谓的刑民交叉案件的“先刑后民”的审理原则和方式并不是我国法律所明确的，这也是亟须司法实务界人士引起重视的。

五、非法吸收公众存款案“刑民并行”的法律依据及实践

在涉及民刑交叉案件的审理中，根据相关的司法解释在司法实践中一般采取“先刑后民”的方式，并以其为审理原则，笔者认为这种审理思路存在一定问题，是刑法思维强于民法思维的结果。我国的法律及相关的司法解释中，没有“先刑后民”的明确规定，在《民事诉讼法》中也没有这方面的规定，所以要转变这一根深蒂固的不当观念，我们还是应从现有的法律及规范性文件入手。

1991年施行的《中华人民共和国民事诉讼法》第136条中止诉讼的情形基本沿用了《民事诉讼法（试行）》的规定，将“本案必须以另一案的审理结果为依据，而另一案尚未审结的”作为中止诉讼的情形，这一规定并未提及民刑交叉案件，而只是明确如果“必须以另一案的审理结果为依据”才适用中止诉讼，而这一案件不只是指刑事案件，也并未规定应“先刑后民”。2012年8月第二次修正的《民事诉讼法》第150条中止诉讼情形，对此处未予改动。《民事诉讼法》从其试行到制定，以及两次修正，都没有关于民刑交叉案件的审理方面的规定，最高人民法院在对《民事诉讼法》适用的解释中，也没有相应的规定，如果把最高人民法院关于民刑交叉案件中具体应用问题的解释中的相关规定进行断章取义的话，显然是不适当的，并不尽然体现“先刑后民”的原则。

《审理存单纠纷规定》第3条明确了“先刑后民”的原则，但又强调民事案件中止审理的前提是“确须待刑事案件结案后才能审理的”，虽对机械适用“先刑后民”原则有一定程度的纠正，但实践中如何确定“确须”难以把握。同时，该款还提出：“对于追究有关当事人的刑事责任不

---

① 参见徐艳阳：《刑民交叉问题研究》，中国政法大学2009年博士学位论文。

影响对存单纠纷案件审理的，人民法院应对存单纠纷案件有关当事人是否承担民事责任以及承担民事责任的大小依法及时进行认定和处理。”其实际上提出了“刑民并行”的办案方式，这是我国司法解释中较早提出了民刑交叉案件适用“刑民并行”的审理方式，但在办案实践中没有引起必要的重视，有违法律的严肃性。由于对如何判断没有进一步具体的规定，致使该条款虚置，没有发挥应有的作用。

《最高人民法院关于在审理经济纠纷案件中涉及经济犯罪嫌疑若干问题的规定》（法释〔1998〕7号）（以下简称《审理经济纠纷案件中涉及经济犯罪的规定》）第1条规定：“同一公民、法人或其他经济组织因不同的法律事实，分别涉及经济纠纷和经济犯罪嫌疑的，经济纠纷案件和经济犯罪嫌疑案件应当分开审理。”第10条规定：“人民法院在审理经济纠纷案件中，发现与本案有牵连，但与本案不是同一法律关系的经济犯罪嫌疑线索、材料，应将犯罪嫌疑线索、材料移送有关公安机关或检察机关查处，经济纠纷案件继续审理。”其中，都明确地提出了对刑民交叉案件应适用“刑民并行”的审理原则及方式，但是并没有引起应有的重视和实践中的应用。第11条规定：“人民法院作为经济纠纷受理的案件，经审理认为不属经济纠纷案件而有经济犯罪嫌疑的，应当裁定驳回起诉，将有关材料移送公安机关或检察机关。”正是由于第11条的规定，使《审理经济纠纷案件中涉及经济犯罪的规定》没有发挥其应有的作用。有学者指出：“该规定是在总结原有法律规范的基础上，对刑民交叉问题及其中所包含的‘先刑后民’司法处理方式所作出的迄今为止最为全面的规定。此条规定正确区分了民事与刑事两个不同的法律关系，解决了长期以来人们普遍认为当出现经济纠纷与经济犯罪交叉时，应当一概将经济纠纷予以移送的问题。并且赋予法院以主动审查权，根据案件具体情况作出处理。”①《审理经济纠纷案件中涉及经济犯罪的规定》以“同一法律事实”“同一法律关系”作为刑民交叉案件的判断标准和标志。而法律事实是引起法律关系产生、变更和消灭的客观情况，法律关系则是法律事实产生的法律主体之间的权利义务关系，是法律规范对法律事实的效果评判。一个法律事实可能引发多个法律关系，同时，以法律事实和法律关系作为民刑交叉案件的判断标

① 徐艳阳：《刑民交叉问题研究》，中国政法大学2009年博士学位论文。

准，容易引起歧义,①《审理经济纠纷案件中涉及经济犯罪的规定》确立了“刑民并行”的审理方式，但司法实务中在处理涉及民刑交叉案件的管辖问题上，大都适用了第11条的规定“先刑后民”，而忽视了对前面条文的应用，这是实务部门对司法解释没有充分的理解和贯彻的结果。

《审理民间借贷规定》第6条规定：“人民法院立案后，发现与民间借贷纠纷案件虽有关联但不是同一事实的涉嫌非法集资等犯罪的线索、材料的，人民法院应当继续审理民间借贷纠纷案件，并将涉嫌非法集资等犯罪的线索、材料移送公安或者检察机关。”这实际明确提出了“刑民并行”审理的模式，但由于其第5条、第7条规定的“先刑后民”的方式，使得司法实践中这一“刑民并行”的审理方式的规定没有发挥应用的作用。

一些专家学者对刑民交叉案件的审理提出了不应一律采取“先刑后民”的方式，应采取“刑民并行”甚至某些案件可以“先民后刑”，有些政法单位也意识到了“先刑后民”可能会引发司法腐败。1989年，《公安部关于公安机关不得非法越权干预经济纠纷案件处理的通知》中，严令各地公安机关不得插手经济纠纷案件，更不得从中牟利。1992年《公安部关于严禁公安机关插手经济纠纷违法抓人的通知》再次重申：“凡属债务、合同等经济纠纷，公安机关绝对不得介入。”1995年《公安部关于严禁越权干预经济纠纷的通知》进一步提出要求：“为了防止公安机关和民警越权干预经济纠纷，公安部已经三令五申，要求各地公安机关不得干预经济纠纷，切实纠正办理经济案件中的各种违法行为和不正之风……越权办案，把不属公安机关管辖的经济纠纷、债务纠纷立为诈骗案件，为一方当事人追款讨债，有的故意混淆经济纠纷与诈骗案件的界限，谋取私利……”由此可见，刑民交叉案件在司法实践中的复杂性，以及一些司法、政法机关在刑民交叉案件处理方式上的刑法思维，这里既有重刑思想的影响，也有部门、地方利益的驱动，被害方的片面依赖也起到了相当的作用。2016年11月，《最高人民法院关于充分发挥审判职能作用切实加强产权司法保护的意见》中明确：要严格区分经济纠纷与刑事犯罪，坚决防止把经济纠纷当作犯罪处理。严格区分正当融资与非法集资、合同纠纷与

---

① 刘新平：《民间借贷刑民次序案件的审理程序》，载陈国猛主编：《民间借贷：司法实践及法理重述》，人民法院出版社2015年版，第229页。

合同诈骗等的界限，坚决防止把经济纠纷认定为刑事犯罪，坚决防止利用刑事手段干预经济纠纷。这是我国最高司法机关发布的新要求，也为民刑交叉类案件的审理确定了一个新的原则。

笔者认为，对民刑交叉类案件一律中止诉讼，“先刑后民”并不适当，也并不符合立法精神和社会实际。《最高人民法院公报》2011 年第 11 期发布的公报案例“吴国军诉陈晓富、王克祥及德清县中建房地产开发有限公司民间借贷、担保合同纠纷案”中，明确了“民间借贷涉嫌或构成非法吸收公众存款罪，合同一方当事人可能被追究刑事责任的，并不当然影响民间借贷合同以及相对应的担保合同的效力。”为类似案件的处理起到引导作用。《审理民间借贷规定》第 13 条规定：“借款人或者出借人的借贷行为涉嫌犯罪，或者已经生效的判决认定构成犯罪，当事人提起民事诉讼的，民间借贷合同并不当然无效。人民法院应当根据《合同法》第 52 条、本规定第 14 条之规定，认定民间借贷合同的效力。”“担保人以借款人或者出借人的借贷行为涉嫌犯罪或者已经生效的判决认定构成犯罪为由，主张不承担民事责任的，人民法院应当依据民间借贷合同与担保合同的效力、当事人的过错程度，依法确定担保人的民事责任。”这从司法解释层面上肯定了民刑交叉案件中民间借贷合同与担保合同的效力，这无疑是一个进步。

各地在司法实践中也提出对民刑交叉案件区分情况认定。① 根据上述

① 例如，相关司法裁判显示，浙江省高级人民法院认为，被告人已因同一法律事实被生效刑事判决认定为犯罪，且民事纠纷案件与刑事案件主体一致，当事人之间的合同效力不宜一概而论。民事判决生效在前、刑事判决作出在后的，宜以“刑民并行”的方式维护生效民事判决的既判力。对构成集资诈骗的民间借贷合同，可考虑认定其为可撤销合同，赋予受欺诈方撤销权，以认定借贷合同有效与否。安徽省高级人民法院认为，主合同借款人涉嫌犯罪或构成犯罪并不必然导致担保合同无效，出借人起诉请求连带责任保证人承担民事责任的应予受理，应当在认定主合同效力的前提下，依法确定担保人的民事责任。江苏省高级人民法院雷新勇认为，如果犯罪目的即犯罪人缔结合同的真实意思并非非法占有他人财物，而只是因其与相对人的交易行为触犯了相关法律、行政法规限制性或禁止性规定的，则应根据合同法关于合同效力的法律条款来认定双方交易行为的效力，非法吸收公众存款罪即属此类。参见刘天虹：《涉非法集资犯罪的民事合同效力问题研究》，载南京市中级人民法院微信公众号 njszjrmfy。

对刑民交叉案件审理“先刑后民”原则及“刑民并行”审理方式的研究，以及相关的法律规定及司法解释，笔者认为，对于刑民交叉案件应以“刑民并行”审理为原则，而以“先刑后民”为例外，只有在民事案件的审理必须以刑事案件的审结为前提的情况下，才适用“先刑后民”，当然如果民事案件的审理应以其他民事案件、行政案件的审理结果为依据的，也应中止审理，这就不是简单地“先刑后民”了。只有贯彻“刑民并行”的审理方式，才能有效地保护当事人的合法权益，保证合法财产不受损失。

六、对非法吸收公众存款案件，“先民后刑”审理方式的适用

在一定条件下，民刑交叉案件可以进行民事诉讼先行的程序处理，以期最大程度挽回经济损失。如某些牵涉复杂民事法律关系的民刑交叉案件中，刑事案件事实认定与处理结果以民事案件的处理结果为依据的，应考虑民事诉讼先行，特别是对于非法吸收公众存款案件既有民事借贷行为，又涉嫌犯罪，从挽回经济损失的角度出发，宜“先民后刑”。对于一些涉及合同、金融等专业性强的案件，民事法律关系复杂，出于专业技术的需要，民事法官处理更有专业优势，民事诉讼先行，刑事案件处理以民事判决、民事确权为依据更为适宜。此外，对同一事实的民刑交叉案件，也可以采取“先民后刑”的处理方式。我国刑事诉讼中查封、扣押、冻结财物的强制措施只限于违法所得和涉案财物，不能及于被追诉人的合法财产。但被害人可以基于民事法律关系，对被追诉人的合法财产主张权利，通过民事诉讼采取财产保全措施，保证判决执行，从而避免因刑事诉讼周期过长待诉讼终结后采取财产保全措施已过分迟延，被害人、债权人可能遭受无法挽回的利益损失。对于这种情况，一味要求民事审理等待刑事案件的审理结束后再行起动的是不合理的。对民刑交叉案件民事诉讼审理先行不但具有可操作性，而且能够实现两种诉讼功能的优势互补，有利于对当事人利益的保护。

诉权是公民所享有的一项法定权利，我国《民事诉讼法》规定了起诉

条件,[①] 只要当事人的起诉符合法定条件，法院均应当受理，而不能以案件涉嫌刑事犯罪为由拒绝裁判。2015 年 5 月 1 日起施行的《关于人民法院推行立案登记制改革的意见》提出："为充分保障当事人诉权，切实解决人民群众反映的'立案难'问题，改革法院案件受理制度，变立案审查制为立案登记制。"这要求人民法院应充分尊重当事人的诉权，对与本案有直接利害关系的当事人，有选择采取何种诉讼方式的权利，而且民事诉讼能够提供更周全的救济。即使受害人通过赃款赃物的退赔仍然不能完全弥补损失，但民事判决之后犯罪嫌疑人的其他合法财产如不动产、动产以及其他财产性权利均可以作为被强制执行的标的物，用以作价补偿；或者即使犯罪嫌疑人、被告人没有其他合法财产，只要受害人通过民事诉讼获得了胜诉的民事判决，则对于犯罪嫌疑人、被告人将来通过劳动或者其他合法途径取得的财产或收益，仍然可以作为强制执行的标的物。[②] 而且就某些非法吸收公众存款罪而言，该罪的构成是由若干个民事借款行为的叠加从而导致发生由量变到质变。具体到每一笔借贷业务，均是在当事人自愿情形下发生的，并没有损害国家、集体、公共利益或者第三人利益，也没有"以合法形式掩盖非法目的"，因而，都是合法有效的。[③] 对于这类案件，当事人选择向人民法院提起民事诉讼，人民法院不应以案件涉及刑事案件而中止审理或裁定驳回起诉，而应按"先民后刑"的方式继续审理。

七、结语

非法吸收公众存款案件是典型的刑民交叉案件，"先刑后民"的审理方式，由于相关的司法解释理解的偏颇，到上升为"先刑后民"原则的确立，是在我国的司法传统、群众意识、刑法思维、司法机关观念等综合作

---

① 《民事诉讼法》第 119 条规定："起诉必须符合下列条件：（一）原告是与本案有直接利害关系的公民、法人和其他组织；（二）有明确的被告；（三）有具体的诉讼请求和事实、理由；（四）属于人民法院受理民事诉讼的范围和受诉人民法院管辖。"

② 王林清：《民间借贷纠纷裁判思路与规范指引》，法律出版社 2015 年版，第 625 页。

③ 王林清：《民间借贷纠纷裁判思路与规范指引》，法律出版社 2015 年版，第 666 页。

用下形成的。在我国的《民事诉讼法》及相关的司法解释中，并没有“先刑后民”原则的明确规定，可以“刑民并行”，由于适用的可操作性不强、用语不明确，而导致在实践中的适用很不完善。为此，应在司法人员增强民法思维，提高对各种权利的平等保护意识，“国家保护各种所有制经济产权和合法利益，保证各种所有制经济依法平等使用生产要素、公开公平公正参与市场竞争、同等受到法律保护，依法监管各种所有制经济。”① 作为司法机关更应注重“平衡公权与私权，兼顾公益与私益，这是保障人权和建设法治国家的必需，是在立法、执法和司法实践中均需坚持的理念”。② 非法吸收公众存款案件多与市场秩序和市场交易行为有关，这些市场活动本属于民商事行为，具有“私”的活动本质，因此，在处理这类案件中，应树立刑事并不优先于民事的理念，只要更有利于市场经济的健康发展，更有利于维护市场秩序的公平公正，更有利于保障当事人的合法权益、挽回经济损失，可以采取“先民后刑”“刑民并行”的诉讼模式，这并不违背现有法律及规范性文件的规定，只有如此，才能正确处理民刑交叉案件中出现的种种问题。2016年《中共中央、国务院关于完善产权保护制度依法保护产权的意见》提出：“推进知识产权民事、刑事、行政案件审判‘三审合一’，加强知识产权行政执法与刑事司法的衔接，加大知识产权司法保护力度。”③ 这种“三审合一”的审判方式可以在非法吸收公众存款案中加以适用和参照。

---

① 《中共中央关于全面深化改革若干重大问题的决定》（2013年11月12日中国共产党第十八届中央委员会第三次全体会议通过）。

② 姜明安：《公权与私权平衡是一个法治原则》，载《理论导报》2008年第3期。

③ 《中共中央、国务院关于完善产权保护制度依法保护产权的意见》，载《人民日报》2016年11月28日第1版。

论附条件给付义务与固定先给付义务的界分

——评柯国庆与黄世就、茂名市伟恒地产有限公司等民间借贷纠纷*

李建星**

案情概要

柯国庆与黄世就两人同为伟恒公司、志同公司的股东，在两个公司分别持股50%。2008年9月15日，为退出合作关系，黄世就与柯国庆、伟恒公司、博汇公司签订一份《合同书》。该合同内容包括以下四项内容：(1) 柯国庆欠黄世就股权转让款6893万元；(2) 在本合同签订的3日内，即2008年9月18日，伟恒公司须向博汇公司及黄世就指定的航宇公司让与两个房地产项目；(3) 如果伟恒公司将前述两个房地产项目让与给博汇公司及航宇公司，柯国庆即无须全部支付黄世就的股权转让款，但还需另补偿250万元给黄世就；(4) 在前

* 本文受2017年度教育部人文社会科学研究青年基金（17YJC820021）与华东师范大学2017年度人文社会科学青年预研究项目（2017ECNU－YYJ008）的联合资助。

** 华东师范大学法学院讲师、法学博士。

述房地产项目让与给博汇公司、航宇公司后的3日内，黄世就负有义务将伟恒公司、志同公司50%的股份变更到柯国庆指定的股东名下。

合同签订后，伟恒公司（后经查证，其实际控制人即柯国庆）违反合同约定，于2008年11月20日将前述两个房地产项目让与给第三人，因此，前述房地产项目已经无法让与给博汇公司及航宇公司。2009年4月30日，柯国庆以向黄世就出具《欠条》的形式承认，欠黄世就借款人民币29120000元。

柯国庆迟迟未履行相应的付款义务，黄世就向广东茂名市中院提起诉讼，要求柯国庆支付欠条涉及的借款本息及补偿款。柯国庆提出反诉，要求黄世就按原合同的约定向其变更持有的伟恒公司、志同公司50%股权。

裁判要旨

2012年11月30日，茂名中院作出一审判决，该判决理由大致有三：(1) 柯国庆已经履行部分债务，尚余款项也以《欠条》的形式确定；(2) 柯国庆支付股权变更款与黄世就股权变更存在对价关系，既然柯国庆已部分履行债务，并以《欠条》的形式承认剩余债务，且反诉请求黄世就履行股权转让义务，黄世就也理应将其持有两公司的股权转让给柯国庆；(3) 房地产项目过户不是柯国庆对黄世就应负的合同义务，黄世就不能以不享有的合同权利来对抗应负的合同义务。因此，黄世就不享有合同履行抗辩权。① 据此，茂名中院判决柯国庆必须在30日内向黄世就支付剩余的款项，黄世就在收到款项后的30日内按原约定变更股权。

随后，黄世就上诉到广东高院。广东高院于2014年6月17日的二审判决维持了一审判决。② 黄世就继续向最高人民法院提起审判监督程序。最高人民法院在2016年3月31日作出与原审两级法院基本一致的判决内容。

评析

法律实践中，当事人为平衡相互的利益关系，达致利益最大化，会采取复杂的交易安排。本案所采取的异常复杂交易安排向裁判者提出了挑战

---

① 广东省茂名市中级人民法院（2013）茂中法民三重字第1号民事判决书。

② 广东省高级人民法院（2014）粤高法民二终字第29号民事判决书。

——如何提炼出清晰的交易主线以及确定当中的权利义务关系。由此引申出两个核心问题：因涉及当事人诸多，当事人间的法律关系为何？柯国庆的房地产过户与黄世就的股权变更两项基本给付义务间的关系为何？就第一个问题而言，本文建议，应“拨云见日”，提取整个交易安排的基础关系，然后，引入第三人清偿、有权代为受领等制度明确各当事人的法律地位与权利义务。就第二个问题而言，双方给付义务间存在附条件给付义务与固定先给付义务两条可能的解释路径，故而有必要先行区分两者的差异，再结合事实情况确定本案的应然解释路径。

一、交易安排的三层法律关系

判决书反映的事实体现了本案的复杂性：案涉5方当事人，还有若干案外人，如航宇公司；当事人签订3份合同，还有一份柯国庆出具给黄世就的《欠条》。要准确适用法律，确定当事人的权利义务关系，必须删繁就简，去除细枝末节，把握案件主线，方能使得当事人复杂交易安排掩盖下的真正法律关系浮出水面。本案不同审级对主干法律关系的认定有所不同。一审法官认为，“因为土地使用权过户不是柯国庆对黄世就应负的合同义务，根据合同约定土地转让行为的双方当事人是柯国庆及博汇公司”，所以，黄世就不能以柯国庆没有履行合同为由而不履行本方的合同义务。最高人民法院的法官则采取了类似“刺破法人面纱”的方式，以原被告是否为公司的实际控制人为标准，将5方当事人分别纳入原被告双方的攻防阵营。就柯国庆一方，最高人民法院的法官认为，“柯国庆实际控制伟恒公司，其有能力决定伟恒公司是否履行该义务”，因此，伟恒公司对博汇公司的义务相当于柯国庆对博汇公司的义务；就黄世就一方，“航宇公司的实际控制人是黄世就，故如果完成土地使用权向航宇公司的过户，则黄世就能够间接取得相应利益。”由前述认定可知，最高人民法院的法官基于合同义务履行者不是原被告双方的事实，而采取类似“刺破法人面纱”的方法，通过判定原被告双方实际控制履行合同的两个公司，因此，就合同履行存在紧密的关联关系。然而，最高人民法院对本案法律关系的认定至少存在两点缺失：其一，避重就轻，忽略柯国庆与黄世就的股权变更协议才是本案关键事实，无论是伟恒公司对博汇公司、航宇公司的履行均是基于前述股权变更协议而展开；其二，舍近求远，先论证原被告实际控制履行合同的公司，然后直接得出原被告在本案中的关联关系——法律论证上的跳跃难以令人信服。

本文认为，本案主干的法律关系应是柯国庆与黄世就的股权变更协议，伟恒公司的履行行为构成对前述股权变更协议的第三人清偿，博汇公司与航宇公司的获得相应的履行属于债权人以外的受领。具体而言：

（一）股权变更协议作为基础关系

尽管柯国庆向黄世就出具了《欠条》，表面上属于民间借贷纠纷，但究其本质，双方的合同约束仍是以股权变更为主要标的双务合同：柯国庆负有让伟恒公司将两项房地产项目让与给博汇公司、航宇公司的义务，以换取黄世就将伟恒公司与志同公司50%股份变更给他，相对应，黄世就负有将伟恒公司与志同公司50%股份过户给柯国庆，以换取伟恒公司将两项房地产项目过户给其指定的两家公司。

虽然，法官通过意思表示解释①认为，双方初始约定柯国庆有两项给付义务，两项房地产过户与6893万元任一均可作为股权过户的对价。但该解释也没有改变本案的基础关系，也没有改变双方义务的对价关系，只是柯国庆的履行方式由让伟恒公司让与房地产项目转换为支付款项。

（二）伟恒公司构成第三人清偿

第三人清偿系指第三人以自己名义有意识地清偿债务人的债务。② 其与履行辅助人清偿的不同在于，后者以履行辅助人名义作出清偿。在基础关系中，柯国庆是房地产项目让与的债务人，原则上其应自行履行该项义务。但本案采取的特殊交易安排是，债务人不履行债务，而由第三人——伟恒公司以自身名义为其履行，故构成第三人清偿。第三人清偿原则上有效，发生与债务人履行同样的消灭债务的法律效果。倘若伟恒公司按约定时间履行房地产让与义务，也可消灭柯国庆的给付义务。

按前述观点推演，最高人民法院的判例理由至少有两点可商榷之处：

---

① 从本案的二审判决就采取意思表示解释的方式，将6893万元的支付作为对价的一种形式。“黄世就与柯国庆、茂名市伟恒地产有限公司、茂名市志同贸易有限公司、茂名市博汇投资有限公司民间借贷纠纷”，广东省高级人民法院（2014）粤高法民二终字第29号民事判决书。

② 韩世远：《合同法总论》（第三版），法律出版社2011年版，第239页。

（1）最高人民法院的判例理由认为，“该约定虽未将土地使用权过户给航宇公司设定为柯国庆对黄世就所负的合同义务，故黄世就无权请求柯国庆履行该行为”。该理由恰恰颠倒了基础关系与履行主体之间的关系。其一，按照第三人清偿的法律构造，伟恒公司仅是特定的合同履行主体，其不承担对债权人的给付义务，因此，黄世就不得请求伟恒公司履行房地产让与。其二，按照前述判例理由推演，既然黄世就无权要求柯国庆履行，柯国庆相应也不负有将房地产项目让与的合同义务。结合前述两方面，原本处于基础关系核心的黄世就既无法请求伟恒公司履行房地产让与，也无法请求柯国庆履行基础关系所设定的义务，由此导致其完全丧失合同权利，被不正当地排除在合同关系之外。

（2）基于第三人清偿的架构，第三人的违约责任仍应由债务人承担。伟恒公司在合同签订后的2008年11月20日将前述两个房地产项目转让给第三人，从而导致房地产项目的过户构成事实上的履行不能〔《合同法》第110条第（1）项〕。由于伟恒公司纯属为债务人柯国庆履行合同，因此，其违约责任理应由柯国庆承担。如果在本案中，原被告双方未能通过欠条的形式进行债务清算，黄世就有权在诉讼中行使损害赔偿等请求权。

（三）博汇公司与航宇公司是有权代为受领人

本案的特殊性还在于，第三人伟恒公司也没有向债权人黄世就清偿，而是向黄世就之外的博汇公司与航宇公司清偿。

向谁履行才可构成有效的履行，进而使履行人免责是问题的关键所在。有效受领履行的人称为履行受领人。履行受领人一般是债权人或者其他受领人。通常在考虑对第三人的履行时，需要受领人与债权人间存在直接联系，尤其是受领人获得来自于债权人直接授权。例如，债权质权人、债权人的代理人，此为基于债权人的意思表示获得授权。① 但在本案中，尽管黄世就实际控制航宇公司，然而，黄世就是否有授权给博汇公司与航宇公司在本案并不明确。② 此时，须参照代理权授予的方式，方能确定博

① 韩世远：《合同法总论》（第三版），法律出版社2011年版，第239页。

② 至于博汇公司以何种方式、何时向黄世就支付相应的价款等，不是主要合同关系需要考虑的问题，而是黄世就与博汇公司间的内部关系问题。

汇公司与航宇公司的受领权限。代理权的授予可分为内部授权与外部授权。① 前者授权的相对人是被授权人，后者是针对特定的第三人，通常是法律行为相对人。就本案而言，黄世就与柯国庆签订股权变更合同，并约定由第三人向博汇公司与航宇公司让与房地产项目，属于向合同相对人发出其向前述两公司授予受领权的意思表示。由此，两公司获得履行受领权限，伟恒公司向两公司让与房地产项目，同样构成有效履行。

二、附条件给付义务的制度内容

最高人民法院就本案归纳出三点关键争议：（1）《欠条》与《合同书》是否存在关联，以及依据《欠条》提起的本诉与依据《合同书》提起的反诉是否应合并审理；（2）《合同书》中约定的土地使用权过户给航宇公司是否是黄世就办理伟恒公司和志同公司股权过户手续的前提条件；（3）如果办理股权过户手续附有条件，《欠条》是否改变了该条件。第二点争议直接影响黄世就变更股权的给付义务。其判决理由认为，伟恒公司须先向博汇公司、航宇公司让与两个房地产项目，黄世就才负有股权变更的合同义务。法官据此提出，“本案合同所附条件不是影响整个合同效力的条件，而只是制约柯国庆请求黄世就向其过户股权这一具体合同义务的条件”。裁判者试图藉此案指明，生效合同中存在的“附条件给付义务”与《民法总则》第158条所指的附条件法律行为存在根本不同。此为本案复杂交易安排的第一种可能的解释进路。

《民法总则》立法时，参与立法的全国人大工作人员已经注意到存在着“附条件给付义务”，并将其界定为“民事法律行为自身内容的一部分而非决定效力的附属意思表示”。② 另有学者则进一步指出，该制度并没有影响法律行为的效力，而影响了履行的前提条件。③ 然而，无论是本案的判决理由还是前引的著述均未详尽展开附条件给付义务的制度内容。因此，下文将以附条件法律行为作为比较样本，以此全面展开附条件给付义

① 朱庆育：《民法总论》，北京大学出版社2013年版，第331页。

② 李适时主编：《中华人民共和国民法总则释义》，法律出版社2017年版，第494页。

③ 陈甦主编：《民法总则评注》（下册），法律出版社2017年版，第1110页。

务的制度内容。

（一）影响给付义务实现性的条件

《民法总则》第158条与《合同法》第45条共同指明，法律行为的效力可附加条件。[①] 该制度的意旨有二：其一，为克服时间的障碍，把握未来的不确定性，预测未来的各种可能性，防范未来不确定所致之不利，法律允许当事人将法律行为的法律效果受制于将来不确定的事件，[②] 进而体现私法自治的扩展；其二，正如本案判决所指出的，“附条件的主要目的是把当事人签订合同的动机通过条件表现出来，通过设定条件对民事行为受益人施加影响，使其按照条件的要求行事”。[③] 附条件法律行为的直接意义在于，无须当事人另行作出新的意思表示，法律行为即可随着条件的成就在未来发生相应的法律效力。[④] 倘若当事人约定了生效要件，则法律行为自条件成就而生效；约定了解除条件，则法律行为自条件成就时失效。

生效合同中存在的附条件给付义务又称“附条件的义务”（bedingte Verpflichtungen）。即便在体系精密、规范严谨的《德国民法典》也难觅踪影。然而，基于交易实践的灵活性，司法实践必须经常处断此类案件，进而为学理研究提供有益的素材。根据现时法官处断的案件可以看出，附条件给付义务至少存在以下类型：

类型一：在生效合同中，一方的给付义务须以政府许可为条件。在“颜瑜与海南省海洋渔业总公司、海南省南海现代渔业集团有限公司等”[⑤] 一案中，颜瑜与海渔公司签订《房产转让合同》，颜瑜负有支付房款的合

---

① 《民法总则》第158条扩展了《合同法》第45条的适用范围，使附条件法律行为不限于合同，也可适用于某些单方法律行为。例如，所有权人可设定附条件抛弃动产。但是，形成权行使属于单方行为，却因其性质受限，为保护对方当事人，不得附条件。

② Staudinger/ Bork, Berlin 2014, vor § §158 – 163, Rn. 4；朱庆育：《民法总论》，北京大学出版社2013年版，第122页。

③ 该种观点与部分德国学者所持的观点并无二致，也与第一点意旨不矛盾，互为补强。Soergel/Wolf, Stuttgart 1999, Vor §158, Rn. 14.

④ 参见［德］卡尔·拉伦茨：《德国民法通论》（下），王晓晔等译，法律出版社2003年版，第692页。

⑤ 最高人民法院（2015）民一终字第318号民事判决书。

同义务，海渔公司负有在海南省国资委批准后将房屋转让给颜瑜的合同义务。合同签订后，颜瑜已经支付房款。由于海南省国资委迟迟不批准，导致海渔公司未能将房屋过户给颜瑜。颜瑜起诉要求海渔公司履行合同义务。该类型并不限于政府许可，而应扩展解释到其他将来的不确定事件，例如，地震、台风、战争等不可抗力事由，也可以解释为尚未构成不可抗力的不确定事件。

类型二：在生效合同中，一方的给付义务以合同第三方当事人的履行状态为条件。在“中国民生银行股份有限公司上海分行与上海威凯金属材料有限公司、淄博张钢钢铁有限公司等金融借款合同纠纷”① 一案中，民生银行、威凯公司与张钢公司三方签订合同，出卖人张钢公司对民生银行间的剩余货款支付义务以“买受人威凯公司不能即时清偿贷款”为条件。换言之，在涉及三方的单一合同内，一方对另一方的给付义务可以第三方的履行状态为生效条件。第三方的履行状态对于双方而言属于未来不确定的事件。

由前述两种类型可以看出，附条件义务基于生效合同——当事人已经进入合同效力的约束内，并具有相应的给付义务。倘若一方的给付义务附有生效条件，在条件成就前，该义务不具有实现性（durchsetzbar）；条件成就后，给付义务具备实现性。

倘若一方的给付义务附有解除条件，在该条件成就前，一方的给付义务具有实现性，须按合同内容作出履行。一旦解除条件成就，该方的给付义务丧失实现性。但解除条件成就并不影响另一方对一方的给付义务，也不影响整个合同的有效性。例如，一项汽车服务合同规定汽车使用人先行支付1年的服务费用，服务提供者负有洗车与修车两项给付义务，一旦车辆出现了事故，服务提供者就不再负有修车义务，但并不影响洗车的给付义务存续，也不影响整个合同的有效性。假如服务提供者仍为汽车使用人提供了修车服务，因合同义务仍在，只是丧失实现性，提供者不得根据不当得利（《民法总则》第122条）主张汽车使用人返还不当利益。

最高人民法院法官有意借助本案指明“附条件给付义务”这一制度，甚值肯定，然而，在案件论证上仍有诸多疏漏。例如，其仍将附条件给付

① 参见上海市浦东新区人民法院（2013）浦民六（商）初字第9433号民事判决书。

义务等同于《最高人民法院关于贯彻执行〈中华人民共和国民法通则〉若干问题的意见》第84条所规定的所有权保留，实则又将附条件给付义务与附条件法律行为混为一谈。我国法律规范对于所有权保留的规定包括《民法通则》第72条，《最高人民法院关于贯彻执行〈中华人民共和国民法通则〉若干问题的意见》第84条，《合同法》第133、134条以及《最高人民法院关于审理买卖合同纠纷案件适用法律问题的解释》第34～37条。所有权保留从本质上是出卖人为确保买卖价款履行而在买卖标的物上设定的保障措施。① 在严格区分债权行为与物权行为的法律体系下，所有权保留属于移转标的物的物权行为附有停止条件，该停止条件是买受人依约付款，于价金全部清偿时，条件成就，由此发生物权变动的效果。② 此种观点可称为附停止条件所有权转移说，亦获得最高人民法院的认同。③ 由此可见，《最高人民法院关于贯彻执行〈中华人民共和国民法通则〉若干问题的意见》第84条所指的仍是法律行为附有生效条件，而非在生效合同中的给付义务附有生效条件。

（二）附条件给付义务的规范要旨

1. 附条件法律行为的部分类推适用

基于“相同事项，相同处理”的原理，由于附条件法律行为与附条件给付义务的诸多方面存在法律评价的一致性，因此，前者的部分规范内容可以类推适用到附条件给付义务中。

首先，条件的内容、类型以及相应的法律效果上，附条件法律行为的制度内容可类推适用到附条件给付义务中。在条件的内容上，两者均要求所附的条件须为“未来客观上不确定发生的事实”，④ 既可以是不受当事人控制的事件，如不可抗力，也可以是给付义务之外的其他合同事实。在条

---

① 最高人民法院民事审判第二庭编著：《最高人民法院关于买卖合同司法解释理解与适用》，人民法院出版社2012年版，第530页。

② 王泽鉴：《民法总则》，北京大学出版社2009年版，第343页。

③ 最高人民法院民事审判第二庭编著：《最高人民法院关于买卖合同司法解释理解与适用》，人民法院出版社2012年版，第532页。

④ 李适时主编：《中华人民共和国民法总则释义》，法律出版社2017年版，第493页。

件的种类上，当事人设定的条件既可以是生效条件，也可以是解除条件。在相应法律效果上，当事人设定的生效条件是属于自始客观不能成就，对于附条件法律行为而言，则法律行为自始确定无效，对于附条件给付义务而言，则相应地自始确定无可实现性。

然后，法律行为附条件的拟制（《民法总则》第159条）是否也可适用于附条件给付义务存在分歧。《民法总则》第159条的立法目的是阻止违反诚信的当事人从其行为中获得利益，在法律后果方面，条件成就与否的应然利益应当与行为当事人期待的利益相反。① 有学者认为，拟制制度不能类推到附条件给付义务中，因为拟制制度基于依法成立的，具有约束力和确定性的合同。② 而司法实践的多数意见支持《民法总则》第159条（《合同法》第45条第2款同理）可类推到附条件给付义务。例如，在“江苏南大高科技风险投资有限公司与太平洋机电（集团）有限公司股权转让纠纷案”中，③ 南大公司与太平洋公司签订股权转让协议，并约定了南大公司股权变更以获得证券监管部门的要约收购豁免为条件。最高人民法院认为，要约收购豁免批准是法律赋予证券监管部门的行政审批权，股权收购双方是否取得该豁免要约，并不影响收购双方的合同成立及生效。南大公司拒绝太平洋公司为实现解除查封标的股权而提出的代其偿还债务的方案，直接导致标的股权被冻结至今，证监会受理的要约豁免申请审查程序被迫中止。由此证明，南大公司为自己的利益设置障碍的行为显而易见，构成不正当阻止条件成就的行为，因此，应类推适用《合同法》第45条第2款拟制股权过户的条件已成就。两相比较，本文赞同后者观点。理由在于，条件拟制的规范意旨在于避免已受成立合同约束的当事人恶意从中脱身。④ 据此推演，在合同成立尚未生效时，当事人即受拟制之约束；

① 陈甦主编：《民法总则评注》（下册），法律出版社2017年版，第1124页。

② 辛正郁：《法律的出与入：妥当适度的法律解释方法》，载《法律适用》第2015年第5期。

③ 最高人民法院（2009）民提字第51号民事判决书。类似案件还有，“中山市鸿邦制漆有限公司与黑龙江大阳房地产开发股份有限公司建设用地使用权纠纷”，最高人民法院（2017）最高法民申918号民事裁定书。

④ 参见金可可：《〈民法总则〉与法律行为成立之一般形式拘束力》，载《中外法学》2017年第3期。

在附条件给付义务中，合同已然生效，举轻以明重，当事人更应受到拟制之约束，避免其从给付义务中脱身。

2. 附条件法律行为部分不得类推适用

基于“不同事项，不同处理”的原理，附条件法律行为与附条件给付义务仍有部分差异，因此，前者的部分规范内容不得类推适用到附条件给付义务中。

第一，附条件法律行为在条件成就与否未定的期间，双方仅负有先契约义务，再根据附条件的法律行为的性质不同，可以发生期待权，[①] 当事人并无基于生效法律行为而产生的请求权。相反，附条件给付义务中，合同已经生效，当事人获得基于生效法律行为的相应请求权。倘若所附的是生效条件，在该条件成就前，给付义务的实现性尚未发生，在条件成就时，给付义务的实现性具备，[②] 债权人可请求债务人立即履行给付义务；相反，倘若所附的条件是解除条件，基于生效法律行为的给付义务已经具备了实现性，债权人可请求债务人即时履行，仅在解除条件成就后，该给付义务丧失实现性。

第二，基于前述区别，债务人可采取的实体法上的抗辩权亦有差异。实体法上的抗辩权可区分为抗辩（Einwendung）与抗辩权（Einrede）两大类。抗辩可进一步分为权利障碍之抗辩（rechtshindernde Einwendungen）与权利毁灭之抗辩（rechtsvernichtende Einwendungen）。[③]（1）在附生效条件法律行为中，如生效条件确定不成就，法律行为确定自始不生效力，[④] 故债务人享有权利障碍之抗辩，即便债务人并未提出该抗辩，法官仍须依职权查明；[⑤] 相反，在附生效条件给付义务中，法律行为已然生效，只是因为生效条件不成就导致不具备实现性，债务人应提出生效条件不成就的

---

① 参见金可可：《〈民法总则〉与法律行为成立之一般形式拘束力》，载《中外法学》2017 年第 3 期。

② 参见崔建远：《合同法总论（中卷）》（第二版），中国人民大学出版社 2016 年版，第 175 页。

③ 参见王泽鉴：《民法总则》，北京大学出版社 2009 年版，第 77 页。

④ 陈甦主编：《民法总则评注》（下册），法律出版社 2017 年版，第 1117 页。

⑤ 崔建远：《合同法总论（中卷）》（第二版），中国人民大学出版社 2016 年版，第 182 页。

抗辩权，假如债务人未提出该抗辩权，法官无须自动查明。（2）在附解除条件的法律行为中，如解除条件成就时，由于请求权曾经发生，但因解除条件成就而嗣后归于消灭，故债务人应提出权利毁灭之抗辩，该抗辩同样属于法官依职权查明的事项；相反，在附解除条件给付义务中，法律行为已然生效，只是因为解除条件成就而丧失实现性，债务人应主动提出解除条件成就的抗辩权，否则不能阻却债权人的请求权。

三、固定先给付义务的制度内容

本案另一条可能的解释进路是固定先给付义务。韩世远教授指出，在双方合同中存在着有机牵连关系与无机牵连关系两种架构。所谓"有机的牵连关系"的特点在于"一方的履行以另一方的履行为当然的前提"，① 其法律效果是"苟有先履行方未作出履行，须视为后履行义务人的履行期并不到来"。② 与之相反的是"无机牵连"的债务关系，其特征在于，"一方的债务并非当然地要以另一债务的履行为前提。"③ 该类型与传统德国法系将先给付义务区分为固定与不固定两种类型实质一致。本部分先行梳理固定先给付义务在德国法系中的演变过程，然后结合中国法以及交易实践，揭示固定先给付义务的成立原因。

（一）固定先给付义务的比较法渊源

1913年，有德国学者指出存在"固定先给付义务"，这一先给付义务的分类，④ 但该观点一直未能进入德国联邦最高法院的判决中。直到1985年，德国联邦最高法院才依据前述理论成果，在判决中明确构造出"固定先给付义务"与"非固定先给付义务"两个对应概念，⑤ 但仍有诸多不明

① 韩世远：《合同法总论》（第三版），法律出版社2011年版，第288页。

② 韩世远：《构造与出路：中国法上的同时履行抗辩权》，载《中国社会科学》2005年第3期。

③ 韩世远：《合同法总论》（第三版），法律出版社2011年版，第288页。该种学说与邱聪智先生所谓的"绝对牵连"与"相对牵连"不同。参见邱聪智：《新订民法债编通则》（下册），中国人民大学出版社2003年版，第373页。

④ Adler, Die Verteidung des Vorleistungspflichtigen und des Nachleistungspflichtigen bei gegenseitigen Verträgen, LZ 1913, S. 815.

⑤ BGH NJW 1986, 1164, 1164.

确之处。

瑞士联邦最高法院2001年的一份判决真正全面展示区分两类先给付义务的规范要旨。① 该案大致情况：原告Rolf Weber在1996年11月13日与被告Rolf Frick订立营业出售的合同，原告负有办理商业登记、将营业变更到被告名下的给付义务，被告相应负有15.5万瑞士法郎的付款义务。被告支付第一期价款3万瑞士法郎后，以原告未依约办理变更登记为由在1997年7月3日表示解除合同。原告则起诉被告要求支付剩余价款。瑞士联邦法院最终支持原告的诉求，认为被告有义务支付届期价款。由于瑞士苏黎世州法院（Das Obergericht des Kantons Zürich）在二审中曾以"原告有先给付义务，被告是合理行使不履行合同抗辩权"为由驳回原告的诉求，② 故瑞士联邦法院一方面，须在回应二审的判决理由时，另一方面，也籍此机会全面表述瑞士法在固定、非固定先给付义务二分的立场。该院指明固定先给付义务未被履行，后给付义务即未届期，后给付义务人无须适用《瑞士债务法》第82条不履行合同抗辩权拒绝履行；若先给付义务非为固定，后给付义务届期后，先后给付的顺序被排除，后给付义务人须提起不履行合同抗辩权方能拒绝履行。③ 经由判例的肯认，固定、非固定先给付义务二分已经为德国法系的通说。现今德、瑞通说均将固定先给付义务定义为给付与对待给付互相依附，对待义务的届期以先给付义务已履行为前提（Voraus）；④ 非固定先给付义务（unbeständige Vorleistungspflicht）是指"两个给付有互不依赖的到期时间，无须顾及先行到期的先给付义务"，⑤ 后给付义务按约定或法定时间届期。按非固定先给付义务的概念，其并非后给付义务履行的前提。

---

① 4. April 2001 i. S. Rolf Weber gegen Rolf Frick, BGE 127 III 199 ff.

② BGE 127 III 199, 200.

③ BGE 127 III 199, 202.

④ 德国法之通说如BGH NJW – RR 2005, 388, 389; Gernhuber, Das Schuldverhältnis, Tübingen 1989, S. 360. 瑞士法之通说如Zürcher Kommentar/Schraner, 3. Aufl., Zürich 2000, N. 116 zu Art. 82 OR.

⑤ Zürcher Kommentar/Schraner, 3. Aufl., Zürich 2000, N. 119 und 125 zu Art. 82 OR; Ulrich Huber, Leistungsstörungen. Band Ⅰ, Tübingen 1999. S. 367; BGH NJW 1986, 1164, 1164.

（二）固定先给付义务的成立原因

固定先给付义务在中国法亦有成文依据。为保持后给付义务人的履行顺序，以及两项给付义务之间的时间间距，如承揽人的履行期限会因为定作人不履行协助义务而顺延（《合同法》第259条第2款前句），承包人的工期会因为发包人不履行本方有义务而顺延（《合同法》第278条第2句、第283条）。固定的先给付义务成立原因有两种：

其一，基于合同的性质（der Natur des Vertrag）成立先给付义务。[①]详言之，当事人选择缔结某种合同，基于意思表示的规范解释，即可认为一方自愿承担固定先给付义务。具体情形有二：一种是基于合同的法定性质，后给付义务取决于先给付义务的履行，否则，后给付义务无须履行，如出租人移转租赁物的占有相对于承租人的支付租金是固定的先给付义务（《合同法》第226条第2句）；另一种先给付义务的履行程度决定了后给付义务的履行程度，[②]如货运合同中，托运人将货物交付给承运人相对于承运人的运输义务是固定先给付义务，货物交付的多少决定了承运人运输义务的履行范围。类似的还有保管、仓储合同中，寄托人、存货人将货物交付保管人均为固定先给付义务，决定了保管义务的履行范围。

其二，当事人明确约定先给付义务为固定。[③]具体情形有二：一种是无论给付关系是否有固定的先后关系，但若当事人选择一种商业模式，基于交易惯例都是一方给付义务固定在前，即发生固定先给付义务。例如，当事人约定采取“见票付账”（netto Kasse gegen Faktura）、“代收货款”（Nachnahme）、“见单付款”（Zahlung gegen Dokumente）[④]等交易模式，买受人即有支付价款的固定先给付义务；“货到即付”（zahlbar nach eintreffen der Ware）的约定使得出卖人有移转标的物所有权的固定先给付义务。另一种是

---

① Simmen, Die Einrede des nihct erfüllten Vertrags（OR 82）, Bern 1982, S. 59; Köttgen, Die Einrede der mangelnden Vorleisting, Diss. Münster 1930, S. 14.

② Vgl. Köttgen, Die Einrede der mangelnden Vorleisting, Diss. Münster 1930, S. 11. Gernhuber, Das Schuldverhältnis, Tübingen 1989, S. 360.

③ Zürcher Kommentar/Schraner, 3. Aufl., Zürich 2000, N. 119 und 125 zu Art. 82 OR; BGE 127 III 199, 201.

④ 参见例如，“安平县烨翔丝网制品有限公司、安平县方舟网页有限公司与Qarden B. V. 一般买卖合同纠纷”，最高人民法院（2013）民提字第214号民事判决书。

即便约定之给付内容虽未明确先给付义务为固定，但经合同的规范解释（《合同法》第125条），可认定当事人意思表示包含了固定先给付义务。比如，经过合同解释，买卖合同显示出买受人在3个月后付款的原因是需要时间转卖出卖人提供的标的物，出卖人即负有交付标的物的固定先给付义务。

四、两种解释进路的决择

最高人民法院试图“以案说法”，通过本案揭示“附条件给付义务”的制度内容，其态度尤值赞赏。然而，综合前述的三层交易关系，再比较两种解释进路，本文主张，案涉交易安排的制度依据恰恰不是附条件给付义务，而应是固定先给付义务。裁判者“张冠李戴”的症结在于，将先给付义务误作为后给付义务的生效条件，还忽略两者在法律效果上的根本差异。

（一）给付义务不得为对待给付义务的条件

前文已经指明，柯国庆的房地产过户与黄世就的股权变更应是构成存在牵连关系的两个给付义务。但审理法官却认为，“土地使用权过户给航宇公司，构成黄世就向柯国庆履行股权过户义务的停止条件”，其理由在于，“关于履行顺序和时间节点的特殊安排，显然对柯国庆取得股权做了某种限制，使黄世就得以利用该特定的时间节点，来控制和延迟其履行股权过户义务的时间”。由此，法官实质是将房地产过户义务作为股权变更义务具备实现性的生效条件。该做法混淆了固定先给付义务与附条件给付义务两制度的区别。

现时的司法实践通常会直接否定先给付义务作为后给付义务的生效条件。在“上海绿庭集团有限公司、南京建宇房地产开发（集团）有限公司与上海绿庭集团有限公司、南京建宇房地产开发（集团）有限公司等股权转让纠纷”一案中，南京建宇公司完成征地工作与配合第三人取得土地使用权证相对于绿庭公司支付款项属先给付义务。最高人民法院明确指出，双方当事人在合同中约定的一方应履行的合同义务，不能成为法律上的条件。一审判决将南京建宇公司的先给付义务作为绿庭公司支付款项的条件不当，予以纠正。[①] 再如，在“李军蓉、李焕森与杨荣兴股权转让合同纠

① 最高人民法院（2015）民再字第1号民事判决书。

纷”中,[①] 南宁中院反驳一方当事人提出“给付义务属于对待给付义务所附的生效条件”的观点，径直认定，“作为条件的事实必须是因其自然进程发生或不发生的，不能假之于任何一方当事人的影响”，所谓的对待给付义务以给付义务为“条件”，仅是对待给付义务构成后给付义务。

从前述两份判决理由可见，裁判者已经清醒地认识到对给付义务与对待给付义务的关系，且坚持“先给付义务不构成后给付义务的条件”之观点。遗憾的是，前述判决均未揭示观点背后的缘由。有学说试图阐明此缘由，“条件的作用是限制合同效力，如果合同义务可以作为条件，合同效力就将取决于当事人的履行意愿，将义务不履行理解为条件未成就，显然已与合同主要内容相矛盾”。[②] 该学说从合同义务的确定性与条件的不确定性出发展开论证，难能可贵，但仍须补强。

在理论上，当事人缔约的动机不同于缔约目的。前者一般不反映到合同内容中，但当事人可以通过契约所附的条件或者给付义务所附的条件将缔约动机反映出来。后者通常体现为合同内容，即给付义务。据此，给付义务所附的条件应属于缔约动机层面，而双方给付义务属于缔约目的层面，两者在理论基础实属不同。

在法律适用上，一方违反先给付义务，则应承担违约责任。伟恒公司在《合同书》签订后，即将前述两个房地产项目让与给第三人。于此，柯国庆应当就伟恒公司的不履行行为承担相应违约责任，而非放纵之。相反，而附条件给付义务并不能要求柯国庆承担违约责任，其无法回应该价值判断与实务上的需求。

（二）两制度的法律效果差异

从表面上，附条件给付义务与固定先给付义务两者均是为后给付一方提供违约的阻却事由，先给付一方的不履行给付义务，而使后给付一方也无须履行对待给付义务。但是，两者在体系上存在重大的实质差异，将可能从根本上影响案件结果的利益平衡。详言之，倘若认定柯国庆的房地产过户义务属于黄世就变更股权义务的生效条件，再将条件成就之拟制类推

---

① 江苏省南宁市中级人民法院（2007）南市民二初字第182号民事判决书。

② 辛正郁：《法律的出与入：妥当适度的法律解释方法》，载《法律适用》第2015年第5期。

适用于其中，会造成当事人利益的根本失衡。

本案当事人规划的债务关系内容是黄世就无须在柯国庆前履行给付义务。然而，以该案判决理由为据进行深层次推演却会发生与债务规划截然相反的结果。实际控制人柯国庆指使伟恒公司将房地产项目转让给他人，属于恶意阻止房地产过户这一生效条件成就，应拟制条件已成就（类推适用《民法总则》第159条）。既然生效条件已为成就，变更股权义务即具备实现性，黄世就须立即履行该义务。换言之，柯国庆可以通过恶意不履行债务，造成黄世就的给付义务具备实现性，以获得即时履行。此结果既有违于当事人的本意，也与诚信原则相悖。

相反，按照固定先给付义务来构造本案的交易安排，却不会造成当事人利益的严重失衡。在固定先给付义务制度的约束下，先给付义务的持续不履行，后给付义务一直不届期，① 后给付义务人即不会陷于迟延履行。再根据《合同法》第259条第2款前句（承揽人履行期限顺延）、第278条第2句、第283条（承包人工期顺延）的规定，顺延是固定先给付义务未被依约履行，既不需要双方达成变更履行期的合意，也不需要后给付义务人单方变更履行期，后给付义务履行期即向后变动。② 据此，柯国庆负有先给付义务，须将房地产项目过户给黄世就指定的两家公司，在过户之前，柯国庆不得向黄世就主张变更股权；由于现时伟恒公司已经将房地产项目转卖给第三人，因此，柯国庆必须支付欠条所确定的剩余价款后，方能要求黄世就履行股权变更义务；在柯国庆支付价款前，黄世就股权变更的给付义务无实现性。

综合前述理据，柯国庆的房地产过户义务不是黄世就股权变更义务具备实现性所附的生效条件，两者仅存在给付上的牵连关系，房地产过户义务按约定相对于股权变更义务属于固定先给付义务。判

---

① BGE 127 III 199, 202; Ulrich Huber, Leistungsstörungen. Band Ⅰ, Tübingen 1999. S. 367 f.

② “小田（中山）实业有限公司与深圳市建安（集团）股份有限公司建设工程施工合同纠纷上诉案”的处理结果体现了该种制度架构。参见广东省高级人民法院（2009）粤高法民一终字第223号民事判决书。类似判决有“张利泽与江西佳卓投资管理发展集团有限公司、陈小彬股权转让纠纷”，最高人民法院（2016）最高法民申1788号民事裁定书。

深圳搬迁安置补偿合同若干问题研究*

钟　澄**

2009年8月，广东省政府发布《关于推进“三旧”改造促进节约集约用地的若干意见》首次在政策上允许“三旧”改造项目用地协议出让，深圳市政府顺势而为，于当年11月发布《深圳市城市更新办法》（以下简称《办法》），正式迈入“城市更新”时代。《办法》规定拆除重建类城市更新项目范围内的多个权利人可以通过协议方式明确相应权利义务后，交由单一主体实施城市更新，更新项目地块的土地使用权可以通过协议方式出让给该单一主体实施，实现了政策的突破。同时，政府也退出了房地产开发企业与权利主体之间的谈判，将其定性为市场行为，拟获得开发权益的房地产企业必须100%通过市场交易方式取得更新范围内的不动产权益。由此，房地产开发企业与权利主体之间的合同从“旧改”时代带有浓厚行政色彩的拆迁协议转变为了民事性

* 本文为广东省“十三五”哲学社会科学规划2016年度学科共建课题“市场化‘三旧’改造的检讨与完善——基于深圳城市更新的实践和困境”（批准号：GD16XFX19）阶段性成果。

** 深圳职业技术学院法学副研究员、广东省房地产法学研究会常务理事、法学博士。

质的《搬迁安置补偿协议》。本文将对此类合同及由其引发的纠纷进行分析，并提出风险防范建议。

一、深圳城市更新中的搬迁补偿安置合同分析

（一）合同性质

城市更新中的搬迁补偿安置合同属于民事合同。首先，从协议签订主体来看，城市更新是市场主导的房地产开发活动，协议签订主体是拟成为实施主体的房地产开发企业和城市更新单元范围内现有建筑物的权利主体，二者是法律地位平等的民事主体；其次，从协议的签订过程来看，是否签订搬迁补偿安置协议以及签订内容即搬迁标准、补偿方式等均由双方商定，无行政强制力的干涉；最后，从协议的内容来看，是搬迁人拆除被搬迁人依法享有权利的不动产，对被搬迁人给予货币补偿或者置换不动产，一系列交易均涉及民法、物权法中所有权的取得、变更、消灭，属于民事合同的调整内容。

（二）合同主体

1. 搬迁人——房地产开发企业

搬迁人，即拟向区城市更新职能部门申请实施主体资格确认的项目意向实施主体。搬迁人通过签署搬迁补偿安置协议形成单一主体，可以向区城市更新职能部门申请并取得项目的实施主体资格。搬迁人通过搬迁补偿安置拆除项目范围内旧建筑物、注销原产权证、完成拆除获得实施主体资格，并通过协议出让方式取得项目土地使用权，进而实施开发建设。

2. 被搬迁人——小业主

被搬迁人，既是被搬迁房屋的权利主体，也是将来取得回迁房屋或货币补偿的权利主体。适格的被搬迁人及协议签署主体，应结合被搬迁房屋的确权结果进行确定，通过核查房地产权属证书、转让法律文件、合作建房法律文件、按照历史遗留违建相关规定进行申报的证明文件，包括申请回执、意见书及其他认定文件等，原村民住宅建设申报文件等；以及其他与取得被搬迁物业权属有关的证明材料确认权利主体，被搬迁人通过搬迁补偿安置可以直接获得货币或者回迁物业补偿。

（三）合同内容

搬迁补偿安置协议是指搬迁人与被搬迁人结合被搬迁房屋权属情况、搬迁补偿安置谈判情况等，就被搬迁房屋搬迁补偿安置事宜经协商一致共同拟定并签署的书面协议，其作用一是明确搬迁人与被搬迁人的双方权利义务，约束双方依约办理搬迁补偿安置相关事宜；二是搬迁人通过签署搬迁补偿安置协议形成单一主体，该主体可以进而向城市更新职能部门申请并取得项目的实施主体资格。搬迁补偿安置协议主要有以下内容：

（1）被拆迁房屋、临时建筑、构筑物、附着物情况的基本情况（地理位置、土地性质、面积）、产权状态即有无房产证，权利是否受限即是否存在抵押、查封等权利被限制情形以及房屋是否存在租赁关系等。

（2）补偿方式的确定：一般为两种补偿方式，一种是货币补偿，一种是产权调换，根据补偿方式的不同约定具体的补偿方式，如货币补偿标准、产权调换补偿标准（包括但不限于房屋性质、规划设计要求、位置约定、装修标准），其他相关费用如搬迁补偿费、过渡期临时安置补偿费等金额的确定以及支付方式。

（3）明确双方权利义务。搬迁人主要权利义务：支付补偿款项金额、标准和时间，拆除建筑物、产权注销登记、回迁交房、办理房地产权属证书、费用结算；被搬迁人主要权利义务：在约定时间内腾空移交被搬迁房屋，确保房屋权利不存在任何瑕疵，配合办理原被搬迁房屋注销以及新回迁房屋的登记手续。

（4）违约责任。即指双方当事人违反房屋搬迁补偿协议而依法应当承担的法律后果。就搬迁人而言，主要是指其不能按约定支付补偿款或者逾期提供产权调换房屋，被搬迁人违约，主要是不按时搬迁交房。

（四）合同特征

1. 主要合同利益体现在现有不动产利益和未来不动产利益的置换。搬迁补偿安置协议的主要内容是搬迁人基于被搬迁人的现有不动产，对被拆迁人给予未来不动产利益的补偿，按照协议的约定，被拆迁人对原房屋不再享有所有权，而对新的财产（补偿的货币或者调换的房屋）享有所有权，城市更新后的物业价值较其原始价值将得到显著增值。另外，一些基于各种原因无法取得产权、无法进行市场流通的不动产可以在满足一定条件的前提下，通过城市更新置换成合法产权从而进入市场自由流通。

2. 合同双方博弈利益以法定规划为边界。当事人有权选择拆迁补偿的方式、具体内容，政府作为公权力的行使者不应进行过多的限制和干预。但是，更新改造关系到一个城市的建设、规划、土地管理等多方面工作，法定规划需要对城市更新项目的开发建设强度、公共配套设施的类型和规模以及公共绿地的保护要求等涉及公共利益要素提出强制性的控制指标要求，这是深圳城市规划管理最核心的工具，也是结合实践最待调整的规划层次。① 政府通过法定规划如容积率、土地性质、建设规模、公共利益配套建设等设定作为项目的开发条件，搬迁人与被搬迁人应以此为利益边界进行谈判。

3. 合同的履行不以双方的努力为唯一条件，不确定因素较多。因城市更新项目的特殊性，不同于普通的民事合同，搬迁补偿安置协议目的的达成除依赖于双方严格按照协议履行外，还存在诸多外在因素，城市更新改造项目涉及利益主体众多，其中政府审批、政策规定以及是否能够完成搬迁补偿协议的100%签订等这些外在因素都直接影响到项目的推进，进而影响协议目的的实现。

（五）与类似合同的关系

1. 与2010年之前的《拆迁补偿安置协议》关系

2010年之前的拆迁补偿安置协议依据的是已废止的《城市房屋拆迁管理条例》，拆迁是在取得政府拆迁许可的前提下，根据城市建设规划要求进行的，具有国家意志性与强制性，由于拆迁是获得了行政许可的，拆迁人拥有拆迁许可证，被拆迁人没有选择的权利，必须与拆迁人签订协议，而且协议往往以格式合同的形式出现，被拆迁人在房屋的拆与不拆问题上与拆迁主管部门、拆迁人没有协商的余地，一旦拆迁人取得了政府的拆迁许可，被拆迁人必须与拆迁人签订拆迁安置补偿协议，进行拆迁。② 而拆迁补偿安置协议基于市场主导原则，搬迁人无行政权力支持，被搬迁人的

---

① 吕晓蓓、赵若焱：《对深圳市城市更新制度建设的几点思考》，载《城市规划》2009年第4期。

② 郭玲：《房屋拆迁安置补偿协议立法完善之我见》，载《河北建筑科技学院学报（社科版）》2006年第4期。

谈判主体地位更加凸显，其意思自治更加得到尊重，换言之，拆迁协议可达成，也可达不成。

2. 与目前的《征收补偿协议》的关系

2011年施行的《国有土地上房屋征收与补偿条例》（以下简称《征收条例》）取代了《城市房屋拆迁管理条例》（以下简称《拆迁条例》）。与《拆迁条例》相比，变化在于房屋征收（拆迁）补偿协议的主体不同以及明确了征收的前提是公共利益。《拆迁条例》下的协议双方是拆迁人与被拆迁人，而《征收条例》是房屋征收部门与被征收人。过去由民事主体之间的协议，变成行政主体与民事主体之间的协议。新条例使得政府从幕后走上前台，因公共利益的需要可以征收被征收人的房屋，政府变成了国有土地上房屋征收与补偿法律关系的一方当事人，由其直接与被征收人就房屋征收与补偿安置问题进行协商并签订房屋征收补偿协议，因此，不同于搬迁补偿安置协议的意思自治，征收补偿协议无论是签订原因、还是发起要约主体抑或拆补方案、协议内容都具有厚重的公法色彩和公权力因素。

二、搬迁补偿合同纠纷以及裁判规则

由于深圳市城市更新项目以市场主导为原则，存在巨大的利益，伴随着城市更新项目的推进，原本稳定的利益关系受到严峻的挑战，大量合同纠纷产生。一些利益主体之间的矛盾纠纷在无法自行协商解决的情况下进入了诉讼程序。本文接下来对深圳法院关于城市更新搬迁补偿相关的合同效力、合同履行等典型性裁判观点进行总结。须要说明的是，因深圳“更新时代”的《搬迁安置补偿协议》与之前“旧改时代”的《拆迁安置补偿协议》在合同履行上并无本质区别，仅在无法达成合同时的强制力上有所不同，因此，本文所研究的案例对二者不做区分。

（一）合同效力纠纷

1. 法院受理案件以存在合同为前提

《最高人民法院关于当事人达不成拆迁补偿安置协议就补偿安置争议提起民事诉讼人民法院应否受理问题的批复》规定：“拆迁人与被拆迁人或者拆迁人、被拆迁人与房屋承租人达不成拆迁补偿安置协议，就补偿安置争议向人民法院提起民事诉讼的，人民法院不予受理，并告知当事人可以按照《城市房屋拆迁管理条例》第十六条的规定向有关部门申请裁决。”即若权利主体未与拆迁人签订协议而提起相关诉讼请求，法院不予受理。

如在“王某某等诉深圳X公司补偿合同纠纷案”① 中，争议焦点就在于王某某与深圳X公司是否存在拆迁补偿安置合同关系。1999年深圳市南山区建设局向深圳市N公司（以下简称旧改公司）、深圳X公司作出同意开发改造南山区常兴旧村X-X地块的批复，旧改公司与（香港）A公司合资设立了新常兴城公司，2000年X公司与深圳市南山区建设局签订《土地使用权转让合同书》，约定将该宗地一次性转让给X公司，并约定该地块内房屋的拆迁、赔偿、安置均由X公司负责，2001年王某某与旧改公司签订《拆迁补偿安置合同书》，后因X公司对旧改公司与拆迁户签订的拆迁补偿合同中的部分条款存在异议，拒绝履行该合同，导致原告王某某因未办理房产证而产生纠纷争议，遂向法院提起诉讼要求X公司办理房产证。法院认为，王某某等是与旧改公司签订了《拆迁补偿安置合同书》，并未与X公司签订拆迁补偿安置协议，因此，本案不属于人民法院受理案件的范围，裁定驳回诉讼请求。

在“深圳市南山区南头街道常兴村归国华侨联合会与深圳X公司房屋拆迁安置补偿合同纠纷案”②“深圳市T公司与深圳X公司房屋拆迁安置补偿合同纠纷案”③ 以及“潘某某、深圳市S公司与深圳市X公司房屋拆迁安置补偿合同纠纷案”④“柯某某与深圳市H公司物权保护纠纷案”⑤等案例中，法院同样以双方未达成拆迁补偿安置协议为由驳回了原告诉讼请求。

2. 合同可否撤销

协议主体在签订搬迁补偿安置协议后，当事人主张撤销协议的，有责任提出证据，证明存在撤销情形，并承担举证不能的法律后果，具体应向法庭提交充分证据证明补偿安置协议应予以撤销的事实，或者证明该协议

---

① 参见广东省深圳市中级人民法院（2012）深中法房终字第2939号民事裁定书。
② 参见广东省深圳市中级人民法院（2012）深中法房终字第2941号民事裁定书。
③ 参见广东省深圳市中级人民法院（2012）深中法房终字第2940号民事裁定书。
④ 参见广东省深圳市中级人民法院（2015）深中法立民终字第458号民事裁定书。
⑤ 参见广东省深圳市中级人民法院（2014）深中法房终字第1727~1736号民事裁定书。

的签署属于胁迫、乘人之危、重大误解、显失公平等任何符合行使撤销权的法定情形，否则，应承担举证不能的法律后果。

如在“谭某某等与深圳市L公司等房屋拆迁安置补偿合同纠纷案”①中，拆迁人为L公司（甲方）以及被拆迁人（乙方）为罗某某、谭某某、谭某某于2013年签署《旧改房屋拆迁补偿安置协议》（以下简称涉案合同)。原告提出回迁面积比例明显不合理，因此，损害其权益，认为罗某某和L公司系采用欺诈方式，令谭某某、谭某某在违背真实意思的情况下签署了涉案合同。关于涉案合同的签订是否存在L公司或罗某某欺诈情形而得撤销的焦点问题，法院认为：回迁面积因涉案房产存在未经规划审批加建情形，具有不能按建筑面积全部予以补偿的可能性，且法律并未有必须按1:1比例进行产权调换的强制性规定，故缺乏法律和事实依据。谭某某等提交的证据及提出的质疑理由均不能证明L公司在签订涉案合同时存在欺诈或与罗某某存在恶意串通，而罗某某是否对谭某某等存在欺诈属另一法律关系，不影响涉案合同的效力，谭某某等要求撤销涉案合同的理由不能成立，法院不予采纳。

（二）不动产权属纠纷

更新项目开发主体与被拆迁房屋实际占有使用人签署拆迁安置补偿协议后，第三人对被拆迁房屋权属提出权利主张，主张确认合同无效，其争议焦点为第三人是否与被拆迁房屋有直接的利害关系，即应举证充分证明其系被拆迁房屋合法权利人，否则，属于权属不明，应先由政府部门处理，对第三人起诉要求确认实际占有使用人所签署的拆迁安置补偿协议无效的，人民法院不予受理。

在“魏某某与J集团（深圳）有限公司、成某某确认合同无效纠纷案”②中，2011年被告J公司与被告成某某签订《深圳市龙岗区布吉街道某某旧改项目拆迁补偿协议》。原告根据其提交的证据材料认为涉案房产由其报建，属其本人所有，被告J公司与被告成某某签订的上述补偿协议损害其利益，要求宣告上述协议无效，法院认为：原告虽已提交了建房许可证、报建凭证、行政处罚决定书、执行通知书、行政裁定书、历史遗留

---

① 参见广东省深圳市中级人民法院（2015）深中法房终字第656号民事裁定书。

② 参见广东省深圳市中级人民法院（2015）深中法房终字第824号民事裁定书。

问题普查表等证据，但上述证据中并未明确相关建筑物的地址系本案争议房屋的地址。即使上述证据指向的建筑物就是涉案房所在的建筑物，上诉人也未能提供充分的证据证明其对涉案房仍享有相关权益，法院驳回其诉讼请求。

在“叶某某与被申请人韩某某等、深圳市J公司、H集团有限公司确认合同无效纠纷案”① 中，法院以叶某某提交的证据不能认定叶某某为涉案房产的权利人，也没有证据证明被申请人所签订的协议存在恶意串通情形，因此，不予支持其再审申请。

同样在“张某某与陈某某、H公司、深圳市D公司房屋拆迁安置补偿合同纠纷案”② 中，原告主张涉案房产系其实际购买，要求撤销陈某某、D公司、H公司签订的《拆迁安置补偿协议》，法院认为：有权请求人民法院或者仲裁机构变更或者撤销合同的须为合同当事人。涉案协议由陈某某与D公司、H公司签订，张某某并非合同当事人，与本案没有直接利害关系，不是适格的原告，法院依法驳回其起诉。

（三）合同履行纠纷

1. 先履行抗辩

（1）回迁房屋面积差价缴纳与回迁房房产证办理

拆迁安置补偿协议签订后，更新项目实施主体按约交付回迁房屋，被拆迁房屋业主拒绝支付房屋面积补差款的，其要求更新项目实施主体办理回迁房产权证的，更新项目实施主体有权主张先履行抗辩权，拒绝办理产权证；如业主履行了面积补差款支付义务的，更新项目实施主体有义务按约办理产权证。

如“蔡某某与浙江省Y公司深圳分公司、浙江省Y公司合同纠纷案”③ 中，蔡某某与Y公司签署拆迁安置补偿协议后，Y公司依约交付了回迁房屋，但因蔡某某未能按约补交面积补差款，故Y公司一直未办理房屋产权证，蔡某某提起诉讼，要求Y公司办理产权证，法院以其未履行完毕补交面积差价款的义务予以驳回。“刘某某与浙江省Y公司深圳分公司、

---

① 参见广东省高级人民法院（2017）粤民申3679号民事裁定书。

② 参见广东省深圳市中级人民法院（2016）粤03民终2524号民事裁定书。

③ 参见广东省深圳市中级人民法院（2013）深中法房终字第1353号民事裁定书。

浙江省Y公司合同纠纷案房屋拆迁安置补偿合同纠纷案”① 中同样如此。

相反，在张某某与浙江省Y公司深圳分公司、浙江省Y公司合同纠纷案所有权确认纠纷案②中，由于张某某支付了面积补差款，法院判令Y公司履行产权证办理义务。“刘某某与浙江省Y公司深圳分公司民事其他一案”③ “邝某某与浙江省Y公司深圳分公司民事其他一案”④ 同样如此。

（2）变更房产权利性质的地价补缴与回迁房产证办理

将非商品房变为商品房即变更权利性质，被拆迁房屋业主要求办理与被拆迁房产相同权利性质的房地产证，或是完全属于市场商品房性质的红本房地产证，更新项目开发主体享有先履行抗辩权，在被拆迁房屋业主拒绝承担该笔补缴地价款的，有权拒绝办理回迁房房地产证。

如在“周某、陈某某与深圳市J公司房屋拆迁安置补偿合同纠纷一案”⑤ 中，周某、陈某某作为乙方于2006年与深圳市J公司作为甲方签订《拆迁安置补偿协议》，2010年J公司将修建好的回迁房交由原告入住。但由于原告拒绝承担回迁房补缴地价款，J公司拒绝为其办理产权证，周某、陈某某遂提起诉讼。法院认为根据协议约定：符合办理房产证条件的（按原房产证权利性质，换回相同权利性质的房产证），由J公司协助业主予以办理。周某、陈某某被拆迁房屋为“私人住宅”，该类房产需补交地价后才能转为市场商品房性质并取得红本房地产证。依照《拆迁安置补偿协议》的合同目的及市场交易习惯，应由回迁业主向J公司支付其先行代缴的地价款后，J公司才负有协助办理红本房地产证的义务。法院遂据此驳回诉讼请求。

---

① 参见广东省深圳市中级人民法院（2013）深中法房终字第1354号民事裁定书。

② 参见广东省深圳市罗湖区人民法院（2012）深罗法民三初字第1498号民事判决书。

③ 参见广东省深圳市罗湖区人民法院（2012）深罗法民三初字第1020号民事判决书。

④ 参见广东省深圳市罗湖区人民法院（2012）深罗法民三初字第1021号民事判决书。

⑤ 参见广东省深圳市中级人民法院（2014）深中法房终字第1988号民事裁定书。

2. 补偿标准低于后期补偿对象纠纷

实践中，权利主体为保障自身权益及标准的公平性，在《搬迁补偿安置协议》中约定不得低于后期补偿标准，否则应补回差价，此协议约定是双方的真实意思表示，不违反法律、行政法规的强制性规定，合法有效，各方应遵照履行。因此，重点是提供充分证据证明后期补偿对象的补偿标准是否存在高出情形。

如在“黄某某等与深圳市 W 公司房屋拆迁安置补偿合同纠纷案”①中，黄某某（乙方）与 W 公司（甲方）于 2010 年签订《房屋拆迁货币补偿协议》，协议约定：甲方承诺后期收购现场 126 户住户房屋的货币补偿标准不高于 15000 元/平方米，否则，甲方向乙方补回高出差价，之后，黄某某因主张其他住户的补偿标准高于 15000 元/平方米，遂具状法院，要求 W 公司支付差价。法院认为，根据原告提交的案外人郭某、张某、范某、徐某、黄某和殷某分别与 H 公司或 W 公司签订的《房屋拆迁补偿协议》，合同中记载的补偿标准均为 15000 元/平方米，而 H 公司向案外人郭某、范某、黄某和殷某支付的补偿款金额亦是按 15000 元/平方米的标准支付，与合同约定的金额一致，黄某某主张郭某、范某、黄某和殷某银行流水清单中对方名称为阮某转入的款项系涉案拆迁补偿款，但提供的银行流水单证据仅能证明案外人阮某确有向郭某等人账户转入款项，无法证明阮某系按照 W 公司指示而支付的款项，且款项性质难以确定，黄某某应承担举证不能的不利后果，故对于黄某某的诉讼主张，法院不予支持。

3. 未按约腾空并交付房屋纠纷

按约腾空并交付房屋是被搬迁人的一项非常重要的义务，直接影响到项目的进展，被拆迁房屋业主与更新项目实施主体签署搬迁安置补偿协议，被拆迁房屋业主拒绝按约腾空并交付房屋的，更新项目实施主体有权要求其腾空、交付被拆迁房屋，并承担延期违约金。

如在“深圳市 J 公司与曾某某房屋拆迁安置补偿合同纠纷案”② 中，曾某某作为被拆迁房屋业主与城市更新项目实施主体 J 公司签署拆迁安置补偿协议后，未按约如期腾空并交付房屋，J 公司提起诉讼要求曾某某腾

① 参见广东省深圳市中级人民法院（2016）粤 03 民终 17213 号民事判决书。

② 参见广东省深圳市福田区人民法院（2015）深福法民三初字第 16 号民事判决书。

空并交付房屋。法院判决曾某某限期清空房屋移交给J公司，并支付违约金。

此外，还存在未按约交付房屋要求赔偿损失纠纷，在“S有限公司与吴某房屋拆迁安置补偿合同纠纷案”① 中，2012年S公司（搬迁人，甲方）与吴某（被搬迁人，乙方）签订《搬迁补偿安置协议》，约定：吴某未按约定将拆迁房屋腾空并移交S公司的，该房屋内留存的任何物品均视为吴某放弃已对该物品享有的权利，并同意S公司随意处置，且S公司无需就该等物品向吴某做任何补偿。同时，视为吴某授权S公司拆除搬迁房屋并且吴某不得提出任何异议。因此，S公司可以根据约定随意处置房屋内的任何物品。也就是说，吴某不搬离涉案房屋，并不得妨碍S公司根据双方的约定继续拆迁进程，S公司并不会因吴某不配合给其造成损失。综上，S公司要求吴某赔偿损失缺乏依据。

4. 涉案履约保函的性质

为保障搬迁补偿协议中义务的履行，权利主体通常会要求设定履约保函，在未按约履行相关义务时，守约方可依据履约保函索赔款项，但履约保函性质的界定即属于违约金抑或保证金对双方责任的承担以及后续义务的履行至关重要。

在“凌某等诉深圳市L公司房屋拆迁安置补偿纠纷案”② 中，2007年凌某（乙方）与L公司（甲方）、X公司（鉴证方）签订《拆迁补偿协议书》与《补充协议书》，约定甲方向乙方提供担保金额共计1623960元，向银行申请《履约保函》为乙方回迁房提供担保。甲方若不能按时将回迁房屋建成并交付乙方入伙，乙方有权处置《履约保函》的存款受偿。尔后中国银行股份有限公司深圳市分行（以下称中行深圳分行）向凌某出具《履约保函》。2010年凌某以L公司向中行深圳分行发出索款通知。同年8月，中行深圳分行将1623960元保证金通过借记支付的方式从L公司的账户划付至凌某的账户。本案的争议焦点为，涉案履约保函项下款项的法律性质到底属于违约金还是保证金？凌某认为涉案履约保函项下款项属于L公司逾期交房的违约金，在L公司逾期交付回迁房屋后，凌某不但享有获

---

① 参见广东省深圳市中级人民法院（2016）粤03民终3492号民事判决书。

② 参见广东省深圳市中级人民法院（2013）深中法房再字第63号民事判决书。

得该保函项下最高额款项作为逾期交房违约金的权利，还享有将来继续获得回迁房的权利；L公司则认为该款项属于L公司履行整个合同义务的保证金，若凌某不退回该款项，则应视为凌某选择获得回迁房的现金价值进行一次性受偿、L公司不再承担涉案协议项下的合同义务包括不再向凌某提供回迁房的义务。法院认为：该款项的法律性质应属保证金，担保范围不仅包括L公司逾期交付回迁房所产生的逾期交房违约金，还应包括L公司履行向凌某交付回迁房的义务。在L公司没有交付回迁房并依约向凌某支付逾期交付回迁房双倍租金的损失前，凌某没有返还保证金的义务。在L公司可以向凌某交付回迁房的情况下，凌某仍然保留《履约保函》项下的保证金不予退还，没有事实和法律依据。故凌某关于不予退还保证金的再审理由不能成立，不予支持。因讼争房屋已竣工验收，凌某要求L公司依约履行交付回迁房的请求，法院予以支持。

可见，在合同履行过程中，若协议内容不存在违反强制性规定等无效情形，法院充分保护双方的意思表示，秉承双方全面履行的原则，依据协议内容确定各方义务的履行顺序以及责任承担。

（三）合同解除纠纷

1. 签订协议后再转让过户至第三人

作为协议签订方的权利主体与被告签订补偿安置协议的基础是其对涉案房产的合法权属，再行房屋转让过户行为导致签订补偿安置协议的目的无法实现，已无法以自己的名义继续履行搬迁补偿安置协议，可依法解除协议。

如在“深圳市S公司诉江某某房屋拆迁安置补偿合同纠纷案”① 中，被告于2013年就涉案房产与原告签订《产权置换协议书》及相关文件，协议签订后原告向被告发放了协议奖励款，但之后，原告得知，被告将涉案房产转让给案外人，并已经办理了过户登记，导致目的无法实现，遂诉至法院，请求判令解除原告与被告签订的《产权置换协议书》、被告返还奖励款。法院认为：双方当事人之间签订的《产权置换协议书》真实有效，应受法律保护，双方均应依约履行合同义务。被告在受领补偿款后，

---

① 参见广东省深圳市盐田区人民法院（2016）粤0308民初718号民事判决书。

将涉案房产转移登记至他人名下，已无法以自己的名义继续履行《产权置换协议书》，原告因此不能实现与被告签订《产权置换协议书》的合同目的，其主张解除协议有事实和法律依据，法院予以支持。被告在将涉案房产转移登记至他人名下后，已丧失以房屋所有权人身份占有额外补偿款的法律依据，其长期占有该补偿款给原告带来资金占用期间的损失，原告主张按照银行同期同类贷款利率自涉案房产转移次日起计算利息有事实和法律依据，法院予以支持。

2. 搬迁人无法与所有业主签署搬迁补偿安置协议

根据法律规定，城市更新项目开发主体获得实施主体资格进而获得项目开发权益的前提是，与全部权利主体签署搬迁补偿安置协议，城市更新项目开发主体申报单位因客观上无法与项目改造范围内所有业主签署拆迁安置补偿协议，无法获得城市更新实施主体资格，已签订协议的被拆迁房屋业主有权要求解除协议。

如在“深圳市B投资股份有限公司与深圳市B置地有限公司房屋拆迁安置补偿合同纠纷案”中①，双方当事人于2009年在深圳市龙岗区布吉街道办事处的见证下签订了《拆迁补偿安置协议书》，就房地产及附属设施的拆迁补偿事宜达成协议，2011年首期改造范围内另一业主案外人深圳市布吉一村股份合作公司与上诉人控股股东深圳市百合股份集团有限公司签订《合作协议》，约定深圳市布吉一村股份合作公司将其所有的首期改造范围内的房产与深圳市百合股份集团有限公司合作开发。由于B置地公司客观上不可能与项目范围内所有业主签署拆补协议，不符合开发主体批准条件，上诉人认为被上诉人的项目改造资格已丧失，且因布吉一村已经与其他单位签订协议，被上诉人无法通过政府取得项目改造的主体资格，以被上诉人未能在政府规定期限内完成项目改造，且未取得改造项目的拆迁许可证等，于2012年4月5日向深圳市龙岗区人民法院起诉，要求判决解除其与被上诉人签订的上述协议书。法院认为，按照规定，由于同一规划项目范围内房地产的业主布吉一村已经明确表示无论其与百合集团签订的合作协议有效或无效，其今后将拒绝与被上诉人签订改造协议，被上诉人未能成为涉案城市更新单元的单一权利主体，按前述深圳市的有关规定，

① 参见广东省深圳市中级人民法院（2012）深中法房中字第2798号民事判决书。

被上诉人今后已不可能获得涉案项目的改造资格，《拆迁安置补偿协议》事实上已经不具备继续履行的条件，判决终止履行该《拆迁安置补偿协议》。

在“深圳B有限公司与深圳Z有限公司房屋拆迁安置补偿合同纠纷案”① 中同样如此。

3. 权利主体不愿继续履行单方解除协议

协议的履行需要双方主体的共同努力，如一方主体明确表示不愿签署任何协议以及配合任何改造事宜，则双方关于合同项目的履行已经不具备实现的可能性，合同目的亦不可能实现，如何履行存在问题，此时，往往是以解除合同为裁判结果。

（1）单方解除协议

在“深圳市H公司与深圳市Z公司案”② 中，H公司（甲方）与原深圳市Z公司（乙方）于2006年签订《城中村改造项目合作开发协议书》，约定将位于深圳市龙岗区横岗镇新坡塘村占地面积18万平方米的场地规划建设为大型中高档住宅小区，2007年双方签订《补充合同》约定，乙方向甲方支付本项目的补偿款1300万元，此补偿款系指乙方对甲方公共道路、设施的补偿（甲方集体所有的楼房及旧瓦房补偿另行协商）；上述协议书及《补充合同》签订后，Z公司未向H公司支付任何款项。H公司召开股东大会对上述协议书及补充合同约定的改造项目进行审议、表决并形成一致意见，即Z公司至今未具体实施合同约定，严重违反了协议约定，H公司全体股东不愿与Z公司协商签订拆迁补偿协议及配合任何改造事宜，同意采取法律途径或依照政府有关规定，解除与Z公司签订的合作开发协议，取消其开发权。法院认为：H公司经股东会议决议，决定解除与Z公司之间的合作开发协议，表明H公司已经不同意再与Z公司合作开发涉案城中村，不同意履行合作开发协议，此时合同目的已经不可能实现。因此，判令解除涉案合同。至于合同解除后各方的损失赔偿及违约问题，当事人可另寻法律途径解决。

---

① 参见广东省深圳市中级人民法院（2015）深中法房终字第1131号民事判决书。

② 参见广东省深圳市中级人民法院（2014）深中法房终字第1384号民事判决书。

（2）解约后的损失赔偿

上述案例中，法院以合同目的不可实现为由判令解除协议，但未对何方对合同解除存在过错做出认定。因此，在“深圳市Z股份有限公司，深圳市Z地产集团有限公司诉深圳市H公司合同纠纷案”① 中，原告认为被告的违约行为导致原告遭受巨额成本损失和可得利益损失，原告遂提起诉讼。本案争议的焦点问题有二：一为被告应否向原告赔偿损失的问题，即原告是否构成根本违约；二为原告可向被告主张赔偿的金额问题。法院认为：被告提出解除合同的主要理由为原告未按《协议书》计划时间完成全部开发建设工作，但并非原告原因而致涉案项目审批进程延误。故被告请求解除《协议书》及《补充合同》的理由并不成立，由此而给原告造成的损失被告应予赔偿。赔偿数额的认定问题，原告主张的赔偿数额包含了两个部分：一为原告的实际支出损失，二为原告的可得利益损失。对于原告实际支出的部分，至合同解除之时，原告完成了涉案项目的审批工作，受益人为被告，故原告为完成行政审批而支出的费用应予支持；对于原告所主张的可得利益损失，法院认为：根据规定，原告能否成为城市更新单元的实施主体，并不在于被告的授权或同意，而必须由业主自主选择。在原告与被告签订协议之时，其并未取得涉案项目的开发权，故并不能因协议而享有开发收益，其对可得利益的主张不予支持。而在二审判决②中，法院认为在案涉合同被另案生效判决解除以前，Z公司明显未在合同约定的期限内完成全部开发建设工作，而只与少量业主签订了拆迁安置补偿合同，根本就无法形成单一市场主体，更无法以单一市场主体的身份与集体经济组织继受单位进一步签订改造合作协议，X公司主张解除案涉合同，有合同依据与法律依据，原审法院认定事实错误。在H公司与X公司签订合同之时，其并未取得涉案项目的开发权，故并不能因合同而享有开发收益，综上，原审判决认定事实虽有瑕疵，但处理结果并无不当，遂维持原判。

可见，城市更新项目中房地产开发企业要成为单一权利主体实属不易，时刻面临来自诸多权利主体的拒绝签订协议、签订协议后后根本违

---

① 参见广东省深圳市中级人民法院（2015）深中法商初字第177号民事判决书。

② 参见广东省高级人民法院（2016）粤民终1116号民事判决书。

约、不愿履行，以及其他市场主体的竞争，加上城市更新项目涉及需各方配合行政审批事项太多，在权利主体违约时，司法裁判继续履行目前尚存在履行和强制执行障碍，往往判决解除协议，而关于损失赔偿也主要以有证据支撑的实际损失为主，预期利益难以得到支持且难以举证证明。

三、风险防范建议

根据城市更新相关政策法规，形成单一权利主体是实施主体确认、获得土地开发权益的必要条件，一旦被搬迁人违约势必直接决定房地产开发企业能否获得土地或直接影响项目进度，这对房地产开发企业而言则直接关乎项目成败。城市更新搬迁补偿安置协议纠纷使得交易处于不确定或不稳定状态，影响了各方利益的实现，最终只能造成“多输”局面，因此应注重风险防范。根据上述案例的分析，笔者提出以下建议：

（一）合同签署主体——核查认定“权利主体”

在我国《合同法》上依据法律规定的生效要件，合同的法律效力表现为有效、无效、可撤销和效力待定四种形式。学界对效力待定的界定观点各有不同，王泽鉴先生认为：“法律行为应经他人事先同意而未得其允许者，其效力未定，处于浮动不确定的状态，是为效力未定的法律行为。”① 胡长清先生认为：“效力未定法律行为者，发生效力与否未定之法律行为者也。”② 杨立新教授认为效力待定合同的效力还处于不确定的状态，需要其他行为的介入才能决定其效力的有无，即需要享有追认权和撤销权的权利人为一定的意思表示。③ 《合同法》第51条被认为是无权处分的通规。具体内容为：无处分权人处分他人财产，经权利人追认或者无处分权人订立合同后取得处分权的，该合同有效。即为了保护权利人的合法权益，无权处分为效力待定的民事法律行为，对权利人并不会产生当然有效的法律效力，是否有效取决于权利人的选择。

合同当事人中的被搬迁人以权利主体的身份与房地产开发企业签订搬迁补偿安置协议同意置换，是对其更新单元范围内的地上建筑物行使处分

---

① 王泽鉴：《民法总则》，北京大学出版社2009年版，第476页。

② 胡长清：《中国民法总论》，中国政法大学出版社1997年版，第337～339页。

③ 杨立新：《合同法总则（上）》，法律出版社1999年版，第178页。

权的充分体现，而实践中，常因存在权属争议而引起案件纠纷。根据《物权法》的规定，权利人对其自有物才享有法律上的占有、处分、收益等权能，无权处分行为人对标的物无处分权，而以自己的名义对该特定物实施了处分行为，处分人的处分行为不具有正当合法性，属于侵害他人合法权益的违法行为。若合同签署主体经认定为非权利主体，即构成无权处分，搬迁补偿安置合同则存在将被认定为无效的风险。

从法律角度而言，城市更新本质上是对原物权关系和债权关系的打破，在与被搬迁人签订搬迁补偿安置合同前，确权核查其对所处分的标的物没有合法权利是确保合同有效性的前置工作，主要包括核实其对标的物没有所有权以及处分权是否受到法律上的限制，对标的物没有所有权而进行处分，显然该行为存在法律瑕疵；而处分权受到限制，是指权利人对标的物有所有权但其处分权受到约束的情形，如所有物被抵押后、系共有物权等情形。具体而言，城市更新中的标的物业所涉及的权利主体大体上分为几类：基于原始建造行为或登记行为取得物业权益的“原始业主”，基于家庭关系、合作开发关系而共同取得物业权益的“共有业主”，通过法院拍卖、房屋抵债等方式取得物业权益的“其他业主”，租赁、借款、抵押等合同关系而形成的权益主体。因此，部分被拆迁房屋因婚姻、共建、转让、继承等法律关系而存在房屋共有人、买受人、继承人等潜在权利主体，准确选择适格协议主体是顺利履行拆补协议前提，需要全面收集被拆迁房屋产权资料，核查认定权利主体，保证协议主体适格。

（二）合同权利义务——合理细化“履行顺序”

一般认为，双务合同是指当事人双方互负对待给付义务的合同。何谓对待给付义务？王利明教授指出，对待给付义务是指“当事人愿意负担履行义务，旨在使他方当事人因此负有对待履行的义务，或者说一方当事人享有权利也就是他方当事人所负担的义务”①。双务合同履行中的抗辩权属于延缓的抗辩权，其作用仅在于阻却对方请求权的实现，因而，这一抗辩权又称一时的抗辩权，② 是法律赋予民事主体的自力救济的方式。根据履

---

① 杨振山：《民商法实务研究》，山西经济出版社1993年版，第249页。

② 王利明、崔建远：《合同法新论·总则》，中国政法大学出版社1996年版，第335页。

行合同义务的先后顺序作出划分，双务合同履行中的抗辩权分为同时履行抗辩权、先履行抗辩权和不安抗辩权。同时履行抗辩权是指当事人互负债务，没有先后履行顺序的，应当同时履行。一方在对方履行之前有权拒绝其履行要求。一方在对方履行债务不符合约定时，有权拒绝其相应的履行要求；先履行抗辩权，是指有先后履行顺序的，后履行一方对先履行一方未履行时或虽然已履行但不符合约定时，所享有的抗辩权；不安抗辩权指的是负有先给付义务的一方，在获得对方将不履行合同的确切证据时，于对方没有履行对待给付或提供履约担保前，可以中止履行先为给付义务的权利。

搬迁补偿安置协议的性质为双务合同，搬迁人与被搬迁人双方互为债权人和债务人，其债权债务相互依存，互为因果，才得以实现各自的交易目的——搬迁人即房地产开发企业获得更新单元地块的开发收益，被搬迁人即原权利主体获得置换物业及补偿，若任何一方当事人不履行合同债务或者履行债务不符合合同约定，都会使对方的债权难以实现或者受到损害。

因此，为体现合同公平原则，保护当事人的合同权利，减少合同履行的风险，搬迁安置补偿协议应根据合同履行过程中的事项，为项目实施主体设置了补偿款的支付、回迁房的交付、回迁房办理产权证等一系列合同义务，为权利主体即被搬迁人设置了按期搬迁、移交房屋、配合办理各项手续等一系列合同义务以及履行顺序，通过对合同权利义务的分配，实现合同当事方之间利益的平衡，而搬迁补偿安置协议本质上是合同各方对自身利益的处分，是各方当事人的真实意思表示，若合同内容不违反我国法律、行政法规的强制性规定，均合法有效，法律应该保护这种意思自治，各方均应按该协议的约定的时间、顺序，严格履行各自义务，真正实现合同公正、效益、安全的目标。

（三）合同情势变更——弹性化解“履约僵局”

合同法中“契约严守原则”是维持合同运行的基本准则，在意思自治原则和契约神圣原则的指导下，当事人在订立合同以后，都应当依照合同履行自己的义务。如果当事人不能依照合同规定履约则会构成违约，应承担相应责任。但是，在订立合同后，由于不可归责于双方当事人的客观原因或客观情况，导致合同履行不能；或虽然能够履行，但若继续履行，会造成结果不公；或继续履行合同已失去其原有意义，而且要求原合同中不利当事人必须严守契约精神，继续按照原合同内容履行自身义务，势必带来不公正后果，因此，需要对“契约严守原则”进行修正。①

因城市更新项目的特殊性，产权置换类拆迁安置补偿协议指向的项目开发建设周期漫长，搬迁补偿安置合同的履行和合同目的的成就不以双方的努力为唯一条件，除依赖于双方严格按照协议履行外，还存在诸多不确定的外在因素，其中政府审批、政策规定、以及项目范围内其他个别业主拒绝签订协议导致项目无法完成100%比例协议达成等客观因素都可能直接导致“合同目的落空”。当情况发生变化，可区分不同情形，通过变更合同条款或赋予合同解除权两种方式，依法保障合同目的和交易安全，一方面，若合同仍有继续履行的可能，可设定处理路径，增加合同的灵活性和可操作性，变更合同包括合同权利义务、履行期限的变更等；另一方面，若合同目的已无法实现，已构成实际履行不能，则可赋予合同解除权即退出机制，合理设定已履约部分的风险承担，维护城市更新市场秩序。

合同生效后由于情势变更因素，合同当事人依约继续履行可能产生不公正后果，为保证合同实质正义，对原有合同的修正尤为必要。通过对情势变更因素的事件类型进行比较分析，有助于避免各规则之间的矛盾，切实保障合同目的的实现，维护合同公平正义。

---

① 于震：《对完善我国情势变更原则的思考》，载《西安交通大学学报（社会科学版）》2017年第37期。

《民法总则》行政机关民事诉权条款研究*

申惠文**

2017年3月通过的《中华人民共和国民法总则》(以下简称《民法总则》)第24条、第36条、第70条、第94条分别明确规定民政部门可以向法院申请认定成年人民事行为能力、民政部门可以向法院申请撤销监护人资格、法人主管机关可以向法院申请指定法人清算组成员、捐助法人主管机关可以向法院请求撤销捐助法人决议。根据第40条、第44条、第45条、第46条、第50条,民政部门等可以向法院申请宣告失踪、变更财产代管人、撤销失踪宣告、宣告死亡、撤销死亡宣告。根据第185条,民政部门等可以提起保护英雄烈士人格权益的诉讼。行政机关向法院提起民事诉讼或民事非诉程序的权利,本文统称为行政机关民事诉权。赋予行政机关民事诉权,属于行政权行使方式的重大创新,凸显国家

---

* 中国博士后科学基金第10批特别资助项目《民法典规范表达立法技术研究》(2017T100141)和司法部国家法治与法学理论研究课题《民法典中行政权运行规范研究》(15SFB3026)的成果。

** 郑州大学法学院副教授、最高人民法院中国应用法学研究所和中国社会科学院法学研究所博士后。

治理的新理念。如何准确解释适用《民法总则》行政机关民事诉权条款，具有重大的理论和实践价值。为此，本文以《民法总则》文本以中心，以相关民事特别法和司法解释为参照，以社会实践案例为依托，以国家治理现代化为理念，力争提出司法适用的具体方案和未来立法的发展方向。

一、民政部门申请撤销监护人资格的民事诉权

《民法总则》第36条第3款规定：个人和民政部门以外的组织未及时申请撤销监护人资格的，民政部门应当向法院申请。撤销监护人资格，虽然不属于行政处罚，但是此种国家公权力对私权利的剥夺，是更为严厉的惩罚措施，因此，民政部门应当审慎提出申请。目前的司法解释只规定民政部门可以申请撤销未成年人监护人资格，而没有规定民政部门可以申请撤销成年人监护人资格。应当通过司法解释统一规定民政部门申请撤销监护人资格的具体条件和具体程序。撤销监护人财产管理等部分监护资格，目前社会条件还不成熟，民政部门不宜提起。

（一）申请撤销未成年人监护人资格

《民法总则》第36条第2款规定的申请主体是“其他依法具有监护资格的人，居民委员会、村民委员会、学校、医疗机构、妇女联合会、残疾人联合会、未成年人保护组织、依法设立的老年人组织、民政部门等。”等。2014年12月，最高人民法院、最高人民检察院、公安部、民政部四部门联合出台的《关于依法处理监护人侵犯未成年人权益行为若干问题的意见》（以下简称《处理监护人侵害未成年人意见》）第27条规定的申请监护权资格撤销的主体，包括“未成年人的其他监护人、祖父母、外祖父母、兄、姐、关系密切的其他亲属、朋友”，包括“未成年人住所地的村（居）民委员会，未成年人父、母所在单位”。《处理监护人侵害未成年人意见》第27条列举的申请主体更为宽泛，包括“未成年人救助保护机构”“共青团”“关工委”等。其中，“未成年人救助保护机构”，包括救助管理站、未成年人救助保护中心等，是民政部门落实监护职责的重要工作机构。“共青团”是中国共产主义青年团的简称，是由信仰共产主义的中国青年组成的群众性组织。“关工委”是中国关心下一代工作委员会的简称，是以离退休老同志为主体，以关心、教育、培养全国各族青少年健康成长

为目的的群众性工作组织。《处理监护人侵害未成年人意见》对申请人范围的规定，符合被监护人权益保护最大化原则，与《民法总则》第36条第2款的兜底性规定并不冲突，依然有效。

民政部门申请撤销未成年人监护人资格，应当坚持客观标准，不以“经教育不改”为前置条件，不以穷尽其他救济方法为前置条件。《意大利民法典》第330条、《日本民法典》第834条等没有设置监护权撤销的前置条件。而《德国民法典》第1666a条、《瑞士民法典》第311条、我国台湾地区“民法典”第1090条等设置了监护权撤销的前置条件。撤销父母监护权措施是国家干预亲子关系力度最大、对亲子关系破坏性最强的一种方式，遵循必要性原则。① 《未成年人保护法》第62条规定，父、母所在单位、居民委员会、村民委员会可以劝诫、制止；构成违反治安管理行为的，由公安机关依法给予行政处罚。第53条规定，只有在监护人“经教育不改”的情况下，才能撤销监护人的资格。《民法总则》第36条删除了“经教育不改”的主观条件，没有设置前置要件，强调撤销监护人事由的法定化，体现了以被监护人利益保护为中心的立法思想。因此，应当及时修改《处理监护人侵害未成年人意见》第35条中的“经教育不改的”、“经公安机关和未成年人救助保护机构等部门三次以上批评教育拒不改正”等规定。

（二）申请撤销成年人监护人资格

《最高人民法院关于适用〈中华人民共和国婚姻法〉若干问题的解释（三）》（以下简称《婚姻法司法解释三》）第8条规定：“无民事行为能力人的配偶有虐待、遗弃等严重损害无民事行为能力一方的人身权利或者财产权益行为，其他有监护资格的人可以依照特别程序要求变更监护关系。”从规范表达形式看，该条是申请监护人变更的规定，不同于《民法总则》第36条申请撤销监护人资格的规定。对于申请变更监护人的法定事由，《婚姻法司法解释三》第8条规定的法定事由是“虐待、遗弃”等严重损害行为。对于撤销监护人资格的法定条件，《民法总则》第36条第1款规定了三种情形：一是实施严重损害被监护人身心健康行为；二是不履行或

① 王慧：《〈民法总则〉撤销父母监护权条款的罅漏与完善》，载《江西社会科学》2017年第6期。

怠于履行监护职责，导致被监护人处于危困状况；三是兜底性规定“实施严重侵害被监护人合法权益的其他行为的”。

从规范表达内容看，两者具有一致性。撤销监护人资格后，法院要按照最有利于被监护人的原则依法指定监护人，实际也是变更监护人。《民法总则》没有专门条款规定监护人的变更，也没有规定监护人变更的法定事由。然而，从第30条协议监护、第31条第4款监护人擅自变更的法律责任等条款看，变更监护人的法定事由，要比撤销监护人资格的法定事由宽泛。从某种意义上讲，撤销监护人资格是变更监护人的一种类型。因此，《婚姻法司法解释三》第8条应当根据《民法总则》第36条的规定，作出相应的修改。具体而言，《婚姻法司法解释三》第8条只规定了“无民事行为能力人”，而没有规定“限制民事行为能力人”；只规定了“配偶”，而没有规定其他家庭成员；只规定了“其他有监护资格的人”的诉权，而没有规定社会组织的诉权，更没有规定民政部门的诉权。可根据《民法总则》适时修改。对于无民事行为能力或者限制民事行为能力的成年人，如果监护人严重侵害其合法权益，没有其他依法具有监护资格的人，或者相关的个人或者组织没有及时提出申请，民政部门应当提出申请。

（三）申请撤销监护人部分资格

有学者主张，要么判决被申请人继续履行监护职责，要么判决完全撤销监护资格，无法有效平衡被监护人利益保护与维持监护关系稳定之间的平衡，有必要通过法律解释的方法创设监护职责部分撤销机制。① 在监护人浪费或者侵占被监护人财产的情况下，可以只剥夺其保管和处置被监护人财产的监护职责，而保留其他方面的监护职责。从法律解释的空间看，《民法总则》第36条第1款的确可以包括撤销监护人全部资格和撤销监护人部分资格的两种类型：其一，该款第1项“严重损害”，是具有较大弹性的法律概念；其二，该款第2项采用了“监护职责部分或者全部”的表述；其三，该款第3项采用了兜底性“其他行为”。

然而，本文不赞成通过司法解释确立撤销监护人部分资格的制度，更

---

① 陈甦：《民法总则评注》（上册），法律出版社2017年版，第272页。

不赞成民政部门提出此类申请。许多国家区分亲权、监护和保佐，并采取了不同的立法例。如果通过司法解释创设了“撤销监护人部分资格”的做法，就会造成我国监护概念的多元化。这等于创设了与监护具有较大区别的保佐，超出了预定的立法目的。在立法过程中，有的意见建议，区分亲权与监护，甚至建议不用“监护”的概念，采用“照顾”“保佐”等概念。① 还有意见建议，在撤销监护人资格的情形中，增加一项，即“实施严重损害被监护人财产的行为的”。立法者认为，在司法实务中这类案件较少，反映的问题也不是特别突出，未来可以根据司法实践的发展情况再作研究。② 最后通过的《民法总则》仍然采用一体化的“监护”概念，也没有将监护进行类型化，区分财产监护和人身监护。目前司法实践中，只有民政部门申请撤销未成年人监护人资格的案例，而没有民政部门申请撤销成年人监护人的案例。据民政部社会事务司未成年人保护处统计，截至2017 年 8 月，全国大致只有 69 起侵害未成年人权益被撤销监护人资格案件。③ 撤销监护人资格的司法实践经验还不够丰富，未来社会发展如果需要，可以通过民事特别法予以确立。

二、民政部门申请认定成年人民事行为能力的民事诉权

根据《民法总则》第 24 条，民政部门的民事诉权分为两类：其一，将不能辨认或者不能完全辨认自己行为的成年人，向人民法院申请认定为无民事行为能力人或者限制民事行为能力人；其二，将被人民法院认定为无民事行为能力人或限制民事行为能力人的成年人，申请恢复为限制民事行为能力人或者完全民事行为能力人。前者适用于存在该成年人权益保护迫切需要，且没有利害关系人的情形，后者适用于民政部门担任监护人，或其他监护人滥用监护权导致被监护人权益损害的情形。利害关系人和其他组织没有及时提出申请，民政部门应当提出。

---

① 《民法总则立法背景与观点全集》编写组：《民法总则立法背景与观点全集》，法律出版社 2017 年版，第 205 ~ 206 页。

② 李适时：《中华人民共和国民法总则释义》，法律出版社 2017 年版，第 108 页。

③ 《24 省市已有撤销监护权案例 受侵害儿童心理救助不能缺位》，载《法制日报》2017 年 8 月 21 日。

（一）申请认定为无民事行为能力人或者限制民事行为能力人

在《民法总则（草案）》一审稿、二审稿、三审稿中，认定成年人为无民事行为能力人或者限制民事行为能力人的申请主体，均只局限于“利害关系人”。在立法过程中，有的意见指出，有些老人、精神疾病人，虽然已经处于无民事行为能力或者限制民事行为能力的状态，但因可能没有利害关系人，不能依法设立监护、确定监护人。为此，《民法总则（草案）》大会审议稿增加了“有关组织”。① 在家庭监护和社会监护缺位时，民政部门作为负责社会救济和社会福利的主要工作部门，应当承担起兜底性的监护职责，为“老有所养”提供了有力的法律支撑。民政部门享有民事诉权，认定成年人民事行为能力，是履行监护职责的前提和基础。

根据《民法总则》第24条第1款，申请主体是“利害关系人或者有关组织”。其中，“利害关系人”是指本人的近亲属、债权人、债务人、其他愿意承担监护职责的人。根据《最高人民法院关于贯彻执行〈中华人民共和国民法通则〉若干问题的意见（试行）》（以下简称《民法通则意见》）第12条的规定，近亲属包括配偶、父母、子女、兄弟姐妹、祖父母、外祖父母、孙子女，外孙子女。债权人和债务人为了行使债权或确定民事法律行为的效力，可以作为申请人。意定监护协议中的确定的监护人，也可以作为申请人。经该成年人住所地的居民委员会、村民委员会或者民政部门同意，愿意承担监护职责的其他亲属、朋友，也可以作为申请人。没有“利害关系人”或者“利害关系人”不愿意申请的，“居民委员会、村民委员会、学校、医疗机构、妇女联合会、残疾人联合会、依法设立的老年人组织”等可以申请。这些社会组织没有申请的，民政部门应当及时申请。

认定为无民事行为能力或者限制民事行为能力，是对成年人行为自由的重大限制，必须从严掌握。民政部门提起申请，更应当从严掌握。全国需要长期照护的失能老人约有3700万人，需要监护的失能老人约有700万人。② 并不是任何符合无民事行为能力或者限制民事行为能力标准的成年

---

① 李适时：《中华人民共和国民法总则释义》，法律出版社2017年版，第73页。

② 《民法总则立法背景与观点全集》编写组：《民法总则立法背景与观点全集》，法律出版社2017年版，第577页。

人，都要被法院认定。适用的前提条件是，存在保护该成年人合法权益的迫切需要。如果该成年人有近亲属，其近亲属没有申请，但不存在歧视、侮辱、虐待或者遗弃的行为，民政部门不宜依职权提起申请。如果该成年人没有近亲属，也没有其他愿意承担监护职责的人，居民委员会等也不具备相应的条件，但存在保护该成年人合法权益的迫切需要，民政部门作为承担监护职责的兜底性机构，应当及时提出认定民事行为能力的申请。如果没有及时提出申请，造成该成年人权益损害或者其他民事主体权益损害，民政部门应当根据过错程度、因果关系等承担相应的赔偿责任。

民政部门提出申请，法院应当为该成年人指定代理人。《最高人民法院关于适用〈中华人民共和国民事诉讼法〉的解释》第 352 条规定，没有其他近亲属的，法院可以指定愿意担任代理人的关系密切的朋友为代理人；没有关系密切朋友的，法院可以指定被申请人所在单位或者住所地的居民委员会、村民委员会或者民政部门为代理人。该司法解释确立了民政部门作为被申请人的兜底代理人，具有科学性和合理性。然而，该司法解释没有考虑民政部门作为申请人的情形。为了防止民政部门滥用权力，条件成熟时，可以修改该司法解释，增加法律援助律师作为被申请人的代理人，切实保护其最基本的民事权益。

（二）申请恢复为限制民事行为能力人或者完全民事行为能力人

在《民法总则（草案）》一审稿、二审稿、三审稿中，申请恢复成年人为限制民事行为能力人或者完全民事行为能力人的主体，均包括“本人、利害关系人和有关组织”。最后通过的《民法总则》第 24 条第 2 款，申请主体仍然规定为“本人、利害关系人或者有关组织”。根据《民法通则》第 19 条第 2 款，申请主体是“本人、利害关系人”。根据《民事诉讼法》第 190 条，申请主体是“无民事行为能力人、限制民事行为能力人或者他的监护人”。三者相比，《民法总则》规定的申请主体更为广泛，增加了“有关组织”。有学者指出，《民事诉讼法》第 190 条规定本人及其监护人作为申请人，足以实现立法目的，不需要扩张。[①] 本文认为，申请恢复为限制民事行为能力人或者完全民事行为能力人，有利于实现该成年人的

---

① 陈甦：《民法总则评注》（上册），法律出版社 2017 年版，第 168 页。

行为自由，因此，从立法政策上应当鼓励提出申请，扩张申请的主体。本人没有利害关系人或者利害关系人不愿意提出申请，由有关群团组织或者民政部门等提出申请，有助于帮助这部分成年人实现自主意愿。①《民法总则》修改了现行法，属于民事行为能力认定的制度创新，不能忽略或忽视民政部门等的诉权。

《民法总则》第 24 条第 2 款中的“利害关系人”，不仅包括本人的监护人，还包括本人的其他近亲属等。民政部门是监护人，应当作为“利害关系人”提出申请，切实保护被监护人的合法权益。民政部门不是监护人的，应当作为“有关组织”提出申请。没有“利害关系人”，或者“利害关系人”没有提出申请，本人又没有独立的申请能力，包括民政部门在内的“有关组织”，可以向人民法院申请，解除对其意思能力的限制，帮助其实现自主生活或相对的自主生活。成年人的监护人滥用权利，应当提出申请而没有提出申请，应当承担赔偿责任。

三、民政部门等申请宣告失踪或宣告死亡的民事诉权

《民法总则》第 40 条、第 44 条、第 45 条、第 46 条、第 50 条分别规定了申请宣告失踪、申请变更财产代管人、申请撤销失踪宣告、申请死亡宣告、申请撤销死亡宣告。这些条款规定的申请主体是“利害关系人”或“本人或利害关系人”。“利害关系人”一般是指近亲属、债权人、债务人、合伙人、共有人等。民政部门等行政机关，在特定情形下可以作为“利害关系人”提出申请。

（一）申请宣告失踪、申请变更失踪人的财产代管人、申请撤销失踪宣告

在立法过程中，学术界对“利害关系人”的范围，存在较大的争议。有学者认为，检察院作为宣告失踪的申请主体是西方国家的成功典范，就我国实际情况而言，检察院作为国家监督监察机关，为维护国家利益、公

① 李适时：《中华人民共和国民法总则释义》，法律出版社 2017 年版，第 72 页。

共利益和他人合法权益而提出申请，是十分必要的。① 梁慧星主持的《民法总则（草案建议稿）》第34条第2款明确规定："本人无利害关系人或者利害关系人不提出申请的，为保护本人或者他人的合法权益，应当由人民检察院提出前款规定的申请。"而有学者认为，宣告失踪主要涉及失踪人财产的管理以及债权债务的清偿，在绝大多数情况下不会涉及国家和社会利益，检察院作为宣告失踪的申请人并不妥当。②

立法者对"利害关系人"是否包括检察院，是否包括行政机关，采取了回避的立场。《民法总则》第40条、第44条、第45条并没有明确"利害关系人"的含义。根据《民法通则意见》第24条规定，申请宣告失踪的利害关系人，包括被申请宣告失踪人的近亲属以及其他与被申请人有民事权利义务关系的人。"其他与被申请人有民事权利义务关系的人"主要包括债权人、债务人、合伙人、共有人等。在立法过程中，各方面对该条司法解释的规定基本没有争议，但普遍认为，为了保持灵活性，还是继续作为司法解释的内容较好。③ 最高人民法院出台的《中华人民共和国民法总则条文理解与适用》也是继续坚持司法解释效力的立场。④

从比较法上看，的确很多国家的检察官可以提出申请。如《日本民法典》第26条规定："家庭法院因利害关系人或检察官的请求，可以改任管理人。"《法国民法典》第112条规定："监护法官得应有利害关系的当事人或检察官的请求，确定存在失踪的推定。"《意大利民法典》第48条规定："基于利害关系人或合法的推定继承人或者检察官的请求""任命财产的管理人"。2017年6月修改后的我国《民事诉讼法》第55条第1款规定："法律规定的机关和有关组织"可以对污染环境等损害社会公共利益的行为提起诉讼。第2款规定：在没有前款规定的机关和组织或者前款规

① 吴斌：《论自然人宣告制度的条件极其民事责任的承担》，载《河北法学》2003年第1期。

② 王利明：《中国民法典学者建议稿及立法理由·总则编》，法律出版社2005年版，第84页。

③ 张荣顺：《中华人民共和国民法总则解读》，中国法制出版社2017年版，第123页。

④ 沈德咏主编：《中华人民共和国民法总则条文理解与适用》（上册），人民法院出版社2017年版，第335页。

定的机关和组织不提起诉讼的情况下，“人民检察院”可以向人民法院提起诉讼。检察院作为我国法律监督机关，享有兜底性的民事诉权，在行政机关不行使相应民事诉权时发挥补充的作用。

“利害关系人”是否包括行政机关，需要深入的研究。本文认为，民政部门、社会保障部门和公安部门等行政机关，如果与失踪人之间存在私法或者公法的权利义务关系，可以作为申请宣告失踪、变更财产代管人、撤销失踪宣告的利害关系人。民政部门、社会保障部门与失踪人之间，可能存在给付社会救助金或社会保障金的权利义务关系。这些公法上的债权债务，可以类推适用私法上债权债务的规定。对于民政部门和社会保障部门的诉权，可以通过司法解释予以确定。而对于公安机关的诉权，如果要确立，必须通过立法的方式。公安机关是我国人口管理机关，负责自然人的出生、死亡等登记事项，负责查找失踪人报警的受理、初查和处置等。公安机关自行解决失踪问题，还是让法院确认失踪问题，涉及公安机关、检察机关和审判机关的职责划分，涉及国家公权力的科学配置。公安机关实行相对严格的人口管理，进行户籍登记，具有浓郁的国家强制色彩。按照大部制改革的顶层制度设计，未来，公安机关的户籍登记职能，可以移交民政部门，实现户籍登记和婚姻登记、收养登记的统一。这样民政部门可以更好发挥社会救助的职能，更好维护公共利益，集中处理宣告失踪等事宜。

（二）申请死亡宣告、申请撤销死亡宣告

有学者指出，失踪人无利害关系人，或虽有利害关系人但不提出死亡宣告，而不申请宣告死亡会造成国家或者集体利益损害的，由人民检察院提出申请。① 而有学者指出，以“稳定法律关系”为由，确定检察院有权申请宣告死亡，无异于强行规定只要失踪达到法定期限，就必须宣告失踪人死亡，这种做法有失合理。②《民法总则》第46条、第50条对此采取了回避的立场，表述为“利害关系人”。

没有利害关系人或者虽有利害关系人但不愿意提出宣告死亡，有时的

① 尹田：《论宣告失踪与宣告死亡》，载《法学研究》2001年第6期。

② 王利明：《中国民法典学者建议稿及立法理由·总则编》，法律出版社2005年版，第94页。

确会损害社会公共利益。主要包括以下三种情形：其一，遗产无人继承。根据《继承法》第32条，在遗产无人继承的情况下，如意外事件导致近亲属均死亡的，遗产依法应归属于国家或者集体。法院宣告该失踪人死亡后，国家或者集体可以获得相关财产的所有权。其二，享受低保等社会保障的人长期失踪。此时，失踪人有“利害关系人”，但“利害关系人”基于自身利益，不愿意申请失踪人死亡。其三，自然人长期失踪，没有利害关系人，身份登记信息长期不能注销。如空难等意外事件发生时，个人失踪人没有利害关系人，无法启动宣告死亡的程序。

从比较法上看，有很多国家和地区的检察官可以提出申请。如我国台湾地区“民法”第8条第1款规定：“法院得因利害关系人或检察官之声请，为死亡之宣告”。台湾地区“民用航空法”第98条规定：“法院的因利害关系人或检察官之声请，为死亡之宣告”。检察官行使该职权，不论有无利害关系人，均可以单独申请，只是有利害关系时，要征询其意见，斟酌情况，审慎决定。① 按照传统做法，公民长期失踪，公安机关往往基于人口管理职责，直接注销其身份登记信息。按照《民法总则》第46条的规定，公民长期失踪，必须经法院确认才能宣告死亡，才能其注销身份登记信息。这是司法最终决定的要求，也是民事权益保障的要求。这样从逻辑上看，公安机关要提出申请。然而，这涉及国家治理结构的重大问题，需要打破传统的观念。本文倾向于未来赋予民政部门更多的职责，负责公民的出生登记、死亡登记，由民政部门提出申请。“宣告失踪和宣告死亡”与“民事权利能力和民事行为能力”“监护”具有同等的法律地位，都是自然人的基本民事制度。《民法总则》规定民政部门可以申请认定自然人的民事行为能力，可以提起撤销自然人的监护人，赋予其申请宣告失踪和宣告死亡的职责，具有逻辑的一致性。当前，民政部门如果不是失踪人的监护人，还不宜提出相关的申请。

四、民政部门等请求保护英雄烈士等人格权益的民事诉权

《民法总则》第185条规定：“侵害英雄烈士等的姓名、肖像、名誉、荣誉，损害社会公共利益的，应当承担民事责任。”英雄烈士的近亲属，

---

① 王泽鉴：《民法总则》，北京大学出版社2009年版，第117页。

可以向法院起诉，要求追究侵权人的侵权责任。如果英雄烈士没有近亲属，作为维护英雄烈士权益的民政部门和军队政治机关等，应当提起相应的诉讼。

（一）英雄烈士等人格权益保护的特殊意义

对英雄烈士等的人格权益进行特别保护，并不违背民法平等原则。《民法总则》对普通自然人死者的人格利益保护并没有规定，属于立法漏洞。根据《最高人民法院关于精神损害赔偿的司法解释》第2条和《最高人民法院关于审理人身损害赔偿案件适用法律若干问题的解释》第1条，自然人死亡后，其近亲属可以向人民法院起诉，主张相关的人格权益。如果没有近亲属，自然人死亡后的相关人格权益，就很难得到保护。英雄烈士等的人格权益，涉及社会公共利益，立法予以特别保护。一些人利用歪曲事实、诽谤抹黑等方式恶意诋毁侮辱英雄烈士的名誉等，损害了社会公共利益，社会影响很恶劣。① 如果英雄烈士等的近亲属，因各种原因不愿提起相关诉讼，在必要时国家有关部门可以提起。国家可以对英雄烈士等的近亲属提供法律援助，实行诉讼费缓交或减免等措施。

（二）民政部门和军队政治机关等提起诉讼的主要原因

有学者主张，应当由各级人民检察院行使保护英雄烈士等人格权益的民事诉权。② 有法官建议，“英雄烈士等”生前所在单位、民政部门或军队政治机关以及检察机关，可以作为申请主体。③ 在比较法上，有国家规定的是检察院提起诉讼。比如《匈牙利民法典》第86条规定：“如果损害死者（或者已撤销的法人）声誉的行为同时也损害社会利益，则检察长也有权提起诉讼。”2017年12月，第一次审议的《英雄烈士保护法》第25条第2款规定：“被侵害英雄烈士没有近亲属或者近亲属不提起诉讼的，检察机关可以对侵害英雄烈士的姓名、肖像、名誉、荣誉，损害社会公共利益的行为依法向人民法院提起诉讼。”

---

① 李适时：《中华人民共和国民法总则释义》，法律出版社2017年版，第579～580页。

② 梁慧星：《〈民法总则〉重要条文的理解与适用》，载《四川大学学报（哲学社会科学版）》2017年第4期。

③ 茆荣华：《〈民法总则〉司法适用与审判实务》，法律出版社2017年版，第398页。

本文认为，民政部门和军队政治机关等提起诉讼，更符合实际情况。首先，要明确“英雄烈士等”的涵义。法律意义上的“英雄烈士”是指“人民英雄”与“烈士”所组成的整体。“人民英雄”主要是中国共产党、人民军队和人民共和国历史上涌现的人民英雄。“等”字表示，与英雄、烈士具有同类性质、同类贡献的人，也应当是法律特别保护的对象。在中国特色社会主义建设和保卫祖国中作出巨大贡献、建立卓越功勋的杰出人士也应当包括在内。其次，根据《烈士褒扬条例》和《军人抚恤优待条例》，民政部门负责烈士的认定，军队政治机关负责现役军人死亡批准为烈士的审批。受传统观念影响，民政部门和军队政治机关更多关注英雄烈士的相关财产权益。随着民事权益观念的变迁，人格权益的保护越来越重要。针对侵害英雄烈士人格权益的行为，民政部门和军队政治机关应当及时提起诉讼。再次，对于没有认定或无法认定为“烈士”的英雄或其他杰出人士的保护，并没有具体的行政主管机关负责。目前，检察院作为兜底的民事公益诉讼提起机关，可以弥补法律没有规定有关机关或有关机关不提起的不足。未来民政部门的职责应当扩大，作为“英雄烈士等”的兜底保护机关。最后，“英雄烈士等”生前所在单位不宜提起诉讼。《民法总则》取消了单位作为监护人的规定，肯定了单位独立的经济利益，扩大了社会组织参与社会管理的职权。

（三）民政部门和军队政治机关等提起诉讼的范围界定

保护英雄烈士等的人格权益，不能以“姓名、肖像、名誉、荣誉”为限。有观点认为，从文义解释上看，立法者并没有使用概括性词语，说明立法者系有意为之，因此，应当限缩解释，不宜认为包括隐私利益。① 本文认为，虽然立法者没有使用“等”的不完全列举表达，但根据体系解释，特别是《民法总则》第109条一般人格权的规定，保护的范围应当是扩张性的。非法利用、损害遗体、遗骨，或者以违反社会公共利益的其他方式，损害一般人格利益的行为，同样应当加以规制。保护英雄烈士等的人格权益，以“损害社会公共利益”为限。2016年10月，最高人民法院发布5个人民法院依法保护“狼牙山五壮士”等英雄人物人格权益典型案

① 沈德咏主编：《中华人民共和国民法总则条文理解与适用》（下册），人民法院出版社2017年版，第1224页。

例，强调英雄人物的事迹、形象和精神价值，已经成为中华民族共同记忆和民族感情的一部分。① 据此，侵害英雄烈士等的人格权益，就推定“损害社会公共利益”，民政部门和军队政治机关等就可以提起诉讼，不需要对此举证。

五、法人主管机关申请指定法人清算组成员的民事诉权

《民法总则》第70条第3款规定，清算义务人未及时履行清算义务，主管机关或者利害关系人可以申请人民法院指定有关人员组成清算组进行清算。该条与《公司法》等法律以及相关司法解释的关系，需要进一步梳理。主管机关如何确定，在何种情况下需要向法院申请指定法人清算组成员，需要深入研究。

（一）法人主管机关申请指定清算组成员的原因分析

从比较法看，行政机关可以请求法院指定清算组成员。在英国公司法中，国务大臣、金融服务局、社区利益公司监管人等，可以作为申请主体。② 我国台湾地区“民法”第38条规定，不能依前条规定，定其清算人时，法院得因主管机关、检察官或利害关系人之申请，或依职权，选任清算人。《日本民法典》第75条规定，无前条规定的清算人，或因清算人欠缺而有产生损害之虞时，法院可以因利害关系人或检察官的请求、或依职权选任清算人。

《民法总则》第70条第3款中的“主管机关”，应当限缩解释为“业务主管机关”。主管机关是国家管制社会观念的表达，包括业务主管机关，也指登记主管机关。营利法人的登记机关是工商部门，非营利法人的登记机关是民政部门。改革的方向是放松管制，鼓励自治，并不是每一个法人都有业务主管机关。基于公司自治的制度安排，大部分公司并没有业务主管机关。根据《公司法》第6条第2款和第12条第2款，公司经审批才能设立的，或经营范围须经审批的，才具有业务主管机关。根据2015年中共中央办公厅、国务院办公厅颁布的《行业协会商会与行政机关脱钩总体方

---

① 《最高法发布保护英雄人物人格权典型案例》，载《北京日报》2016年10月20日。

② 葛伟军：《英国公司法要义》，法律出版社2014年版，第472页。

案》，行业协会商会依法直接登记和独立运行，取消行政机关（包括下属单位）与行业协会商会的主办、主管、联系和挂靠关系。法人终止原则属于私人自治的范畴，如不涉及公共利益，公权力就不能干预。

主管机关作为申请法院指定清算组成员，是《民法总则》重大的制度变革。对于申请主体，《公司法》第183条规定了“债权人”，《最高人民法院关于适用〈中华人民共和国公司法〉若干问题的规定（二）》（以下简称《公司法司法解释二》）第7条第3款增加了“股东”。《农民专业合作社法》第41条第2款规定，申请法院指定清算组的主体，局限于成员和债权人，同样不包括主管机关。“主管机关”提起申请指定清算组成员的诉讼，目前主要体现在慈善等特殊领域。《慈善法》第18条第2款规定，慈善组织决策机构不成立清算组或者清算组不履行职责的，民政部门向法院提起申请指定清算组成员的诉讼。立法者对此的解释是，慈善组织作为非营利组织，涉及社会公共利益，与公司的营利性质有所不同，因此，申请主体有所不同，赋予民政部门申请人民法院指定组成清算组的权利。[①]《民法总则》赋予所有法人的主管机关向法院申请指定清算组成员，并不仅仅是针对慈善组织的主管机关。《公司法》和《农民专业合作社法》等特别法及其司法解释，建议适时予以修改。

（二）法人主管机关申请指定清算组成员的范围限定

法人主管机关申请指定清算组成员，原则应当限定在行政解散的情形。《民法总则》第69条规定，法人解散事由包括“依法被吊销营业执照、登记证书，被责令关闭或者被撤销”等。“吊销营业执照、登记证书，责令关闭”与“被撤销”不同，前者是行政处罚，仍然具有法人资格，只是违法需要处理。后者不是行政处罚，是对不符合登记条件的法人，予以撤销。两者的法律界定虽然不同，但都属于行政解散，主管机关提出指定清算组成员的申请，具有正当性。对于自愿解散，法人主管机关原则应当尊重当事人的意思。根据《慈善法》第18条第2款，在自愿解散中，不成立清算组或者清算组不履行职责，民政部门就有权提起申请。

法人主管机关申请指定清算组成员，目前不适用于法人主管机关自行

---

① 李适时：《中华人民共和国慈善法释义》，中国民主法制出版社2006年版，第69页。

组织清算的情形。与《民法通则》第47条相比，《民法总则》第70条删去了“主管机关”组织清算的职责，增加了“主管机关”申请确定清算组成员的义务。根据现行民事特别法，在保险、银行、证券、信托、民办学校等领域，主管机关可以自行组织清算组，而不必要通过诉讼程序申请法院指定清算组成员。如《商业银行法》第70条规定，商业银行被吊销营业执照的，银监局应当依法组织清算。《保险法》第149条规定，保险公司被吊销营业执照，或偿债能力明显过低，保监局应当依法组织清算。《民办教育促进法》第58条规定，民办学校被审批机关依法撤销的，由审批机关组织清算。这些民事特别法规定的主管机关自行组织清算，上位法是《民法通则》第47条以及《民法通则意见》第59条。行政机关自行组织清算，在有计划的商品经济时代，具有合理性。随着市场在资源配置中决定作用的提出，公司清算越来越具有专业性。行政机关向法院申请确定清算组成员，通过市场化的社会中介机构解决清算中的问题，更具有国家治理现代化的意义。未来改革的方向是，减少或者取消法人主管机关自行组织清算的职责。

六、捐助法人主管机关请求撤销捐助法人决议的民事诉权

《民法总则》第94条规定，捐助法人的决策机构、执行机构或者其法定代表人作出决定的程序违反法律、行政法规、法人章程，或者决定内容违反法人章程的，捐助人等利害关系人或主管机关可以请求人民法院撤销该决定。我国台湾地区“民法”第64条规定：“财团董事，有违反捐助章程之行为时，法院得因主管机关、检察官或者利害关系人之申请，宣告其行为无效。”对于我国捐助法人主管机关的此类诉权，在法律适用中应当把握以下三点：

（一）捐助法人主管机关请求撤销决议的原因分析

捐助法人包括基金会、社会服务机构和宗教活动场所等。捐助法人的登记主管机关是民政部门，业务主管机关可能是民政部门，也可能是其他部门。根据《基金会管理条例》第7条规定，基金会的主管机关是国务院有关部门或其授权的组织，或省、自治区、直辖市人民政府有关部门或其授权的组织。如民政部为中华社会救助基金会的业务主管机关，卫计委为

中国医学基金会的业务主管机关，中国法学会为中国法学交流基金会的业务主管机关。根据《社会服务机构登记管理暂行条例》第5条的规定，社会服务机构的主管机关为县级以上人民政府的有关部门或授权的有关组织。根据《宗教事务条例》第5条的规定，宗教活动场所的主管机关为县级以上人民政府宗教事务部门。

捐助法人“主管机关”向法院提起撤销决议的诉讼，只是最后的救济路径。该条的表述是“利害关系人或主管机关”，表述为“主管机关或者利害关系人”，更符合立法目的，因为主管机关的民事诉权只是出于补充作用。“利害关系人”包括捐助财产的受益人、捐助人的近亲属等。“主管机关”依法享有行政职责，可以责令捐助法人负责人依法承担相应行政责任，建议捐助法人自行撤销决议。这里的建议权，是行政权行使的新特征，符合软法治理的要求。如果捐助法人拒不撤销，捐助人等“利害关系人”也没有及时起诉，“主管机关”可以提起诉讼。赋予主管机关诉权，加大了对捐助法人的监督力度，保护了捐助人的权益。

（二）捐助法人主管机关提起诉讼的类型

《民法总则》第94条只规定了捐助法人主管机关提起决议撤销之诉，而没有规定提起决议不成立或决议无效的诉讼。这并不是立法疏漏，决议可撤销属于法人内部事宜，属于组织法的范畴，因此，放在法人一章予以规定。① 决议的成立与效力适用《民法总则》第6章“民事法律行为”的规定。决议不存在之诉和决议无效之诉，与决议撤销之诉具有类似性，应当可以参照适用。《公司法司法解释四》对股东会或者股东大会、董事会决议不成立的事由，作出了具体的规定。对此可以参照适用，如虚构决议、未对决议事项进行表决、表决人数不符合章程规定等，均构成决议不成立。《民法总则》第146条、第153条等规定了民事法律行为的无效，这对于捐助法人决议同样适用。

（三）捐助法人主管机关民事诉权的参照适用

其他非营利法人主管机关必要时，可以提起决议撤销之诉、决议不成立之诉或无效之诉。《民法总则》第91条规定，不能按照法人章程规定或

---

① 李适时：《中华人民共和国民法总则释义》，法律出版社2017年版，第293页。

者权力机构的决议处理的，由主管机关主持转给宗旨相同或者相近的以公益为目的的法人，并向社会公告。该条款也有“主管机关”的表述。事业单位法人、社会团体法人等其他非营利法人与捐助法人虽然具有重大的区别，但都是以非营利为目的。事业单位、社会团体、基金会和社会服务机构等，并不是严格的二元划分，可能存在分类的模糊，存在分类的交叉。因此，其他非营利法人必要时也可以参照《民法总则》第94条第2款的规定，维护国家利益和社会利益。

其他非营利法人主管机关提起撤销剩余财产不当分配决议的诉讼。《民法总则》第95条规定了为公益目的成立的非营利法人终止时剩余财产的处置。该条包括三层含义：其一，不得向出资人、设立人或者会员分配剩余财产；其二，剩余财产要用于公益目的；其三，无法按照章程或决议处理的，主管机关主持转给宗旨相同或者相近的法人。如果非营利法人终止时，通过决议不当处分了剩余财产，用于非公益目的，该法人的主管机关有权提起民事公益诉讼。从理论上，法人的主管机关可以责令非营利法人及其相关责任人退还剩余财产，还可以进行行政处罚等。然而，是否用于非公益目的，通过法院审理予以确定，更能凸显司法权的权威。毕竟，要求要求返还财产，更多属于民法上的诉权。

营利法人主管机关不能提起决议撤销之诉，也不能提起决议不成立或无效之诉。《民法总则》第85条规定，请求撤销营利法人的权力机构、执行机构决议的主体限定在“营利法人的出资人”。《公司法》第22条第2款和《公司法司法解释四》第2条，与该条规定一致，原告主体资格应当具有股东资格。对于决议不成立或者无效之诉，《民法总则》对原告主体资格没有规定。《公司法司法解释四》第1条规定，公司股东、董事、监事等具有原告主体资格。据此，营利法人决议不成立或者无效之诉的原告主体资格，应当适当扩张，不能只限于股东，还应包括董事、监事、职工、债权人等，但不能扩张到“主管机关”。

七、《民法总则》行政机关民事诉权条款的理论反思

《民法总则》并不都是纯粹的私法规定，而是包含大量引致行政权规范。其中，包括至少有10个行政机关民事诉权条款，由此引发的民法理念变迁以及国家治理理念的变迁，需要从理论上系统予以梳理。应当充分发

挥行政机关民事诉权的功能，扩大社会组织的民事诉权，充分发挥检察院民事诉权的补充作用。

（一）行政机关民事诉权的定位

有学者认为，行政机关可以通过行政处罚和行政强制等手段，督促违法者纠正违法行为，而不需要采取民事公益诉讼的方式。行政机关提起民事公益诉讼，会造成行政权与司法权的功能错位，使民事诉讼结构的失衡，成为遮掩行政失误的合法手段，滋生权力寻租和利益勾兑行为。[①] 而有学者认为，对行政机关提起民事公益诉讼，应当保持开放、乐观的态度，担忧遮盖行政失误就不让提起公益诉讼，是一种因噎废食的非理性选择。[②] 2012 年修改后的《民事诉讼法》第 55 条第 1 款规定："对污染环境、侵害众多消费者合法权益等损害社会公共利益的行为，法律规定的机关和有关组织可以向人民法院提起诉讼。"

本文认为，行政机关提起民事公益诉讼，具有正当性。行政主管机关等有关机关，作为公共利益的主要维护者和公共事务的管理者，就其职责范围内提起民事公益诉讼，可以弥补行政手段的不足。行政罚款等行政手段，难以填补环境污染和生态破坏等损害公共利益造成的损失，对违法者的威慑不够。监管部门因地方保护主义或者受其他因素制约等原因，不能为或者消极不作为，因此，允许提起民事公益诉讼，可以弥补行政监管的局限。[③] 污染环境、侵害众多消费者合法权益的案件多发，损害公共利益的情况比较严重，《民事诉讼法》明确予以规定。同时，为扩大适用留下空间，立法采取了"等"的兜底性规定。

传统行政权直接介入民事生活，是计划经济体制的产物。弘扬私法自治精神，减少国家公权力对市民社会的不当干涉，仍然是我国民法典编纂应当坚持的首要原则。我国《民法总则》第 1 条的立法目的条款，两次使用了"社会主义"，使用"维护社会和经济秩序"的表述，而不是"维护经济和社会秩序"。第 128 条明确规定，对未成年人、老年人、残疾人、

① 汤维建：《公益诉讼的主体资格》，载《中国审判》2012 年第 6 期。

② 唐玉富：《公益诉讼原告主体范围之扩张》，载《浙江工商大学学报》2015 年第 2 期。

③ 王胜明：《中华人民共和国民事诉讼法释义》，法律出版社 2012 年版，第 105 页。

妇女、消费者等的民事权利，实行特别保护。根据十九大的报告，中国特色社会主义进入新时代，我国社会主要矛盾已经转化为人民日益增长的美好生活需要和不平衡不充分的发展之间的矛盾。在此背景下，民法社会化进程在不断加快，弱势群体保护正在成为立法的重点。行政主管机关作为特定民事领域公共利益的维护者，提起民事公益诉讼，既可以促使其依法行政，又可以利用民事诉讼程序弥补行政手段的不足。

纵观《民法总则》条文，在认定自然人民事行为能力、监护、宣告失踪、宣告死亡、变更失踪人财产代管人等领域，弱势群体的权益保护需要行政权的积极介入。在维护慈善组织和捐助人合法权益、维护英雄烈士合法权益等领域，需要行政权的积极介入。行政机关向法院申请提起申请认定成年人民事行为能力、撤销监护人资格、申请宣告失踪或宣告死亡、请求撤销捐助法人决议、申请确定法人清算组成员、保护英雄烈士人格利益等，属于行政权行使方式的重大创新。行政权虽然介入了民事生活，但只是通过司法裁判的途径介入，一方面，坚持司法最终决定的理念；另一方面，也避免了不当干预，展示了国家治理的新理念。

（二）社会组织民事诉权的定位

截至2014年第三季度，全国依法登记的法人类社会组织共567000个，其中社会团体296000个，基金会3872个，民办非企业单位269000个。①社会组织的整体实力不断提升，已经成为政府职能的主要承接者、公共服务的重要提供者，已经成为国家治理不可或缺的重要力量。现代治理的核心是治理主体的多元化和和非中心化，从“国家统治”到“国家治理”，关键是国家不再垄断所有的治理事项，让社会组织成为治理主体。《民事诉讼法》第55条第1款赋予环保组织和消费者协会等社会组织，提取民事公益诉讼的权利。这是社会组织参与公共治理的重要表现，是国家治理能力和治理体系现代化的重要支撑。

根据《民法总则》第24条和第36条，民政部门申请认定自然人民事行为能力，申请撤销监护人资格，是以居民委员会、村民委员会、学校、医疗机构、妇女联合会、残疾人联合会、依法设立的老年人组织等社会组

---

① 《民法总则立法背景与观点全集》编写组：《民法总则立法背景与观点全集》，法律出版社2017年版，第509～510页。

织，不及时行使相应诉权为前提的。民政部门是监护职责的法定兜底部门，国家监护只发挥最后的补充作用。充分发挥各种社会组织的职能，有利于减轻民政部门的工作压力。实践中，未成年人救助保护机构、共青团、机关工委、工会等都可以作为申请主体。

对于法人主管机关向法院申请指定清算组成员，捐助法人主管机关向法院申请撤销捐助法人决议，《民法总则》第 70 条和第 94 条并没有规定与此相对应的社会组织诉权。随着参与制民主的发展，国家公权力呈现向社会转移的趋势，各种社会团体、行业协会、自治团体等发挥着越来越重要的作用。目前，需要鼓励符合条件的社会组织提起诉讼，发挥其在国家治理中的作用。如可以考虑慈善业协会分担捐助法人主管机关的部分职责，赋予其申请撤销捐助法人决议的诉权。是否赋予其他行业协会，如银行业协会、保险业协会、证券业协会等申请指定清算组成员的职责，需要进一步研究。毕竟按照目前的法律规定，金融机构主管机关可以自行组织清算组，不需要经法院指定程序。

对于民政部门等提起保护英雄烈士等人格权益相关的诉讼，应当由英雄烈士等的户籍所在地或住所所在地的民政部门管辖。为了更好保护英雄烈士等人格权益相关，国家应当鼓励设立各种英雄烈士等的保护组织，减轻民政部门的诉讼压力。可以考虑成立英雄烈士等的保护协会，或者成立保护英雄烈士等的基金会。目前，正在审议的《英雄烈士保护法》第 25 条第 2 款，应当增加社会组织的民事诉权。具有类似贡献的杰出人士的人格权益保护可以通过司法解释的方式确定。

当然，并不是任何行政机关民事诉权，都需要相应的社会组织诉权相配套。如《民法总则》第 46 条只是笼统规定为“利害关系人”。按照本文前面的论述，在公安部门人口管理的职能移交民政部门后，民政部门可以作为申请宣告死亡的主体。相关社会组织如果不是失踪人的监护人，不宜作为申请宣告死亡的主体。因为死亡宣告是重大事件，会产生一系列私法和公法上的法律后果。没有利害关系人，应当由行政机关集中统一行使，避免管理的混乱，徒增操作成本。

（三）检察院民事诉权的定位

早在 2000 年，最高人民检察院就发布了《关于强化检察职能、依法保护国有资产的通知》，强调“检察机关应充分发挥检察职能，对侵害国家利益、社会公共利益的民事违法行为提起诉讼”。2017年6月修改后的我国《民事诉讼法》第55条第1款明确规定了检察院兜底性的民事诉权。检察院享有《民法总则》规定的相关行政机关的民事诉权，也享有基于社会公共利益保护需要的其他民事诉权。《英雄烈士保护法》第25条第2款，将检察院作为唯一的保护英雄烈士的诉讼主体似乎并不适当，建议予以修改。

从实然看，检察院在行政机关提起公益诉讼过程中，发挥了重要作用。2015年2月，检察机关支持起诉的全国首例民政部门申请撤销监护权案件，在江苏省徐州市铜山区法院开庭审理并当庭判决。① 2017年12月，湖南省道县法院作出两起撤销监护权的判决，这两起案件均系上海市青浦区检察院建议湖南省道县民政局启动的撤销未成年人监护权之诉，也是全国首例检察机关跨区域督促异地撤销监护权的案件。② 2017年10月，北京市首例民政部门申请撤销监护人资格案件，得到了及时有效的解决，主要原因是公安、检察、法院、民政、团委、妇联、社工机构、法援律师等机关、机构的共同努力。③ 在这些案件中，检察院向民政局发出了《检察建议书》，建议提起申请撤销监护人资格；向法院递交了《支持起诉意见书》，阐述了相关的案件事实和法律适用。甚至在有的案件中，检察官还多次陪同承办法官去案发地等调查取证。④ 在这些案件中，提起诉讼的主体是民政部门，检察院只是行使相应的建议权和监督权。虽然早在2003年，山东省乐陵市检察院就针对某化工厂污染环境的行为提起公益诉讼，然而检察院直接提起民事公益诉讼的案件还比较少，需要更加积极行使民事诉权。如目前对于有权申请宣告失踪和宣告死亡等的行政机关，立法还

---

① 《检方支持起诉的首例民政部门申请撤销监护权案宣判》，载《检察日报》2015年1月6日。

② 《全国首例检察机关督促异地撤销监护权案件判决》，载《检察日报》2018年1月1日。

③ 《海淀法院审结北京市首例民政部门申请撤销监护人资格案件》，载《法制晚报》2017年10月26日。

④ 赵聊、李庆：《未成年人检察公益诉讼制度构建研究——以全国首例民政部门申请撤销监护权案为例》，载《青少年犯罪问题研究》2015年第5期。

没有正式确定。从解释论上，检察院可以对此提出申请，充分发挥兜底性作用，强化对弱势群体利益的保护。

八、结语

民法典编纂绝不仅仅是平等主体之间的私权关系，更是国家公权力运行方式的改革。《民法总则》是民事生活的基本法，也应当成为国家公权力的行为准则。《民法总则》行政机关民事诉权条款，具有深层次的立法理由，落实好实现好《民法总则》，将产生良好的社会效果。行政权应当在有限政府和责任政府的构建中，推动这些条款更为有效的实施。《处理监护人侵害未成年人意见》只规定民政部门申请撤销未成年人监护人资格，而没有规定民政部门申请撤销成年人监护人，应当修改完善，统一规定。不能辨认或者不能完全辨认自己行为的成年人没有近亲属，也没有其他愿意承担监护职责的人或有关组织，民政部门作为承担监护职责的兜底性机构，应当及时向法院提出认定该成年人民事行为能力的申请。民政部门是成年人的监护人，或民政部门虽然不是成年人的监护人，但其监护人拒不申请或怠于申请，民政部门可以向法院提出将该成年人恢复为限制民事行为能力人或者完全民事行为能力人的申请。民政部门、社会保障部门和公安部门等行政机关，如果与失踪人之间存在私法或者公法的权利义务关系，可以作为宣告失踪或宣告死亡的申请主体。民政部门和军队政治机关等，可以作为维护英雄烈士等人格权益的诉讼主体。法人主管机关向法院申请指定清算组成员，目前主要适用于慈善组织等领域，未来应当扩大适用范围，逐步取消法人主管机关自行组织清算的职责。捐助法人主管机关可以请求法院撤销捐助法人决议、确认决议无效或不成立，其他非营利法人主管机关必要时可以参照适用。行政机关这些民事诉权对法院的审判工作提出了新的挑战，需要实务界和学术界高度关注。《最高人民法院公报》2007 年第 6 期刊载的《高淳县民政局诉王昌胜、吕芳、天安保险江苏分公司交通事故人身损害赔偿纠纷案》，驳回了高淳县（现为高淳区）民政局的起诉。2011 年，最高人民法院民一庭系统梳理诸多类似案件后认为，因侵权行为导致流浪乞讨人员等身份不明人员死亡，在法律未明确授权的情况下，民政部门等行政部门或其他机构无权向人民法院提起民事诉讼。[①] 2012年、2017年《民事诉讼法》进行了两次修改，确立了民事公益诉讼制度。《民法总则》确立了家庭监护为基础，社会监护为补充，国家监护为兜底的监护体系，为有关社会组织和民政部门提起民事公益诉讼或民事公益非诉程序，提供了有力的法律支撑。因此，法院应当及时更新观念，积极回应新时代的社会需求，充分发挥司法在国家治理现代化的作用。判

① 最高人民法院民一庭：《民事审判指导与参考》2011年第2辑，人民法院出版社2011年版，第118页。

涉外违约与侵权责任竞合案的识别及法律适用问题初探

李乐敏[*]　傅梦露[**]

一、问题简述及研究意义

侵权责任，一般是侵犯了人身权、物权、知识产权等绝对权，造成了损害后果而需要承担的责任；违约责任是当事人违反合同债务时国家强制其承担的责任。侵权责任和违约责任的竞合是指同一行为同时符合侵权责任和违约责任的构成要件，可以同时成立侵权责任和违约责任的现象，主要特征为：第一，当事人之间存在有效合同关系；第二，因一个民事不法行为产生；第三，同时符合违约责任和侵权责任的构成要件；第四，所产生的违约责任和侵权责任互相冲突。① 其主要类型有：(1) 固有型，即“违反合同约定的给付义务同时侵害固有利益的加害给付”,② 也就是说，违约行为同时产生了

---

* 浙江振邦律师事务所主任。

** 浙江振邦律师事务所律师。

① 侯勇：《涉外违约与侵权责任竞合的国际私法调整》，西南政法大学 2007 年硕士学位论文。

② 谢鸿飞：《违约责任和侵权责任竞合理论的再构成》，载《环球法律评论》2014 年第 6 期。

侵害结果，此时的违约主要是以作为方式存在，如保管人将保管物占为己有。至于此种情况下不作为的违约是否构成侵权行为，学术上仍有争议。与固有型相关的合同范围较广，涉及买卖合同、租赁合同、保管合同及医疗合同等等。(2) 违约责任扩张型，指由于违反了合同法上的保护义务而产生侵权责任和违约责任。① (3) 侵权责任扩张型，因侵权责任的客体纳入某些利益而产生的责任竞合新形态，②譬如，瑕疵产品引起的违约责任有向侵权法扩张的趋势。

国内的侵权和违约竞合责任在理论上的发展大致经历了两个阶段，一是侵权责任和违约责任能否竞合的问题，二是两者竞合后应当如何处理的问题。② 关于这两种学说，学术上百家争鸣，众说纷纭，至今没有定论。除了理论研究，司法实践也在逐步发展，不可否认侵权责任和违约责任竞合案件在国内的运用逐渐走向成熟。同样地，在国际私法中，涉外案件侵权责任和违约责任竞合的情况也愈演愈烈，由于其超越了一个国家的范围，则必然涉及不同的法律制度，由此产生的由哪个国家管辖的问题则为竞合案件的管辖权冲突，不同国家或地域对同一案件所涉法律范畴有不同规定，则产生识别冲突，最终援引何国的国际私法来确定竞合案件适用的准据法则为法律适用过程。故涉外侵权责任和违约责任竞合案件相较于国内案件多了涉外因素，而相对于普通的涉外案件又增加了“竞合”因素，因而，本文笔者将依据其特性，把此类涉外竞合案件作为一种特殊的类型加以探讨，主要问题包括识别在涉外竞合案件法律适用中的地位和功能，是否应当弱化识别的功能以及如何解决识别冲突；竞合案件应当如何适用法律，是通过援引合同冲突规范，还是侵权冲突规范找到其最终应当得以适用的实体法规范；在适用法律时，还需考虑到双重性质对案件的影响；此外，分割方法能否运用到其中来也是一个值得思考的问题。

值得说明的是，法院的管辖权问题亦是一个值得探讨的问题，在管辖权确定之前之中之后都涉及识别问题，但是考虑到情况的复杂性和本文篇

①② 谢鸿飞：《违约责任和侵权责任竞合理论的再构成》，载《环球法律评论》2014年第6期。

② 张绍鸿：《侵权责任和合同责任竞合的国际私法问题》，中国政法大学2008年博士学位论文。

幅的限制，笔者假设，本文前提是侵权责任和违约责任竞合案件的管辖权已经确定，对该类案件的管辖权冲突问题不在此文予以探讨。

二、涉外侵权责任和违约责任竞合的识别问题

识别，是指在适用冲突规范的过程中，依据一定的法律观念，对有关的事实构成作出“定性”或“分类”，将其归入一定的法律范畴，从而确定应援用哪一冲突规范的认识过程。[①]

法院对侵权责任和违约责任竞合案件的识别影响了案件的管辖权和法律适用。在管辖权方面，各国一般按照地域管辖原则来确定涉外侵权案件和涉外违约案件的管辖[②]，侵权案件一般适用侵权地管辖，而合同案件会采取合同缔结地和合同履行地作为其管辖地，因而，同一个案件被识别为不同责任，往往会导致不同的法院地的管辖。在法律适用方面，侵权案件和合同案件也有所不同，侵权案件一般采取客观的连结点，合同案件则适用以意思自治为原则，最密切联系原则为辅的合同自体法原则来选择法律。基于此，厘清识别问题十分关键。对侵权责任和违约责任竞合案件的识别需要解决的问题是，该案件为侵权案件还是违约案件。

（一）主要学说

为了更好地解决识别及法律适用问题，了解侵权责任与违约责任竞合的理论背景是必要的，目前主要的学说有：

1. 法条竞合说[③]

法条竞合说源于刑法，后为民法所借鉴，认为同一法律事实，既符合侵权责任的构成要件，又符合违约责任的构成要件，权利人仅有一个请求权，即“一项法律规则排除其他法律规则的适用”。[④] 同时，又认定契约法

---

① 韩德培主编：《国际私法》，高等教育出版社、北京大学出版社2007年第2版，第126页。

② 刘晓红：《论国际私法对涉外合同责任和侵权责任竞合之处理》，载《华东政法学院学报》2001年第2期。

③ 崔建远：《合同法》，北京大学出版社2013年第2版，第328～329页。

④ ［德］克雷斯蒂安·冯·巴尔、乌里希·德罗布尼西：《欧洲合同法与侵权法及财产法的互动》，吴越等译，法律出版社2007年版，第177页。

具有优先性，优先于侵权法适用，这一学说主要为 Hellwing、Endemann 等德国早期学者所主张，[①] 其否认了同一法律事实之上多个请求权的并存，实际上是从法律适用的角度来解决问题，而非从权利本身来看。因而，最终排除侵权法的适用，而适用合同法，这种做法十分简单方便但未免流于粗暴，过于偏重逻辑演绎，而忽视了价值判断和当事人之间的利益平衡，于受害人不利。

2. 请求权竞合说[②]

该学说认为，一个法律事实，同时具备违约行为和侵权行为的构成要件时，在此基础上产生的两个请求权是独立并存的。请求权竞合说又包括请求权自由竞合说和请求权相互影响说。

（1）请求权自由竞合说

该说认为两个请求权独立并存，其构成要件、赔偿责任互不影响，权利人可以择一行使，当其中一个请求权被行使并且得到满足后，另一个请求权自动消灭；但若其中一请求权未得到满足但又由于其他事由消灭，权利人仍可以行使另一请求权，两个请求权可以分别处分。其缺点是加重了债务人的负担。

（2）请求权相互影响说

该学说的主要目的是为了调和请求权自由竞合说中两个请求权绝对独立的不协调状况，认为两个请求权之间相互影响，相互作用，尤其是在责任要件、责任限制和时效等方面上。

3. 请求权规范竞合说[③]

该学说最大的特色在于其否认了“请求权竞合说”中多个请求权独立并存的观点，认为在这种情况下只产生一个请求权，但有两个法律基础，分别为合同关系和侵权关系。

以上各个学说都存在优缺点，法条竞合说是比较早期的责任竞合学说，过分强调了合同自由，而忽视了侵权法对固有利益的保护，不利于受害人行使权利；请求权自由竞合说不仅过分扩大了当事人权利，而且造成

---

① 许凯：《侵权冲突法研究》，华东政法大学2012年博士学位论文，第110页。

②③ 崔建远：《合同法》，北京大学出版社2013年第2版，第328～329页。

了法律的不确定性;[1] 请求权相互影响说无法令人满意的原因源于其自身内在逻辑的矛盾性；而请求权规范竞合说也带来了当事人选择和法官适用法律的矛盾。笔者认为，在运用各种学说处理案件时，应当树立一种基本的立场，无论是从保护受害人利益的角度出发，还是站在平衡双方当事人之间的关系的立场，各国立法态度不同，选择也会有偏向。笔者的意见是，坚持以保护受害人利益为原则是比较适当的，因为无论是违约还是侵权，都在客观构成了两种责任，那么，就应当允许当事人选择对其有利的一种行使，而考虑到双方当事人利益的平衡，法律可以对权利人的选择权加以限制，而不是不加考虑地全部予以剥夺。

（二）识别标准

识别冲突指由于法院地与有关外国法律对同一事实构成作出不同的分类，采用不同国家的法律观念进行识别就会导致不同冲突规范和不同准据法的适用。[2] 识别冲突在涉外竞合案件中的具体体现为，当一国将案件识别为违约案件，另一国将案件识别为侵权案件，导致适用不同的法律，使得最终的裁判结果截然不同。为了尽可能地缩小识别造成最终判决结果的差距，确认识别标准十分重要。识别标准，即援用哪一国家的法律规范作为解决识别冲突问题的依据，主要的观点有法院地法说、准据法说、分析法学与比较法说、个案识别说、折中说、功能定性说、两级识别说等,[3] 各国学说和实践皆有不同。这是一个不断发展的理论，目前还未见有统一的可能性。

至于坚持和采用何种学说，这是个见仁见智的问题。但是无论采取何种标准，基本的态度应当是“从有利于促进国际民商事交往、保护民商事关系稳定，维护当事人合法权益，便利案件处理的目的出发，来确定识别

---

① 张绍鸿:《侵权责任和合同责任竞合的国际私法问题》，中国政法大学2008年博士学位论文。

② 韩德培主编:《国际私法》，高等教育出版社、北京大学出版社2007年第2版，第127页。

③ 韩德培主编:《国际私法》，高等教育出版社、北京大学出版社2007年第2版，第128~131页。

标准。”①

一般情况下，法院地所在国为了维护本国法律权威和政策利益，很难抛弃用本国法去识别案件，而代之以其他国家的法律；而且法官对本国法和本国理论较为熟悉，让其去适用其他国家的法律，语言和对法律内容的理解都将成为极大的障碍，因而，笔者认为，在实践中采取以法院地法为主的识别标准是无可厚非的，且目前似乎也没有更好的办法。

（三）识别结果

在法院确定了识别标准并经过一系列识别过程之后，最后将得到三种识别结果。第一，法院将疑似竞合案件识别为侵权案件；第二，识别为违约案件。这两种情况比较简单，既然法院地并未将案件识别为竞合案件，那么只要按照一般涉外案件的处理方法，根据侵权冲突法或者违约冲突法的指引，就得适用其最终的准据法，本文的重点不在于此，而在于第三，法院得出识别结论，确认为涉外侵权责任和违约责任竞合案件，后文将对此种情况进行重点讨论。

当涉外案件被识别为侵权责任和违约责任竞合之后，则需要考虑法院地所在国对于侵权责任和违约责任竞合与否的态度，亦即实践中各国是否允许两种责任的竞合。

（四）各国立法例

1. 禁止竞合模式

受法条竞合说的影响，采取这种模式的最典型国家为法国、比利时、卢森堡。其皆规定合同责任与侵权责任不能同时适用。当两者重叠或冲突时，合同法优先于侵权法适用，这种法律规则叫作“责任不叠加原则”。②而法国坚持禁止责任竞合的做法更为重要的原因是，其把合同法看做侵权法的特别法，认为违约行为既违反了合同法又构成侵权行为时，两种责任只能成立其中一种。与此同时，这些国家亦规定了例外情形，主要体现在不同法律领域下责任的竞合，如刑事责任与违约责任竞合的情况下；以

---

① 韩德培主编：《国际私法》，高等教育出版社、北京大学出版社2007年第2版，第131页。

② ［德］克雷斯蒂安·冯·巴尔、乌里希·德罗布尼西：《欧洲合同法与侵权法及财产法的互动》，吴越等译，法律出版社2007年版，第178页。

及，当合同违约方只违反一般注意义务且损害与期待利益无关时，也可适用侵权法。①

2. 允许竞合模式

采取允许竞合模式的国家有德国、奥地利等。以德国为例，德国学者主要持请求权竞合说和请求权规范竞合说的主张，认为两种责任并不互相排斥，可以并存，因而，在实务上也承认责任竞合。“若除违约外，还侵犯了第 823 条第 1 款条中的权利或违反法律保护目的（尤其在财产损害和人身伤害中），就会适用合同责任和侵权责任的竞合原则。”②

3. 有限制的选择诉讼模式③

这种模式主要存在于英美法上，英国通过司法判例承认，权利人既可获得侵权之诉的附属利益，又可获得违约之诉的附属利益。但是，英国采取这种做法的原因是仅仅认为案件只是诉讼法上的选择权问题，即程序法上的诉因竞合而不是实体法上的请求权问题，这与德国的请求权竞合观点有着本质的区别。同时，英国在其适用上规定了严格的适用条件：“第一，当事人之间存在有偿合同关系；第二，合同以外的第三人不能提违约之诉，只能提侵权之诉；第三，因疏忽或非暴力行为造成财产损失，不构成一般侵权行为；第四，行为人的行为既违反了合同法，也违反了侵权法，且其行为即使在没有合同关系的情况下也构成侵权。”④

总之，若法院地采取禁止责任竞合的态度，则只能认定为构成一种责任，而不再是竞合案件，当事人也丧失了选择之余地。若法院地允许责任竞合或者有条件地允许责任竞合，则两种责任均可以构成，此时，方可讨

---

① ［德］克雷斯蒂安·冯·巴尔、乌里希·德罗布尼西：《欧洲合同法与侵权法及财产法的互动》，吴越等译，法律出版社 2007 年版，第 178 页。

② 连续的判例法，见*BGH28th April. 1953，BGHZ9p. 301，302；BGH 24th May. 1976，BGHZ66p. 315，319；BGH 17th March 1987，BGHZ 100 p. 190，201；Erman（-Schiemann）BGB I，§823* 引言，*no. 25；Staudinger（-Hanger），BGB 13，§§823ff.* 的引言，*no. 38*；转引自［德］克雷斯蒂安·冯·巴尔、乌里希·德罗布尼西：《欧洲合同法与侵权法及财产法的互动》，吴越等译，法律出版社 2007 年版，第 180 页。

③ 崔建远：《合同法》，北京大学出版社 2013 年第 2 版，第 329 页。

④ 崔建远：《合同法》，北京大学出版社 2013 年第 2 版，第 329～330 页。

论该类案件应当如何选择其冲突规范。

三、涉外侵权责任和违约责任的法律适用问题

当法院地对涉外侵权责任和违约责任竞合案件持允许竞合态度，且案件被识别为两者责任皆可构成，该类案件如何选择其冲突规范，系适用侵权冲突规范还是合同冲突规范，抑或，此非一个简单的二选一问题?

(一) 冲突规范的选择问题

对于涉外侵权责任和违约责任案件最终将适用何种准据法，应当由冲突规范加以指引，适用各国有关冲突规范的具体法律选择方法。一般说来，竞合案件的法律适用取决于法院事先的识别，如果将涉外侵权责任和违约责任竞合案件识别为涉外合同纠纷案件，则应当根据意思自治原则或最密切联系原则来确定准据法，而将竞合案件识别为涉外侵权案件，则适用于该案件的准据法通常是侵权行为地法或与该侵权案件有更密切联系的地的法律。同时，随着意思自治原则被引入侵权领域，一些国家也赋予了侵权案件的当事人选择法律的权利。① 以违约性侵权案件为例，竞合案件受到先合同关系的法律适用规则的影响，主要体现在以下三个方面：

第一，由于最密切联系原则在现代侵权冲突法上的广泛应用，使得竞合案件的先合同关系被当作最密切联系的因素之一加以考虑，竞合案件的准据法指向合同关系所在国的侵权实体法。②

第二，涉外侵权责任和违约责任竞合案件受到意思自治原则的影响并给意思自治带来挑战。意思自治，在国际私法上集中体现为当事人有依据其意思选择法律适用的自由。意思自治原则源于合同冲突法领域，后来逐步扩展到涉外婚姻、继承、物权、侵权等领域。涉外合同领域的意思自治，一般是在纠纷发生之前双方当事人已经达成合意，是事先的意思自治；而竞合案件的落脚点在请求权的竞合上，因而，一般在纠纷发生后，"将竞合的请求权归入当事人的处分权范围，即根据当事人的自主意思选择何种请求权，这是另外一种情形的意思自治，是事后的单方当事人的意

---

① 侯勇：《涉外违约与侵权责任竞合的国际私法调整》，西南政法大学2007年硕士学位论文。

② 许凯：《侵权冲突法研究》，华东政法大学2012年博士学位论文。

思自治”。① 而无论是事先的意思自治还是事后的意思自治，在涉外竞合案件中都有可能存在，也无需加以禁止。上文已经讨论了各国对于涉外侵权责任和违约责任是否允许请求权竞合的三种情况，归根结底为两种立法态度。其一，在禁止责任竞合的情况下，因为不承认侵权责任，例如，法国法，受害方只能主张合同权利，在合同范围内求偿。此时，虽然双方当事人事先的合同内容得到了尊重，但是受害方却没有选择竞合责任的权利，这其实剥夺了当事人事后的意思自治；其二，在允许责任竞合的情形下，侵权责任与合同责任可同时存在，由当事人选择一种权利加以行使，享有完全的意思自治，但往往当事人为了选择利益的一面，极有可能绕过合同中对其不利的条款而以侵权起诉，从而导致合同中的所有约定不被适用，破坏了当事人的预期，又构成对意思自治原则的挑战。

第三，尽管竞合案件的法律选择给意思自治带来挑战，但应当注意到的是，最密切联系原则和当事人意思自治原则同时在合同冲突法领域和侵权冲突法领域的适用，将会减少竞合案件按侵权处理或按合同处理的差距。②

实践中，当法官面临具体涉外竞合案件时，应当如何适用法律选择方法，亦是需要探讨的问题。

1. 选择冲突规范的主体

（1）当事人自己选择

涉及内国侵权责任和违约责任竞合的案件，多数国家允许当事人依其自由意志选择行使何种请求权，如中国、德国等。然冲突法是否可以由当事人自己选择？由于我国《涉外民事关系法律适用法》中并未直接规定对涉外竞合案件的处理方法，而且多数国家的国际私法都没有关于竞合责任的规定，因而，实践中可能会发生法院直接选择将涉外竞合案件作为侵权案件或合同案件处理的情况。笔者对当事人是否能选择涉外竞合案件的冲突法持赞同意见，因一国冲突法没有规定的内容，可以适用国内相关法律

---

① 张绍鸿：《侵权责任和合同责任竞合的国际私法问题》，中国政法大学研究生院2008年博士学位论文。

② 刘晓红《论国际私法中对涉外合同责任和侵权责任竞合之处理》，载《华东政法学院学报》2001年第2期。

对此内容的规定；且比较内国实体法，当事人的意思自治程度更高。更重要的是，表面上来看，当事人选择的是某一项冲突规范，本质上，当事人选择的是行使其中某种请求权，因而，对于内国法已经允许侵权责任和违约责任竞合的国家来说，可以视作其在国际私法上对责任竞合也是持允许态度的。允许当事人选择冲突法这种做法的优点是：体现了当事人的利益，有利于保护受害人。缺点在于倘若当事人选择侵权冲突法，对合同内容进行规避，可能会对意思自治产生不良影响。

（2）法官选择

除了当事人选法外，由法官选择对当事人更有利的冲突法是否可行？当事人在未选择其中任意一种请求权的时候，是否允许法官选择？如果允许，法官如何选择？有学者主张：在当事人没有选择冲突规范的时候，法官应当按照有益于受害人的原则替当事人选择。然而法官的工作本来就是在双方当事人举证辩论的基础上进行判决，若是法官在审判前就替受害人选择了一种责任，如何能确定对当事人有利还是有害呢？并且，两种责任的法律构成、举证责任以及各种现实因素的不同，很难说哪种责任才是对当事人最有利的，因为考虑到案子胜诉与否，不能单纯从赔偿额的多少就判定哪种责任对当事人有利。同时，这样做很可能导致审判结果不公正，对被告不利。因而，笔者的意见是，法官不能代替当事人选择请求权，只能由权利人自己选择。

2. 选择冲突规范的方式

（1）当事人协议选择

如何选择冲突规范？是否可由当事人协议选择行使某种请求权？笔者认为，当事人可以协议选择，这是当事人的自由权利；但是协议不应当成为当事人选择冲突规范的前置条件。因为受害人和侵害方一般都会选择对自己有利的请求权或者责任承担方式，而他们的立场相对，选择恰恰是相反的，因而，现实情况往往是不太可能达成协议的。

（2）由权利人直接选择

可行的办法是由受害人直接选择其中一种请求权行使，根据当事人的请求权，找到对应适用的冲突规范，通过冲突规范的指引最后找到解决案件问题的准据法。这也就是说，权利人自主决定，选择何种冲突规范，无需协议。

3. 选择后的结果

倘若当事人选择了行使侵权责任，一般情况下，直接援引侵权冲突规范适用侵权准据法。同理，选择行使违约请求权则应当适用意思自治或者与合同有关的准据法。

但是，值得注意的是，违约责任和侵权责任竞合是一类特殊的案件，既有违约的特性，又有侵权的特性，美国法上直接称之为“contort”,[①] 因而，是否可以将其作为一类，无需经过识别而可以直接找到其连结点？对此，笔者探讨了以下两种可能：其一，直接将合同冲突法适用于竞合案件；其二，分割方法在竞合案件中运用的可行性。

（二）直接将合同冲突法适用于竞合案件

直接将合同冲突法适用于侵权案件来确定侵权准据法。这种观点最早来源于德国学者克罗福勒，主要针对违约性侵权案件这一类型，认为先合同关系和侵权行为成立一种附属关系，应当适用附属关系中的主导因素的法律。[②] 也就是说，对于事先已经存在合同关系的侵权案件，这时案件往往是侵权责任和违约责任竞合的案件，合同关系的冲突规范可以直接适用于侵权纠纷[③]。采取这种做法最典型的代表即是《瑞士联邦国际私法》，其表述为“如果侵权行为违反了业已存在于侵权行为人和受害人之间的法律关系，基于这种行为的诉讼请求，由适用于该法律关系的法律支配。”[④]但是对于“该法律关系的法律”是“合同冲突法”还是“合同准据法”的问题，学界存在争议，究其根源，在于翻译问题。笔者认为，合同冲突法的理解是瑞士法的本意，若理解为合同准据法，则一个涉外违约性侵权案件应当直接适用于该案中合同关系的准据法，也就不存在侵权责任的问题了，此为禁止责任竞合模式，不符合瑞士的立法态度。只有理解为合同冲突法时，一个侵权行为违反了先合同关系，该合同关系的合同冲突规范也适用于当事人的侵权请求。

---

① 谢鸿飞：《违约责任和侵权责任竞合理论的再构成》，载《环球法律评论》2014 年第 6 期。

② 许凯：《侵权冲突法研究》，华东政法大学 2012 年 5 月，第 122 页。

③④ 张绍鸿：《侵权责任和合同责任竞合的国际私法问题》，中国政法大学 2008 年博士论文。

直接将合同冲突法适用于竞合案件，这种做法让涉外竞合案件法律的适用不再繁复，在纷繁复杂中牵出了一条较为明朗的线，使得法律判决结果得以体系化、明确化。同时，它也充分考虑先合同因素，是对当事人先前合意的尊重以及意思自治的维护。笔者认为，这不失为一种可行的做法。因为其适用主导因素的准据法，相对来说在逻辑上能够为人所接受，也能够增加法律的确定性。

（三）分割方法在竞合案件中运用的可行性

分割方法是分割论中主张的对于一个法律关系的不同方面进行分割，分别确定连接点以及准据法的方法。分割论起源于合同冲突规范，最早可以追溯到意大利法则区别说时代，主张将合同分割成不同的方面，分别适用不同的法律；[①] 与之对应的理论是“单一论”。单一论主张对合同的各方面不加区分，合同整体适用某一法律。讨论分割方法的意义在于：一方面，为了解决识别的难题，国际上识别的功能正在逐步弱化，若是可以将涉外侵权和违约责任竞合案件直接适用准据法，而无需再通过识别判断其是侵权案件还是违约案件，这样将会大大节省和缩小法官断案的时间和难度，也会彻底解决这一难题；另一方面，分割方法在合同冲突法中地位和作用不言而喻，而欧美国家的侵权冲突法领域也逐步引入了分割方法，[②] 那么，将其引入竞合案件似乎也在情理之中。

《美国第二次冲突法重述》第145条规定：“1. 当事人侵权行为在某个问题上的权利义务，依在该特定问题上，按照第6条规定的原则，与该事件及当事人有最重要联系的州的本地法。2. 在采用第6条原则决定适用于某个问题的法律时，应当加以考虑的联系包括：（1）损害发生地；（2）加害行为发生地；（3）当事人的住所、居所、国籍、公司成立地和营业所；（4）当事人之间有联系是其联系最紧密的地方。这些联系应按照其对特定问题的重要程度加以衡量。”[③] 这说明在侵权准据法的适用过程中，美国允许采用分割方法，将侵权问题分割成不同方面，并在第2款中列出了应当

---

① 韩德培主编：《国际私法》，高等教育出版社、北京大学出版社2007年第2版，第199页。

② 许凯：《侵权冲突法研究》，华东政法大学2012年博士学位论文，第160页。

③ 许凯：《侵权冲突法研究》，华东政法大学2012年博士学位论文，第165页。

加以考虑的侵权问题的各个要素，同时，规定不同方面依照最密切联系原则适用不同的准据法。[①] 美国在司法实践中，一般的做法是将侵权实体法分割成行为规范和损害分配，其中行为规范指的是违反强制性法律规定后的民事责任规范。[②] 判断侵权行为性质的主要标准是侵权行为地法，而损害分配主要从考虑受害人利益的角度出发，因而，更倾向于适用双方的共同属人法，两者分别适用不同的法律。

涉外侵权和违约竞合责任认定的分割方法可以借鉴美国的做法，跳过识别，直接将案件分割为若干个争论点，每个争论点按照最密切联系原则适用其不同的准据法。分割方法的优点在于一定程度上解决了识别难题，使得对冲突法的选择和准据法的适用不再依赖于对案件的识别。缺点是国际侵权责任和违约责任竞合案件往往较为复杂，分割方法十分之麻烦，竞合案件同时具有两种责任的特性，对它的分割，既要考虑合同的不同方面，同时，又要兼顾侵权的有关因素；另外，采用分割方法可能会导致判决结果不统一和不公平，为当事人规避法律提供机会。笔者认为，在实践中可以适当考虑分割方法的运用，当事人对关键问题有争议时，可以单独拎出争议的法律关系，找到该问题对应的连结点，并适用相应的准据法。

四、我国的相关立法及完善意见

（一）我国的相关立法

我国的《涉外民事关系法律适用法》中并没有直接规定侵权责任和违约责任竞合案件的法律适用，但第6章中分别规定了合同责任和侵权责任的法律适用。其中，《涉外民事关系法律适用法》第41条规定："当事人可以协议选择合同适用的法律。当事人没有选择的，适用履行义务最能体现该合同特征的一方当事人经常居所地法律或者其他与该合同有最密切联系的法律。"《涉外民事关系法律适用法》第44条规定："侵权责任，适用侵权行为地法律，但当事人有共同经常居所地的，适用共同经常居所地法律。侵权行为发生后，当事人协议选择适用法律的，按照其协议。"

笔者认为，实践中的涉外竞合案件，可以参照国内法对竞合案件的立

① 许凯：《侵权冲突法研究》，华东政法大学2012年博士学位论文，第165页。

② 许凯：《侵权冲突法研究》，华东政法大学2012年博士学位论文，第166页。

法态度和法律规定。中国法借鉴了他国的经验，《合同法》第122条明文规定："因当事人一方的违约行为，侵害对方人身、财产权益的，受损害方有权选择依照本法要求其承担违约责任或者依照其他法律要求其承担侵权责任。"这说明中国不仅承认了侵权责任和违约责任的竞合，而且允许权利人选择其中一个请求权主张。选择的期限应当是一审开庭以前，这在合同法司法解释中已经作出了规定。

虽然国际私法并没有直接规定当事人能否选择请求权之一行使，但可以推断，在涉外竞合案件发生之时，涉案当事人可以在违约责任请求权和侵权责任请求权中选择其中一个。若受害人选择违约责任请求权，则依据《涉外民事关系法律适用法》第41条，应当适用合同自体法规则，即以意思自治原则为主，以最密切联系原则为辅的合同法律适用方法。同理，若受害人选择主张侵权责任，则依据第44条，一般适用侵权行为地法，但当事人的共同属人法以及协议选择的法律可以优先适用。值得注意的是，意思自治被引入侵权冲突法领域是国际私法的一个潮流和发展。《罗马条例Ⅱ》在第14条允许当事人可以通过协议选择，但是"选择不能排除第三国以及共同体法律中强制性规则的适用"。至于当事人何时能选择侵权法，《罗马条例Ⅱ》亦做出了规定，一般情况下，当事人可以在侵权行为发生后协议选择法律适用，但特殊情况下可以在侵权行为发生前协议选择，即"参与同一商业活动且自由协商的结果"。再转观《涉外民事关系法律适用法》，第44条已经明确了当事人可以协议选择侵权准据法，选择的时间应当是在侵权行为发生后。同时，《最高人民法院关于适用〈中华人民共和国涉外民事关系法律适用法〉若干问题的解释（一）》第7条规定："一方当事人以双方协议选择的法律与系争的涉外民事关系没有实际联系为由主张选择无效的，人民法院不予支持。"由此，可以反推，对于当事人协议选择侵权准据法，不以选择与案件要素相关的法律为前提。

（二）完善意见

探讨了识别问题对涉外侵权责任和违约责任竞合的法律适用影响以及法律适用中的三个问题，包括冲突法的选择问题、可否直接将合同冲突法适用于竞合案件以及分割方法在侵权案件中适用的可能性后，总结来说，当事人在国际私法中应当有选择请求权之一行使的权利；而识别问题本身十分复杂，识别标准更是众说纷纭、各有千秋，加之对涉外竞合案件的识别结果不同，最终的法律适用结果都会大相径庭，故对于直接跳过识别，使涉外竞合案件可以直接适用于冲突法规则的可行性亦在此文予以探讨。

综上所述，笔者建议，将涉外侵权责任和违约责任竞合案件作为一种特殊类型，立法时直接在国际私法中规定此类案件的法律适用，并考虑附属关系主导因素和分割方法的作用。可行的做法是：

第一，依据以法院地法为主的识别标准识别涉外竞合案件，当其被确认为涉外侵权责任和违约责任竞合时，应当由当事人，即受害人一方选择侵权责任请求权或者违约责任请求权之一行使。当受害人选择后，则可以直接依据《涉外民事关系法律适用法》第 41 条或者第 44 条找到应当适用的准据法。同时，应当注意对当事人的请求权加以限制，不能单方面扩大受害人的权利，而忽视双方当事人之间的利益平衡。限制包括：其一，法律直接规定只能产生一种责任，则不能构成竞合责任；其二，其他符合立法目的并且应当认为只能主张其中一种请求权的，也只能构成其中一种责任；其三，两个请求权也不能分别转让；一个请求权即使未被满足时，也不能再主张另一个请求权。

第二，直接将合同冲突法适用于竞合案件。中国国内司法实践中的一个客观情况是，“侵权责任法不断扩张，……即法官本来应当适用《合同法》的，但却可以选择适用《合同法》或《侵权责任法》，……总之，界分两法既关涉我国民法体系的维系，又是影响公正司法的重大问题。”① 对此，笔者认为，直接将合同冲突法适用于竞合案件，既可以解决繁复的涉外案件法律适用难题，又可以回归意思自治，不失为一个可行之法。

第三，将分割方法引入到涉外竞合案件，跳过识别，直击争议问题，将争议问题单独拿出，遵循最密切联系原则，适用其相应的冲突规范。

① 王利明：《侵权责任法与合同法的界分——以侵权责任法的扩张为视野》，载《中国法学》2011 年第 3 期。

银行卡司法解释若干争议问题

付 荣*

2018年6月，最高人民法院就《关于审理银行卡民事纠纷案件若干问题的规定（征求意见稿）》向社会公开征求意见。该征求意见稿一经公布，就引起了社会各界的广泛关注。从目前的情况，在如何认识免息还款待遇、如何规制过高息费、如何确定发卡行责任等问题上，各方意见还不太一致，有必要对此统一认识。为此，本文主要围绕前述争议问题展开探讨，提出一孔之见，希望对司法解释的出台有所裨益。

一、关于免息还款待遇①

（一）合同条款的免息还款待遇条款

信用卡发卡行与信用证申领人在《信用卡领用合约》中约定的信用卡申领人在一定条件下享受免息还款待遇的条款，就是免息还款待遇条款。除信用卡领用合

* 华北电力大学人文学院副教授、西南政法大学与最高人民法院联合培养博士后。

① 银行卡司法解释征求意见稿将免息还款待遇条款称为“全额支付利息条款”。笔者认为，能否将免息还款待遇条款理解为全额支付利息条款，本身属于合同解释问题。如果不能将其解释为全额付息条款的话，将此类条款称为全额支付利息条款就不准确。就此而言，本文不采全额付息条款的表述，而采用中性的免息还款待遇条款的概念。

约外，《银行卡业务管理办法》① 以及各行的信用卡章程往往也有类似的规定。其中，《银行卡业务管理办法》有关免息还款待遇的规定，是信用卡章程和领用合约作出相关规定的基础，同时，也划定了发卡行为的界限，发卡行既不能通过格式条款免除持卡人的免息还款待遇，也不得约定超过60天的免息还款期。各发卡行制定的信用卡章程有关免息还款期的规定，既是落实《银行卡业务管理办法》的措施，同时也是对其的细化、具体化。信用卡章程有关免息还款待遇的规定，通过整体并入信用卡领用合约的方式，成为信用证领用合约的一部分，具有了约束作为合同当事人的信用卡申领人的效力。人民法院在审查免息还款待遇条款的效力时，也应以信用证领用合约和作为其一部分的信用卡章程的约定为基础来进行判断，并将《银行卡业务管理办法》的相关规定作为解释的准绳。

（二）如何理解“不再享有免息还款待遇”

从各发卡行制定的信用卡章程以及格式化的信用证领用合约有关免息还款待遇条款的约定看，几乎所有银行制定的信用卡章程及领用合约都会约定，只要持卡人在到期还款日前偿还全部应还款项的，都可享受免息待

① 《银行卡业务管理办法》第20条规定：“贷记卡持卡人非现金交易享受如下优惠条件：（一）免息还款期待遇。银行记账日至发卡银行规定的到期还款日之间为免息还款期。免息还款期最长为60天。持卡人在到期还款日前偿还所使用全部银行款项即可享受免息还款期待遇，无须支付非现金交易的利息。（二）最低还款额待遇。持卡人在到期还款日前偿还所使用全部银行款项有困难的，可按照发卡银行规定的最低还款额还款。”

遇，无须支付透支利息。但在持卡人未全额还款时，多数信用卡章程①仅规定其后果是“不再享受免息还款待遇”。至于“不再享受免息还款待遇”，是完全不能享受，还是仅对未偿还的部分不能享受，则并未明确。当然，也有部分银行如招商银行就在其信用证章程中明确规定，发卡机构对持卡人不符合免息条件的交易款项从银行记账日开始按发卡机构核给的日利率计收利息②。即便作出如此规定，实践中仍然存在不同理解。银行界倾向于认为，只要持卡人没有全额还款，就不再享有任何的免息待遇。而社会公众则认为，持卡人部分还款的，对已偿还的部分也享受免息待遇，只有未偿还的部分才需要支付利息。这就涉及如何理解免息还款待遇的性质与效力问题。

笔者倾向于后一观点，即持卡人部分还款的，仅须支付未偿还部分的利息，对已经偿还的部分，持卡人仍然享有相应的免息还款待遇。首先，

---

① 建设银行龙卡信用卡章程第21条规定：“持卡人在到期还款日（含）前未能偿还全部应还款额的，可按不低于最低还款额的任意金额还款，但应还款中的消费交易款项不再享受免息还款待遇。”农业银行金穗信用卡章程第22条第2项规定：“对当期账单本期发生的除预借现金外的其他消费透支交易，持卡人在到期还款日前（含）偿还全部应还款额的，享受自银行记账日到到期还款日期间的免息待遇。发卡银行与持卡人另有约定的产品除外。持卡人未能按期偿还全部款额的，不享受免息还款期待遇。”中国银行信用卡章程第26条规定：“持卡人非现金透支交易（除透支取现及转账交易外的交易），从发卡行非现金透支交易记账日自发卡行规定的到期还款日（含当天，借节日不顺眼，下同）止为免息还款期。持卡人在免息还款期内偿还信用证账户内全部欠款的，无须支付透支利息；在免息还款期日未全数偿还信用卡内全部欠款的，不适用免息还款规定，持卡人应按信用卡领用合约的约定支付每期账单透支利息及还款违约金，透支利息由非现金透支交易记账日起以实际欠款金额及实际欠款天数正常计算。”

② 招商银行信用卡章程第26条规定：“持卡人可按照发卡机构规定的最低还款额还款。持卡人未能在到期还款日前（含）全额还款的，不享受免息还款期待遇。发卡机构对持卡人不符合免息条件的交易款项（除预借现金外）从银行记账日开始按发卡机构核给的日利率计收利息，按月计算复利，如中国人民银行的有关规定发生变动，按其规定执行。”

《银行卡业务管理办法》第21条明确规定，[①] 贷记卡持卡人不再享受免息还款待遇时，其应当支付的是“未偿还部分”而非全部透支款项的利息。在持卡人已经偿还了部分款项的情况下，“未偿还部分”应当是指扣除已经偿还款项后剩余的部分，而不应该是全部透支款项。就此而言，在持卡人的还款超过最低还款额的情况下，仍让其全额支付透支利息，不符合该管理办法的规定。其次，在合同解释问题上，免息还款待遇条款是发卡行为重复使用而预先拟定并在订立合同时未与持卡人协商的条款，性质上属于格式条款。根据《合同法》第41条的规定，对格式条款有两种以上解释的，应当作不利于提供格式条款一方即发卡行的解释。该条同时还规定，对格式条款的理解发生争议的，应当按照通常理解予以解释。而根据通常理解，全额还款全额免息、部分还款部分免息是符合常理的。反之，认为未全额还款就不再享有任何免息待遇，则与通常理解相悖。这也正是多数人认为银行的该项条款属于霸王条款的原因。最后，即便认为持卡人未全额还款就不再享有任何免息待遇，但在认定某一还款是否属于“未全额还款”时，仍要根据诚实信用原则来确定。在持卡人已经偿还90%、95%甚至更多的情况下，还认定其未全额还款，不让其享受全额免息待遇，显然与诚实信用原则相悖。就此而言，对持卡人未全额还款的情形不作区分，将偿还了90%的与仅偿还20%的相等同，笼统地认为只要未全额还款就要全额偿还透支利息，也是不符合诚实信用原则的。

（三）关于信用卡的交易模式

有一种观点认为，在信用卡透支交易中，发卡行承担了较大的资金成本，只有通过收取相对较高的息费，才能维持收支平衡。一旦否定目前的计息方式，银行为了覆盖资金成本、应对风险损失，可能会采取缩短免息还款期或提高最低还款额、提高信用卡准入条件等措施，结果是片面保护了少数的未全额还款的持卡人，导致绝大多数善意持卡人的利益受到损失。对此，笔者不以为然。首先，在信用卡交易中，只要是按时偿还了最低还款额的持卡人，就不能认定为违约。既然其并非违约人，让其承担过

① 《银行卡业务管理办法》第21条规定：“贷记卡持卡人选择最低还款额方式或超过发卡银行批准的信用额度用卡时，不再享受免息还款期待遇，应当支付未偿还部分自银行记账日起，按规定利率计算的透支利息。”

重的责任就不符合法律惩恶扬善的旨趣。值得探讨的是，适当降低未全额还款的持卡人的责任，是否会诱使全额还款人改采取最低还款额方式还款？对此，目前并没有数据证明，且即便出现此种情形，发卡行也可以通过收取未偿还部分利息的方式来实现自身利益，其利益并不当然受损。对于少数通过办理多张信用卡，然后通过“拆东墙补西墙”等方式钻空子的持卡人，只要其是在规则范围内操作的，就不能认定其为恶意持卡人。即便认定其为恶意持卡人，发卡行也完全可以通过严把发卡关等方式预先防范风险，与部分偿还部分免息制度本身并无必然联系。其次，免息还款待遇之所以适用于贷记卡①持有人从事的非现金交易②，是因为在非现金交易中，发卡行除利息外已经有了一笔收入，如在分期付款中，有分期付款手续费收入；在消费透支中，收单行从特约商户处获得一定比例的结算手续费，而发卡行将会获得该手续费的绝大部分③，此点使其不同于现金交易。在现金交易中，发卡行因为不能通过获得手续费等方式来实现收支平衡，持卡人自然也就不享有免息还款待遇。可以说，正是因为发卡行已经有了手续费等收入，才有可能使持卡人享受免息还款待遇。反过来说，在发卡行已经取得手续费等收入的情况下，再约定苛刻的免息还款条款，在

---

① 银行卡分为信用卡和借记卡，其中信用卡按是否向发卡行交存备用金的不同，又分为贷记卡和准贷记卡两种，贷记卡是指发卡行给予持卡人一定的信用额度，持卡人可在信用额度内先消费后还款的信用卡。准贷记卡是指持卡人须先按发卡向银行要求交存一定金额的备用金，当备用金账户余额不足支付时，可在发卡银行规定的信用额度内透支的信用卡。

② 现金交易包括取现透支、转账透支等业务，非现金交易主要包括分期付款、消费透支等情形。各发卡行在现金交易及非现金交易的表述上尽管不尽一致，如工商银行牡丹卡信用卡章程所指的现金交易主要是指取现透支、转账透支，而建设银行龙卡信用卡章程则将现金交易称为“预借现金”，包括现金提取、现金转出和现金充值；工商银行牡丹卡信用卡章程将消费透支、分期付款和透支扣收作为非现金交易，而建设银行龙卡信用卡章程则在详细规定预借现金的情况下，并未具体列举非现金交易，而仅明确规定了分期付款。但在该问题上，各行规定并无本质不同。

③ 根据《银行卡业务管理办法》第25条的规定，未建信息交换中心的城市，从商户所得结算手续费，按发卡行90%，收单行10%的比例进行分配；商业银行也可以通过协商，实行机具分摊、相互代理、互不收费的方式进行跨行交易。已建信息交换中心的城市，从商户所得结算手续费，按发卡行80%，收单行10%，信息交换中心10%的比例进行分配。

合理性上本身是值得怀疑的。再次，信用卡应当以促进持卡人诚信守约为其价值追求，理想的信用卡交易模式应该是：在所有的持卡人都全额还款的情况下，发卡行仍然有利可图。如此，发卡行就不应以持卡人未全额还款而产生的利息作为主要的盈利模式。实践中，部分发卡行为了追求复利，诱导甚至鼓励持卡人采取分期付款方式还款，既放大了发卡行收回本金的风险，也助长了鼓励违约的道德风险，不应予以提倡。最后，工商银行最早采取的也是多数银行的模式，但在改采部分还款部分免息制度后，并没有出现论者担心的采取缩短免息还款期或提高最低还款额、提高信用卡准入条件等措施的情形，也没有出现损害多数持卡人利益的情形。这也从另一个侧面说明，前述担忧也许有些过虑了。

二、关于信用卡息费的规制

信用卡息费种类繁多、计算复杂，各发卡行之间还不尽一致，导致不仅多数公众搞不明白，即便连办理信用卡纠纷案件的法官也很难理解其确切含义及计算方法，有必要予以厘清。根据《银行卡业务管理办法》以及《中国人民银行关于信用卡业务有关事项的通知》（银发〔2016〕111 号）（以下简称 111 号通知）的相关规定，发卡行收取的信用卡息费包括利息、服务费和违约金，其中利息包括利息和复利，服务费包括手续费、年费等各种费用。具体来说：

（一）关于利息

在信用卡透支场合，不论是贷记卡还是准贷记卡，不论是现金交易还是非现金交易，均按月计收透支利率。根据 111 号通知的规定，对信用卡透支利率实行上限和下限管理，透支利率的上限是日利率万分之五，下限是日利率万分之五的 0.7。有所不同的是，贷记卡透支按月计收复利，而准贷记卡透支则按月计收单利。参照《人民币利率管理规定》有关计收复利的规定精神①，发卡行在信用卡交易中计收的复利，仅针对所欠的透支利息，不包括所欠的本金。这与民间借贷将利息记入本金后再计算复利有所不同，这可能也是金融机构收取的复利能够得到支持的主要原因。欠付的复利能否再次计算复利，即按月计收的复利，能否将上个月未偿还的复利记入下一期计算复利的基数中去？从《最高人民法院关于进一步加强金融审判工作的若干意见》有关不予保护金融机构过高的背离实体经济利润和实际资金成本的高利、罚息、违约金的规定精神看，欠收的复利不应再次计算复利。鉴于透支利率远高于一般的借贷利率，实践中不少银行以信用卡为载体从事金融借款活动，此时应按金融借款合同处理，还是按信用卡纠纷处理？如按信用卡纠纷处理，银行可根据透支利率按月计收复利，对其较为有利。如按金融借贷处理，则银行只能根据一般的借贷利率计收利息，对其相对不利。为保护金融消费者的合法权益，同时也为促进银行依法诚信经营，似以按金融借贷纠纷处理为宜。

（二）关于服务费

在信用卡交易中，发卡行收取的服务费名目繁多，大体包括以下类型：一是各种手续费，如在分期付款场合收取的入账手续费、收单机构向特约商户收取的并与发卡行按比例分成的结算手续费、取现手续费，等等。二是固定收取的账户管理费（年费）、工本费、卡片挂失费、境外查询费、加急服务费等费用。三是其他费用。应予说明的是，根据《银行卡业务管理办法》第22条的规定，发卡行可以收取超限费（持卡人因超出信用额度所需支付的费用），但111号通知明确要求取消该项收费。根据该通知要求，目前各发卡行已经取消了该项收费。

（三）关于违约金

信用卡交易中的违约金来源于滞纳金制度，故有其独特内涵。《银行卡业务管理办法》第22条规定，持卡人未偿还最低还款额的，应按未偿

---

① 《人民币利率管理规定》第20条规定：对贷款期内不能按期支付的利息按贷款合同利率按季或按月计收复利，贷款逾期后改按罚息利率计收复利。最后一笔贷款清偿时，利随本清。该规定第25条也有类似的规定：对贷款逾期或挪用期间不能按期支付的利息按罚息利率按季（短期贷款也可按月）计收复利。由此可见，金融借贷中，金融机构计收的复利仅针对欠付的利息，并不包含所欠本金。

还部分的5%交纳滞纳金。滞纳金是否可以计收复利，《银行卡业务管理办法》并未予以明确。实践中绝大多数发卡行都对滞纳金计收复利。据学者统计，滞纳金最高可达到本金的94.56%，最低也有32.16%，平均达到57.02%。[①] 过高的滞纳金引起了社会公众的强烈不满，后111号通知明确要求取消滞纳金，同时强调违约金等息费不得计收利息。滞纳金尽管被取消了，但持卡人未偿还最低还款额的责任并未因此消灭，而是被各发卡行的信用卡章程以违约金的形式保留了下来。从这一意义上说，可以认为违约金是滞纳金的替代性制度，二者都是对未偿还最低还款额的持卡人的惩戒。所不同的是，违约金不能再计收利息了。在持卡人未偿还最低还款额的情况下，除了需要承担违约金责任，还要按照透支利息计复利的方式承担还款责任。值得探讨的是，此时的还款责任是针对全部透支款，还是要扣减已偿还但不足最低还款额的部分？考虑到对不足最低还款额的部分已设置了专门的违约金责任，且毕竟持卡人已进行了部分清偿，故对已偿还的部分仍要作相应扣减，而不能要求持卡人对全部透支额承担责任。在扣减时，原则上要按照费用、利息、本金的顺序进行。尽管违约金主要是与最低还款额联系在一起的，但实践中也有个别银行如招商银行在其信用卡章程中扩张了违约金的适用范围，将其扩张适用于“协议约定的其他违约情形”。从111号通知有关“对于持卡人逾期未还款的行为，发卡机构与持卡人通过协议约定是否收取违约金，以及相关收取方式和标准”的表述看，此类约定是符合政策的。但如前所述，只要持卡人偿还的金额超过了最低还款额，就不构成违约。因此，所谓的“其他违约情形”不应包括超过最低还款额但未全额偿还的情形，否则，发卡行很可能通过违约金条款规避甚至架空《银行卡业务管理办法》有关免息还款待遇以及最低还款额待遇的规定。就此而言，要对“其他违约情形”作严格解释，使其不包括不构成违约的情形。

（四）关于息费规制问题

根据《商业银行法》第31条、第38条之规定，商业银行应当按照中国人民银行规定的存贷款利率的上下限，确定存贷款利率。111号通知也

---

① 麻松林：《信用卡定价法律问题研究——以“信用卡滞纳金否决第一案”为切入点》，载《学术论坛》2016年第11期。

明确要求对信用卡透支利率实行上下限管理。因此，对信用卡利率进行规制有充足的法律和政策依据，那种以利率市场化为由否定对利率进行规制的观点是缺乏依据的。如前所述，中国人民银行已对利息、服务费、违约金等各项息费作出了较为明确的规定，人民法院应当尊重相关规定。但实践中可能存在着发卡行收取的各单项的息费都是合法合规的，各项息费加在一起却可能偏高的情形，此时，如果持卡人提出异议，人民法院能否以及根据何种标准对息费的总额进行限制？对此，存在不同观点。一种观点认为，既然各个单项都是合法的，则各项加在一起尽管偏高，也要承认其合法性。笔者认为，对过高的偏离实体经济利润和实际资金成本的息费进行调整，是服务实体经济、防范金融风险以及保护金融消费者的合法权益的必然要求，也是人民法院的职责所在。但根据何种标准认定息费总额过高，目前，尚缺乏一个可操作性的标准。在此情况下，参照适用民间借贷的利率标准来确定息费总额的上限，不失为一种可行的方法。当然，从社会各界反映的情况看，《民间借贷司法解释》确立的标准仍存在过高从而需要调整的问题。故不宜直接以24%或36%作为标准，而应采取较为弹性的“参照适用民间借贷利率上限的有关规定”为宜。在对各类息费总额进行控制的情况下，哪些息费应计入总额进行控制？固定收取的年费等各项费用、取现手续费以及结算手续费，是发卡行提供相应服务的对价，自不应纳入总额进行控制。利息、复利以及违约金，作为资金的成本，纳入总额应无疑问。在分期付款场合发卡行收取的入账手续费，其本质上仍然属于资金成本而非服务的对价，故也应纳入总额进行控制。律师费等因实现债权而支出的必要费用，应否纳入总额进行控制，争议很大。鉴于实现债权的费用与息费作为资金的成本在性质上判然有别，不宜纳入总额进行控制。至于诉讼费、仲裁费等费用，尽管广义上也属于实现债权的费用，但此类费用只能由法院、仲裁庭来决定，并非当事人意思自治的事项，故即便双方约定应由哪一方来承担，也不具有约束法院或仲裁庭的效力。

三、关于伪卡交易

所谓伪卡交易，是指他人伪造银行卡进行交易，导致银行卡账户资金减少或者投资额增加的行为。根据银行卡的种类，伪卡交易包括伪造借记卡[①]和伪造信用卡两种情形；根据交易形态，则可分为现金交易与非现金交易两种类型。本文以伪造借记卡进行取现为基础，再通过比较其与伪造借记卡进行的其他交易、伪造信用卡交易的异同，揭示伪卡交易的法律关系及各方当事人的责任。

（一）关于债权准占有问题

就伪造借记卡进行取现而言，首先需要解决的问题是，银行向盗刷人付款是否构成清偿，从而导致其与真正持卡人之间债权债务关系的消灭？这就涉及传统债法所谓的债权准占有制度。所谓债权准占有，是指非债权人以自己的意思行使债权，如依社会一般之交易观念，足以认定该非债权人有真实债权人外观的，则债务人所为的给付具有清偿的效力，导致真实债权的消灭。[②] 准占有制度的理论基础是权利外观制度，目的是为了保护合理信赖，从而保护交易安全。尽管从一般的意义上说，对动态交易安全的保护要优先于对静态财产安全的保护，但此种优先是以静态财产安全得到充分保护为前提的。在静态财产安全未得到充分保护的情况下，片面强调动态财产安全，不仅会动摇财产权制度的根基，而且还会助长侵害财产权的行为，从而背离优先保护动态交易安全的目的。善意取得制度仅适用于占有委托物而不适用于占有脱离物，表见代理原则上不适用于伪造公章的情形，都是基于平衡保护动态交易安全与静态财产安全的法理。在伪卡交易中，持卡人并未丧失对真卡的占有，盗刷人是基于伪造的银行卡实施了侵害他人财产权的行为，基于相同的法理，也不应认定其具有真实的权利外观。此外，银行向盗刷人付款对持卡人具有清偿效力必须以银行自身无过错为前提，但卡片之所以被不法分子所复制，主要是因为银行采用的

---

① 借记卡按功能不同可分为转账卡（含储蓄卡）、专用卡和储值卡，本身不具备透支功能。转账卡是实时扣账的借记卡，具有转账结算、存取现金和消费功能。专用卡是具有专门用途、在特定区域使用的借记卡。所谓专门用途，是指在百货、餐饮、饭店、娱乐行业进行消费以外的用途。专用卡具有转账结算、存取现金功能，但不具备消费功能。储值卡是发卡行根据持卡人要求将其资金转至卡内存储，交易时直接从卡内扣款的预付钱包式借记卡。

② 史尚宽：《债法总论》，中国政法大学出版社2000年版，第772页。

是磁条卡而非芯片卡。就此而言，很难说银行自身没有过错。在此情况下，免除银行的责任对持卡人不公。尤其需要指出的是，只有在强化银行责任的情况下，才能促使其改进技术，通过将磁条卡更换成芯片卡的方式，从根本上杜绝伪卡交易的发生。而让持卡人承担伪卡交易的风险，则难以达到这一目的。综合以上分析，根据传统民法的债权准占有理论豁免银行的责任，法理依据不足。

（二）关于存款合同的性质

有一种观点认为，即便银行向盗刷人付款的行为不构成对持卡人的清偿，但因为伪卡交易侵害的是持卡人的资金所有权，故最终仍应由持卡人而不是银行来承担责任，这就需要探讨持有人与银行之间的法律关系问题。发卡行与持卡人之间的法律关系因银行卡功能的不同而不同，在借记卡取现场合，主要涉及银行的存取款业务，因而需要讨论存款合同的法律性质。笔者认为，货币作为一般等价物，奉行占有即所有规则。当储户与银行签订存款合同，将货币交付银行后，银行就取得货币的所有权，其可以通过将款项贷出等方式自由支配该部分货币，无须征得存款人的同意。存款人则享有请求银行还本付息的债权，但不能请求银行返还存入的那一笔货币。既然银行享有货币所有权，则伪卡交易侵害的是银行而非储户的资金所有权。因此，让储户或持卡人来承担伪卡交易的责任，是与存款合同的性质相违背的。

（三）伪卡交易责任

既然银行向盗刷人付款的行为不构成清偿，则持卡人与银行之间的存款合同并未消灭，其自然可以基于存款合同请求银行履行还本付息的义务。鉴于我国《合同法》规定的违约责任原则上实行严格责任，在法律没有特别规定的情况下，应当认为存款合同实行严格责任。既然是严格责任，则银行不能仅仅通过举证证明自身无过错而免责，而只能通过举证证明持卡人具有过错，才能减轻或免除自身的责任。持卡人的过错主要包括两个方面：一是在责任发生上具有过错，主要表现为未妥善保管密码；二是在责任发生后，怠于履行报警、挂失义务，导致银行难以向盗刷人追责。之所以要课予持卡人以报警、挂失义务，是因为尽管伪卡交易侵害的是银行的资金所有权，但最了解某一笔交易究竟是伪卡交易还是真实交易的却是持卡人而不是银行。从保护银行的合法权益出发，有必要课予持卡人以协助义务。该义务性质上属于存款合同的附随义务，主要内容就是通过报警、挂失等形式，将伪卡交易的事实告知银行，使银行能够及时保全证据、核实有关事实。当然，持卡人履行协助义务有一个前提，那就是银行需要履行通知义务。即在发生刷卡交易后，银行应将交易情况及时通知持卡人，使持卡人能够判断某一笔交易是否为伪卡交易。实践中，很多银行的通知服务是有偿的，持卡人不购买就不能享受通知服务。对此，笔者认为，通知义务作为银行在存款合同中负有的附随义务，应当允许当事人通过协议的方式予以变更甚至排除，故双方有关有偿提供通知服务的约定本身是合法有效的。但通知义务同时也是持卡人履行报警、挂失义务的前提，因银行有偿提供通知服务，持卡人因未订购而不能履行报警、挂失义务的，应由银行承担相应的不利后果。有一种观点认为，银行履行通知义务尤其是短信通知本身有一定成本，实践中已经出现了小额免密交易，为减轻银行的负担，也可以考虑单笔交易额不足一定数额如200元或1000元的，银行无须履行通知义务。对此，笔者认为，当前我国已基本进入信息社会，通过银行APP、手机社交通讯软件等信息化方式进行通知，其资费已很低廉。从保护银行自身的合法权益以及持卡人的知情权出发，原则上不应豁免银行的通知义务，即便是小额交易，除非持卡人主动要求取消或屏蔽通知。通知义务应采发出主义还是达到主义？笔者认为，原则上应采达到主义，故通知发出后达到持卡人前再次发生伪卡交易的，应由银行承担不利后果。但因持卡人自身的原因导致未能收到通知的，则应由持卡人承担不利后果。

综上，一旦盗刷人用伪造的借记卡取现，原则上银行应将账户变动情况通知持卡人，持卡人如怀疑该账户变动系伪卡交易所致的，应当及时报警或向银行挂失，并将相关情况告知银行。银行接到告知后，应当及时保全证据、核实相关情况。因银行未尽通知义务或持卡人未尽报警、挂失义务导致无法查明伪卡交易事实的，各自都应承担举证不能的相应后果。当然，法院也不能滥用举证不能责任，而是要全面审查双方提交的证据，并综合考虑交易行为地与真卡所在地、交易时间和报案时间、持卡人身份、持卡人用卡习惯等事实，来判断是否存在伪卡交易事实。只有在穷尽认定事实的一切手段后仍不能查明相关事实的情况下，才能根据以上规则来确定责任。

（四）伪造借记卡转账或消费

与借记卡取现仅涉及银行与持卡人双方关系不同，在借记卡转账或刷卡消费场合，则涉及银行、持卡人以及商家（或其他债权人）三方当事人，其法律关系及交易流程为：（1）持卡人与商家之间因消费或其他原因成立基础债权债务关系，持卡人据此对商家负有付款义务；（2）持卡人与银行之间存在存款关系、支付服务关系，银行根据持卡人的指令，将持卡人账户内的资金转移给商家；（3）商家收到转账资金后，其与持卡人之间的债务关系因清偿而消灭；（4）持卡人替债务人履行债务后，对持卡人享有债权，该债权与持卡人对银行享有的存款债权因相互抵销而消灭。在伪造借记卡转账或刷卡消费的情况下，因为持卡人与商户之间并不存在真实的基础债权债务关系，导致银行向盗刷人付款后，不能向持卡人主张抵销，从而导致其资金损失。就持卡人与银行之间的关系而言，与伪造借记卡取现并无本质区别，故前述原理及相应规则仍可适用，此处不赘。

（五）信用卡伪卡交易

信用卡伪卡交易与借记卡伪卡交易存在很多共同点，如侵害的都是银行的资金所有权；银行均负有通知、核实、证据保全等义务，持卡人亦负有报警、挂失等义务；二者均为合同责任；都由持卡人举证证明存在伪卡交易的事实，由银行举证证明持卡人具有过错。但二者也存在较大区别，表现在：一是求偿主体不同。在借记卡伪卡交易中，往往是持卡人请求银行履行存款合同项下的付款责任。而在信用卡伪卡交易中，则是银行请求持卡人偿还透支款及相关息费。二是当事人不同。在信用卡伪卡交易中，可能还会涉及特约商户尤其是收单机构的责任，而借记卡伪卡交易一般不会涉及这两类主体的责任。相应地，在求偿权问题上，在借记卡伪卡交易中，银行一般只能向盗刷人求偿。而在信用卡伪卡交易中，发卡行除了可向盗刷人求偿外，在特约商户、收单机构有过错的情况下，还可向特约商户或收单机构求偿，三者构成不真正连带关系，求偿关系远较借记卡伪卡交易复杂。三是在举证责任上仍然存在区别。在借记卡伪卡交易中，持卡人请求银行还本付息，应当举证证明存在存款关系，银行可以债务已经清偿为由进行抗辩；此时，持卡人应当通过提供刑事判决、不在交易场所、报警或挂失记录、银行未及时通知等证据，主张存在伪卡交易，从而否定银行清偿的效力；银行则应当通过举证证明持卡人具有过错来减轻或免除责任。而在信用卡伪卡交易中，则由发卡行举证证明存在信用卡关系以及信用卡被透支的事实；持卡人则应当举证证明相关事实，据此主张存在伪卡交易，进而免除自身的责任；银行则应当通过举证证明持卡人具有过错来减轻或免除责任。

四、关于网络盗刷

（一）网络盗刷与伪卡交易

网络盗刷是指他人冒用持卡人名义、使用持卡人网络交易身份证认真信息进行网络交易，导致持卡人账户资金减少或透支金额增加的行为。网络盗刷往往与非金融机构的第三方支付服务尤其是网络支付联系在一起①。银行卡司法解释有关网络盗刷的规定，从某种程度上说与第三方支付司法解释有交叉，但二者各有侧重。其中第三方支付司法解释侧重从合同的角度确定各方尤其是第三方支付机构的权利义务，而银行卡司法解释则侧重在盗刷人侵权的情况下如何保护持卡人的权利，明确各方尤其是银行的责任。网络盗刷与伪卡交易都属于非授权支付的范畴，但较之于伪卡交易，网络盗刷危害更严重、涉及面更广、法律关系更复杂，有必要引起高度重视。一是举证更难。在伪卡交易中，伪造的银行卡毕竟仍有其物理形态，物理卡的克隆往往有迹可循，真伪卡的区分仍然可能；而不论是取现还是消费，伪卡持有人往往会现身某个场所，从而就有被监控等技术手段发现的可能。但在网络盗刷中，既不需要物理形态的卡，也不需要持卡人现身，盗刷人只需要掌握当事人的相关信息，就可以通过网络操作达到盗刷目的。对持卡人来说，除了报警外，基本没有其他证据可以证明网络盗刷行为。二是涉及主体更多。网络盗刷除了涉及银行、商户外，还可能涉及

① 根据《非金融机构支付服务管理办法》第2条的规定，非金融机构支付服务包括网络支付、预付款的发行和受理、银行卡收单以及中国人民银行确定的其他支付服务，与网络盗刷密切联系的是网络支付。网络支付是指依托公共网络或专用网络在收付款人之间转移货币资金的行为，包括货币汇兑、互联网支付、移动电话支付、固定电话支付、数字电视支付等形式。

第三方支付机构、电信运营商的责任。三是交易模式更复杂、更多样。就目前而言，第三方支付主要包括网关模式、快捷模式以及支付账户模式三种，其中支付账户模式又有担保型账户和直付型账户之别。在客户身份的验证问题上，网关模式中银行占据主导地位，支付账户模式中第三方支付机构占据主导地位，快捷支付方式则要根据具体情形确定究竟哪一方占据主导地位。在银行卡绑定第三方支付账户，而第三方支付机构又主导客户身份验证的情况下，能否根据伪卡交易的相关规则认定银行的责任，向来是一个有争议的问题，需要引起注意。

（二）银行的告知义务

银行的告知义务，是指银行需要适时告知持卡人银行卡具有网络支付功能，并且提示网络支付的相关规则以及面临的法律风险。实践中，个别银行未经持卡人同意擅自为其开通网络支付功能，持卡人在不知情因而也未采取任何防范措施的情况下因网络盗刷而遭受损失，为保护持卡人的知情权、选择权，有必要课予银行以告知义务。关于告知的时点，原则上应当在持卡人申领银行卡时告知。当然，申领并不等同于实际使用，有些银行卡（如信用卡）以及某些功能（如网络支付功能）需要开通后才能使用。在后一情况下，银行至少应当在持卡人开通银行卡或网络支付功能时履行告知义务。在银行卡绑定第三方支付机构，并且第三方支付机构主导身份验证的情况下，则由第三方支付机构负责告知。因不履行告知义务而导致持卡人遭受损失的，银行是否应承担全部责任，取决于具体情况。如果履行了告知义务就可以避免损失的，银行就要承担全部责任。

（三）网络盗刷中的银行责任

有一种观点认为，在银行卡绑定第三方支付机构账户的情况下，验证身份、下发付款指令等行为都是第三方支付机构实施的，持卡人因第三方支付平台的账户和密码泄露导致被盗刷的，与银行无关，故银行不应承担责任。笔者认为，此种观点不妥，银行仍应向持卡人承担因网络盗刷而遭受的损失。因为作为非授权支付，网络盗刷不对持卡人产生清偿的效果，故持卡人仍然可以基于合同请求银行履行付款义务。银行只能通过举证证明持卡人具有过错才能减轻或免除自身的责任，但不能仅仅通过举证证明自身无过错而免责。银行不直接验证身份或下发指令，只能说明其本身没有过错，但以此为由减轻或免除银行的责任，理由仍嫌不足。此外，在网关模式以及部分快捷支付模式中，银行占据主导地位。可见，并不是所有的网络支付模式都是第三方支付机构占据主导地位的。即便在第三方支付机构占据主导地位的网络支付模式中，银行是从与第三方支付机构的合作中受益的。如果认为其仅享有利益，而不承担任何责任，有违公平原则。就此而言，在网络盗刷场合，银行对持卡人承担的责任与伪卡交易并无原则不同，故可以参照适用伪卡交易的相关规则。

（四）第三方支付机构的责任

第三方支付机构与持卡人之间属于服务合同关系，在支付账户模式中，还包括电子货币的保管等关系。根据持卡人与第三方支付机构签订的支付服务合同，持卡人应当向第三方支付机构支付一定的服务费用，而第三方支付机构则负有保障持卡人资金安全的义务。故在第三方支付机构在未依持卡人的指令支付或未识别有效指令进行支付的情况下，其应当承担相应的责任。就其性质而言，此种责任既可以被认为是违约责任，也可以被认为是未尽资金安全保障义务的侵权责任。当然，持卡人根据违约责任主张对其更为有利，因为违约责任属于严格责任，第三方支付机构不能仅仅通过举证证明自身无过错而免责，而只能通过持卡人具有过错而免责。当然，为提高自身的公信力，第三方支付机构往往会在与持卡人签订的服务协议中承诺先行赔付，而很少去主张免责。第三方支付机构先行赔付后，可以向网络盗刷人求偿。判

——编辑后语——

主题为“全球视野下的道路交通事故责任”的世界侵权法学会第三次双年会已在美国维克森林大学法学院顺利召开，本刊“世界侵权法大会专题研讨”栏目于上辑刊登了杨立新教授所著《亚洲部分法域道路交通事故责任的比较报告》《道路交通事故：假想案例与供讨论的问题》及细致的会议综述，本辑选登两篇亚洲地区探讨道路交通事故赔偿责任的佳作，分别是我国台湾地区天主教辅仁大学副校长陈荣隆教授与黄诗婷助理教授合著的《我国台湾地区道路交通事故赔偿制度评析》及日本京都大学法学部长野史宽副教授所著、四川大学法学院徐铁英研究员翻译的《日本法上的道路交通事故赔偿制度及评价》，两篇文章详细介绍了我国台湾地区法和日本法上道路交通事故赔偿制度的历史渊源和基本规则，并就制度运行和实践操作中存在的问题及完善措施进行了释评，可谓是比较法视野下研究道路交通事故责任的佳作。

《中共中央关于深化党和国家机构改革的决定》中再次强调深化司法体制改革的必要性，引起了法学界的广泛关注，如何处理好审判监督机构的归属去留，成为人民法院面临的一项重要课题。审判监督机构在本轮司法体制改革中究竟应何去何从，最高人民法院中国应用法学研究所博士后王玲芳撰文认为，法院机构改革不妨尝试一种“渐进模式”，在保留审监庭的同时，使审监庭在“大审监”职能定位下发挥更大作用，从而达到优化司法权力的配置，更好地服务公正审判的目的。随着电子支付的普及与发展，无现金支付业已成为交易常态，“刷卡”支付几乎已经成为主流支付方式之一。但由之而来的问题便是，在发生伪卡与盗刷的情况下，持卡人的损失应如何弥补，应由持卡人自负损失持抑或是持卡人与银行进行责任分担？最高人民法院民一庭谢爱梅法官近三万字的长文，在对现有规则和案例进行详尽分析的基础上，运用法经济学的分析方法，对不同责任分配规则下的成本收益进行了详细论述，并在此基础上，提出了对盗刷信用卡的责任分担重塑的中肯建议。本辑法官论坛栏目还精选了三篇理论与实践相结合的文章，其中北京市第三中级人民法院齐晓丹庭长与张荣华法官合著的《涉借贷的房屋买卖交易中恶意串通的司法审查》一文，以司法实践中的真实案件为分析范例，在公证新规业已施行的背景下，详尽阐述了涉借贷的房屋买卖交易中关涉恶意串通的司法审查径路，为同类案件的审理提供了些许启示。在中央财经领导小组工作会议和中央经济工作会议相继提出要化解产能过剩、完善企业退出机制的大环境下，如何积极稳妥地处理“僵尸企业”成为人民法院面临的一项新挑战，北京市第三中级人民法院周荆庭长与杨琳法官在《破产法理念的回归与重塑》一文中，通过实证研究的方法指出，司法部门应积极发挥自己的职能，巧妙运用执行程序与破产程序相衔接的基本制度，以打开破产处置和僵尸企业处理的全新局面，为实施法制化、市场化的破产程序创造良好的环境。在日新月异的实践纠纷面前，仅运用单一学科知识可能难以解决纷繁复杂的问题，此时，交叉学科的研究便显得尤为必要，大连海事大学肖爽博士结合其在人民检察院工作的实践经历撰写了《论运用民法思维解决民刑交叉下的非法吸收公众存款案件的路径》一文，通过对现有裁判规则的分析，提出了运用民法思维解决非法吸收公众存款案件的新型路径。

交易实践之中，当事人为达致利益最大化，往往会采取复杂的交易安排，从中提炼出清晰的交易主线以及确定当中的权利义务关系则是法学研习者的职责所在，对既有典型判例加以评释与解析，亦是沟通理论与实践的绝佳桥梁。本辑判例评析栏目收录了华东师范大学法学院李建星老师所著的《论附条件给付义务与固定先给付义务的界分》，该文从复杂的实践案例出发，提炼出案例中的典型问题，详细地分析了附条件给付义务与固定先给付义务两条解释路径的异同与优劣，并对其应然抉择作出了评价。

2018 年 6 月，最高人民法院就《关于审理银行卡民事纠纷案件若干问题的规定（征求意见稿）》向社会公开征求意见，其中关于如何认识免息还款待遇、如何规制过高息费、如何确定发卡行责任等问题上学界众说纷纭，西南政法大学与最高人民法院联合培养博士后付荣副教授著《银行卡司法解释若干争议问题》一文，对上述问题进行了逐一回应，对厘清该司法解释中的争议问题颇有助益。经济的高速发展离不开法治的保驾护航，改革开放的前沿地深圳在广东省政府的支持下创新合同类型，将房地产开发企业与不动产所有人之间的合同从带有浓厚行政色彩的拆迁协议转变为民事主体间的《搬迁安置补偿协议》，深圳职业技术学院钟澄副研究员特此撰写了《深圳搬迁安置补偿合同若干问题研究》，该文通过对该类新型合同基本构造的分析，总结出司法实践中处理该类合同的裁判规则，并为权利主体处理该类合同提出了风险防范建议。

《民法总则》颁行至今已近一年，对其中确立的新兴规则的探讨仍是民法理论界的一大热点，最高人民法院中国应用法学研究所申惠文博士后重点关注《民法总则》第185条关于行政机关诉权的规定，其所著文章对该规定的理解与适用进行了细致探讨，同时，对相应的理论自洽性提出了反思和建议。逐日深化的对外开放必然导致涉外民事诉讼的日渐增多，浙江振邦律师事务所李乐敏主任和傅梦露律师撰写的《涉外违约与侵权责任竞合案的识别及法律适用问题初探》，该文综合了目前学术界的各种学说，对涉外违约与侵权责任竞合时的识别问题，冲突规范的选择问题以及“分割方法”的可能适用进行了充分的探讨，并对我国的相关立法提出了完善建议。

——征稿启事——

《判解研究》系教育部人文社会科学重点研究基地——中国人民大学民商事法律科学研究中心主办、《判解研究》编辑部编辑、人民法院出版社出版的，面向海内外公开发行的全国性法律专业连续性出版物。本刊秉持“加强判解研究，推进司法改革”的宗旨，以裁判实践以及相关法律、司法解释的研究为基本关注，设有法学专论、司法解释之窗、法官论坛、判例评析、公报案例评析、焦点笔谈、调查与研究、海外判例选介等多个栏目，力图多视角、全方位地追踪和展示中国的判例、司法解释及相关研究之全貌，总结司法经验，探求法治精神，积极推动国家法制建设与法学研究的发展。

本丛书恪守求实、严谨、公正的办刊理念，弘扬兼容并蓄的学术传统，诚邀法学理论及实务工作者惠赐佳作。来稿要求：

1. 来稿应属未以任何形式公开发表过的作品。本丛书不接受一稿多投，因此类行为给本丛书造成不良影响和损失的，将予以严肃追究。

2. 本丛书对来稿的篇幅原则上不作限定，但对于全文低于八千字或超过二万字（含注释部分文字）的稿件，适用更为谨慎的编审程序。

3. 来稿应遵守本丛书注释体例，注释以必要和合理为原则，不使用伪注；标点符号、数字的使用应遵守国家有关规定。

4. 案件评析的稿件应包含案情概要、裁判要旨以及学理评析三部分，且前两部分所占篇幅应限制在全文的五分之一以内；所评须为真实案例，并附注裁判文书字号。

5. 本丛书用稿实行匿名评审制度，请作者将姓名、出生年月、性别、工作单位、职称、学位、职务、通讯地址、联系电话、电子邮箱等个人信息，单独放在首页，稿件正文不要体现上述信息。

6. 本丛书不退来稿，稿件采用后，编辑部会及时与作者联系；稿件寄出后两个月未收到用稿通知，作者可另作处理。

7. 凡本丛书所发表的文章，自发表之日起一年内，由本刊享有专有版权和使用权，任何转载、摘登、翻译或集结出版等事宜，均须事先得到本刊编辑部的书面许可。

8. 来稿请寄：北京市海淀区中关村大街59号中国人民大学明德法学楼1015室《判解研究》编辑部（100872）；或发送邮箱：panjieyanjiu@163.com。

《判解研究》编辑部

附：《判解研究》注释体例

1. 文中注释一律采用脚注，每页独立注码，样式为：①②③等；

2. 非直接引用原文时，注释前加“参见”；引用非原始资料时，请注明“转引自”。

3. 请规范数字用法，其中非直接引用法条的序号用阿拉伯数字(包括正文)。

4. 注释及参考文献范例：

（1）著作类：

①《马克思恩格斯选集》(第4卷上册)，人民出版社1972年版，第24页。

②佟柔：《中国民法》，法律出版社1990年版，第67页。

（2）论文类：

①苏永钦：《私法自治中的国家强制》，载《中外法学》2001年第1期。

（3）文集类：

①龚祥瑞：《比较宪法学的研究方法》，载《比较宪法研究论文集》（第一集），南京大学出版社1993年版。

（4）译作类：

①［古希腊］亚里士多德：《政治学》，吴寿彭译，商务印书馆1983年版，第54页。

（5）报纸类：

①张志铭：《现代化与中国律师制度的发展》，载《光明日报》2003年9月23日。

（6）古籍类：

①［清］沈家本：《沈寄簃先生遗书》甲编，第43卷。

（7）辞书类：

①《新英汉法律词典》，法律出版社1998年版，第24页。

（8）网络资料类：

①郑成思：《“入世”、知识产权保护与民商法的现代化》，载中国法学网http：//www. iolaw. org. cn/showNews. asp？id =243，访问时间：2007年4月29日。

（9）英文类：

①L. Fuller，The Morality of Law，revised edition，New Haven：Yale University Press，1969，p. 143.

②See Roscoe Pound，The Spirit of the Common Law，New Brunswick：Transaction Publishers，1999，pp. 179 ~ 180.

③Joseph Raz，“Legal Principles and The Limits of Law”，81 Yale Law Journal（1972），p. 839.

④H. L. A. Hart，“Jhering's Heaven of Concepts and Modern Analytical Jurisprudence”，in Essays in Jurisprudence and Philosophy，London：Oxford University Press，1983，pp. 269 ~ 270.